Gefangen in der Opferrolle

Warum Wokeness scheitert

VARNAN CHANDRESWARAN

Bibliografische Information der Deutschen Nationalbibliothek.

Die Deutsche Nationalbibliothek verzeichnet diese Publikation in der Deutschen Nationalbibliografie; detaillierte bibliografische Daten sind im Internet über http://dnb.dnb.de abrufbar.

Für Fragen und Anregungen:
info@eulogiaverlag.de

ISBN Softcover: 978-3-96967-376-8
ISBN eBook: 978-3-96967-377-5

Originale Erstausgabe 2024

Eulogia Verlags GmbH
Gerhofstraße 1–3
20354 Hamburg

Lektorat: Sandra Pichler
Satz und Layout: Tomasz Dębowski
Covergestaltung: Aleksandar Petrović

Gefangen in der Opferrolle

Warum Wokeness scheitert

EULOGIA
VERLAG

Inhaltsverzeichnis

Teil V

Jenseits der Opferrolle

Teil VI

Was wir brauchen

Gott, gib mir die Gelassenheit,
Dinge hinzunehmen, die ich nicht ändern kann,
den Mut, Dinge zu ändern, die ich ändern kann,
und die Weisheit, das eine vom anderen
zu unterscheiden.

REINHOLD NIEBUHR

Es sind nicht die Dinge selbst, die uns beunruhigen,
sondern die Vorstellungen und Meinungen
von den Dingen.

EPIKTET

Es ist besser, ein Krieger in einem Garten zu sein
als ein Gärtner im Krieg.

MIYAMOTO MUSASHI

EINLEITUNG

Zeitalter der Unsicherheit

Wir leben in einer Zeit, in der vor allem junge Menschen zunehmend ängstlich und überfordert sind.

Statt sie zu befähigen, mit den Anforderungen des Lebens klarzukommen, hat sich eine Sichtweise durchgesetzt, in der sie sich schnell verletzt fühlen und Forderungen stellen, die für viele nicht mehr nachvollziehbar sind.

Die Sprache soll politisch korrekt sein, unliebsame Vorträge sollen abgesagt werden, Triggerwarnungen und Schutzräume sollen Sicherheit schaffen und letztlich sollen Ehe, Geschlecht, Polizei und das ganze „System" abgeschafft werden.

Diese Art zu denken war lange Zeit vor allem an Universitäten anzutreffen. Inzwischen begegnet man ihr überall: in Zeitungsartikeln, in Dokumentationen von ARD und ZDF und auch an Orten, an denen man sie nicht erwarten würde.

Während der Arbeit an diesem Buch besuchte ich eine Ausstellung zum Kolonialismus in Dortmund, die einen erheblichen medialen Wirbel auslöste.[1] Der Grund?

Zeitweise durften keine Schwarzen in die Ausstellung.

Nein, warte, umgekehrt. Es durften keine *Weißen* rein.

Ich habe mir das angeschaut und tatsächlich stand es dort schwarz auf weiß:

- 10 bis 14 Uhr Safer Space für BIPoC

Für alle, die noch nicht auf dem neuesten Stand sind: BIPoC steht für Black, Indigenous und People of Color.

Abbildung 1.1 *Schild vor der Ausstellung „Das ist Kolonial", Quelle: eigenes Foto.*

Warum sollten ausgerechnet weiße Personen da nicht rein? Wäre es nicht gut, wenn sich mehr Weiße damit beschäftigen?

Auf der Website wird erklärt, dass es darum geht, schwarzen Menschen die Möglichkeit zu geben, sich in einem geschützten Raum mit der Kolonialgeschichte auseinanderzusetzen.[2]

Doch wovor genau soll geschützt werden?

Die Idee, die dahintersteckt, ist folgende: Die Gesellschaft, in der wir leben, ist strukturell diskriminierend und jeder, der hier aufwächst, trägt Rassismus und Sexismus in sich.

Wenn du dieses Buch in den Händen hältst, hast du dir vielleicht schon selbst Gedanken über diese Sichtweise gemacht. Vielleicht machst du dir sogar Sorgen, dass du von anderen dafür verurteilt wirst, wenn sie dich mit diesem Buch sehen. Lass dich aber nicht verunsichern, denn das, was du hier findest, sind wissenschaftliche Fakten.

Allerdings musst du aufpassen, diese Fakten zu nennen. Denn einige könnten dich schnell als Gegner abstempeln, der sich dem Kampf für das Gute in den Weg stellt.

Dass diese Sorge real ist, zeigt der Vorfall mit James Damore.[3] Er ist ein ehemaliger Mitarbeiter bei Google. Dort nahm er an einem Diversity-Training teil, bei dem ihm vermittelt wurde, dass die geringe Anzahl von Frauen in technischen Positionen ausschließlich auf Stereotype und Diskriminierung zurückzuführen sei. James war sich dieser Behauptung nicht sicher und suchte erfolglos das Gespräch mit seinen direkten Kollegen.

Also verfasste er eine interne Notiz, in der er auf biologische Unterschiede hinwies, die eine Rolle spielen könnten. Zum Beispiel, dass Frauen im Durchschnitt sozial interessierter sind als Männer. James schlug sogar Maßnahmen vor, um den „Gender Gap" zu schließen, zum Beispiel, indem man den Beruf des Informatikers sozialer gestaltet. All diese Ideen fasste er in einer PDF-Datei zusammen und verteilte sie über die interne Mailingliste.

Was dann geschah?

Seine Kollegen nahmen den Denkanstoß auf. Sie lasen sich das Memo in Ruhe durch, tauschten Argumente aus und es entstand eine fruchtbare Diskussion – das wäre schön gewesen. Tatsächlich wurde dieses Memo in die Öffentlichkeit geleakt und ein Shitstorm brach aus.

Ein Kollege drohte ihm sogar per E-Mail[4]:

> Du bist ein Frauenfeind und ein furchtbarer Mensch. Ich werde dich jagen, bis einer von uns gefeuert wird. Fick dich!

Nach nur zwei Tagen wurde er tatsächlich entlassen, mit der Begründung, er würde „gefährliche Stereotype" verbreiten.[5]

Aber war Damore im Unrecht? Bedeutet Ungleichheit immer Ungerechtigkeit? Sind stereotype Aussagen immer schlecht?

Für einige wäre es bereits „problematisch", diese Fragen zu stellen. Die Befunde, die er anspricht, hätten keine Bedeutung, weil man eigentlich nichts sicher wissen kann, jedenfalls nicht aus der privilegierten Perspektive eines weißen Mannes heraus.

Sicher ist man sich jedoch, dass auf die Gefühle von „Betroffenen" Rücksicht genommen werden muss und dass jeder, der das infrage stellt, ein Menschenfeind ist.

Das W-Wort

Die Sichtweise, um die es hier geht, wird oft als *Wokeness* bezeichnet.

Der Begriff wurde ursprünglich von afroamerikanischen Aktivisten in den 1930er Jahren geprägt und bezog sich damals vor allem auf die Wachsamkeit gegenüber rassistischer Diskriminierung.[6]

Heute umfasst der Begriff nicht nur rassistische, sondern auch geschlechtliche, sexuelle und vielfältige Diskriminierungsformen. Es geht darum, daran zu glauben, dass Privilegien und Ungleichheiten tief in der Struktur unserer Gesellschaft verwurzelt sind.

Ich weiß, dass es in der öffentlichen Diskussion Leute gibt, die den Begriff als Werkzeug nehmen, um jegliche soziale Bestrebungen infrage zu stellen. Das ist nicht mein Anliegen. Es gibt aber keinen anderen Begriff, der es so treffend und allgemein verständlich beschreibt, worüber ich reden möchte.

Um Missverständnisse zu vermeiden, will ich in wenigen Worten explizit erklären, was ich damit meine.

Als Wokeness bezeichne ich ein Bündel von Einstellungen, Verhaltensweisen und Aktionen, das die folgenden drei Merkmale umfasst:

1. **Verachtung von Hierarchien und Konventionen:** Es gibt zwei Annahmen, die selten hinterfragt werden. Erstens, dass Ungleichheit *immer* ungerecht sei. Zweitens, dass Stereotype *immer* schädlich seien.
2. **Postmodernes Denken:** Es besteht eine tiefe Skepsis, ob objektives Wissen wirklich erreichbar sei. Stattdessen glaubt man, dass Machtstrukturen und Hierarchien in der Gesellschaft bestimmen, was als Wahrheit gilt und was nicht.
3. **Übermäßige politische Korrektheit:** Es besteht das Bestreben, Äußerungen und Handlungen zu unterbinden, die bestimmte Gruppen benachteiligen oder beleidigen könnten, notfalls auch durch Zensur.

Aber ist es nicht wichtig, Macht und alte Konventionen zu hinterfragen? Geht es nicht um Gerechtigkeit und Toleranz?

Schon, aber die Diskussion dreht sich nicht wirklich darum, ob Gerechtigkeit gut oder schlecht ist. Die Frage ist vielmehr, was wir unter Gerechtigkeit verstehen und welche Ansprüche angemessen sind.

Als Menschen müssen wir aushandeln, nach welchen Normen wir leben wollen, und das ist keine einfache Aufgabe.

Eine alte Prophezeiung

Über viele Jahrhunderte hinweg suchten Menschen nach Orientierung in Religion und heiligen Schriften, um Richtlinien für Ethik und Moral zu finden.

Doch um das Jahr 1500 herum erlebten wir einen Wendepunkt.

Mit der „Entdeckung" Amerikas endete das Mittelalter und die Neuzeit begann. Das religiöse Weltbild wurde auf den Kopf gestellt. Die alte Überzeugung, dass die Erde im Mittelpunkt des Universums steht, wurde durch das kopernikanische Weltbild ersetzt: Alles dreht sich um die Sonne. Isaac Newtons Entdeckungen und die Gesetze der Bewegung führten uns in das Zeitalter der modernen Physik.

Diese wissenschaftliche Revolution brachte eine neue Art des Denkens mit sich. Menschen begannen, die Welt durch Beobachtungen, Experimente und Mathematik zu verstehen. Die Philosophen betrachteten die wissenschaftliche Revolution als etwas Großartiges und nannten diese Bewegung Aufklärung.

Doch nicht alle waren hoffnungsvoll über diese Entwicklungen.

Du kennst sicher den Ausdruck „Gott ist tot" des Philosophen Friedrich Nietzsche. Die wenigsten wissen jedoch, wie es weitergeht:

> Gott ist tot! Gott bleibt tot! Und wir haben ihn getötet! Wie trösten wir uns, die Mörder aller Mörder? Das Heiligste und Mächtigste, was die Welt bisher besaß, es ist unter unseren Messern verblutet.

Er meint nicht, dass Gott buchstäblich getötet wurde, sondern dass die Menschheit die Idee Gottes getötet hat. Er sieht darin aber keinen Grund zum Feiern, sondern eine Krise, die wichtige Fragen aufwirft:

Wie sollen sich Menschen ohne die moralische Autorität Gottes Werte und Ethik begründen?

Nietzsche war besorgt, dass dieser Verlust zu Nihilismus führen könnte – einem Zustand, in dem das Leben als sinnlos betrachtet wird, weil die Werte, die ihm Sinn verleihen, untergraben werden. Verhaltensregeln werden nicht mehr eingehalten, was zu einer Abwertung und Missachtung moralischer Werte und gesellschaftlicher Normen führt.

Auch Fjodor Dostojewski griff diese Sorge in seinem Werk *Schuld und Sühne* aus dem Jahr 1866 auf. Die Geschichte handelt von einem Mann, der aufgrund seiner Überzeugung von der Relativität aller Moral zum Mörder wird. Dies geschieht relativ am Anfang. Über mehr als 700 Seiten wird dem Leser gezeigt, welche psychologischen und zwischenmenschlichen Konsequenzen solch eine Weltanschauung mit sich bringt.

Am Ende liegt der Mann mit Fieber und bewusstlos im Bett. Es wird von seinem Traum erzählt, in dem die ganze Welt von einer schrecklichen, noch nie dagewesenen Seuche heimgesucht wird.[7]

> Ganze Dörfer, ganze Städte und Völker wurden angesteckt und verfielen dem Wahnsinn. Alle waren in Aufregung und verstanden einander nicht mehr; jeder glaubte im Alleinbesitze der Wahrheit zu sein und wollte verzweifeln, wenn er die anderen ansah, schlug sich entsetzt an die Brust, weinte und rang die Hände. Man wußte nicht, wen und wie man richten sollte; man konnte sich nicht darüber einigen, was als schlecht und was als gut zu betrachten sei. Man wußte nicht, wen man verurteilen und wen man freisprechen sollte. Die Menschen töteten einander in einer Art von unsinnigem Grimme. Sie taten sich zu ganzen Heeren zusammen, um einander zu bekriegen; aber die Heere fingen schon auf dem Marsche an, sich selbst zu befehden; die Reihen lösten sich auf; die Krieger stürzten aufeinander los, stachen und hieben, bissen und fraßen einander.

Weiter schreibt er:

> In den Städten wurde den ganzen Tag lang die Sturmglocke geläutet; alle Einwohner wurden zusammengerufen; wer jedoch eigentlich zusammenrief und warum, das wußte niemand; aber alle waren in großer Aufregung. Die gewöhnlichen Handwerke wurden nicht mehr betrieben; denn jeder trug seine Ideen, seine Reformvorschläge vor, aber es kam zu keiner Einigung; die Bodenbestellung hörte auf. Hier und da sammelten sich die Menschen zu einzelnen Haufen; sie einigten sich über dies und das, schwuren, einander nicht zu verlassen; aber gleich darauf begannen sie etwas ganz anderes zu tun als das, was sie soeben selbst angeregt hatten, beschuldigten sich gegenseitig, prügelten und mordeten sich. Feuersbrünste wüteten; es brach Hungersnot aus. Alle Menschen, alle Habe ging zugrunde. Die Seuche wuchs und verbreitete sich immer weiter.

Ich weiß nicht, wie ihr das deutet, aber für mich beschreibt es einen Trend, den wir derzeit erleben. Mit dem Unterschied, dass sich vieles nicht mehr auf den Dorfplätzen, sondern in den Kommentarspalten der sozialen Medien abspielt.

Wir können beobachten, wie sich Menschen online gegenseitig bekämpfen und selbst aktivistische Gruppen immer weiter zersplittern. Immer wieder werden die „Sturmglocken“ geläutet und ein Shitstorm verbreitet sich, obwohl niemand wirklich weiß, was die Person so Schlimmes gesagt hat. Die eigene Betroffenheit genügt, um den Anspruch auf den „Alleinbesitz der Wahrheit“ zu erheben. Statt nach Kompromissen zu suchen, hat jeder seine eigenen „Reformvorschläge“.

Das, was wir beobachten, scheint ein wachsender Zynismus zu sein, bei dem nur noch eine Sache geglaubt wird: „Ich komme zu kurz.“

Ich spreche dies nicht an, um für eine Rückkehr zur Religion zu plädieren. Das ist meiner Meinung nach nicht die Lösung unserer

Zeit. Es geht vielmehr darum, auf ein psychologisches Problem hinzuweisen: Wir stehen vor einem Vakuum bezüglich der Werte und Überzeugungen, nach denen wir leben sollten.

Ob bewusst oder unbewusst, in unserem Leben sind wir auf Werte angewiesen, nach denen wir uns richten. Gleichzeitig beeinflussen tief verankerte Überzeugungen, wie wir die Welt wahrnehmen und uns in ihr verhalten. In der Psychologie nennt man diese Überzeugungen *Glaubenssätze*. Es geht nicht nur darum, wie die Welt ist, sondern welche Bedeutung wir ihr beimessen. Die entscheidende Frage ist also: Welche Werte und Annahmen wollen wir der Welt entgegenbringen?

Ohne Gott müssen wir selbst eine Antwort finden, denn ohne feste Werte und Überzeugungen führt das zu Verbitterung und Zynismus. Was ich mit diesem Buch zeigen möchte, ist, dass Wokeness zu solchem Zynismus führt. Das ist nicht nur schädlich für alle, die sich davon täuschen lassen, sondern auch für den Zusammenhalt unserer Gesellschaft.

Ich bin überzeugt, dass wir uns durch sorgfältige Forschung und Experimente der objektiven Wahrheit annähern können. Deshalb werde ich diese These nicht auf alte Schriften oder unser Gefühl der Betroffenheit stützen, sondern auf die besten Studien unserer Zeit.

Was dieses Buch nicht beabsichtigt

Ich werde in diesem Buch Erkenntnisse und Fakten darlegen, die von einigen als „kontrovers" empfunden werden könnten.

Deshalb möchte ich einige Punkte klarstellen:

- **Ich bin nicht gegen soziale Bewegungen.** Es ist wichtig, sich für die Interessen von Gruppen stark zu machen. Streit ist manchmal notwendig und bringt uns weiter. Mein Bedenken ist eher, wie wir streiten, und ich richte mich gegen eine bestimmte Strömung innerhalb der Linken, die einen bedenklich großen Einfluss gewonnen hat.

- **Mein Buch richtet sich nicht an Rechte.** Selbstverständlich sind auch diese Leser herzlich eingeladen, sich mit den Inhalten auseinanderzusetzen. Mein Hauptaugenmerk liegt aber auf zwei Gruppen in Deutschland: diejenigen, die regelmäßig Nachrichten verfolgen, die Tagesschau schauen und verunsichert sind, warum inzwischen so viele Aussagen als politisch inkorrekt gelten. Zum anderen richtet sich mein Buch an junge Menschen und Personen mit Migrationshintergrund, die viel in sozialen Netzwerken unterwegs sind und von der Idee verführt wurden, sie seien Opfer eines unterdrückenden Systems.
- **Ich will nicht nur meckern.** Ich spreche über Wokeness, weil ich glaube, dass diese Bewegung nicht nur Zeit und Energie verschwendet, sondern auch schädlich ist und junge Leute in die falsche Richtung lenkt. Ich will einen anderen Weg aufzeigen, wie wir mit Unsicherheit umgehen und ein zufriedenes Leben führen können.

Einige mögen sich fragen, warum ich mich auf Wokeness und nicht auf rechte Gewalt konzentriere. Das Buch könnte für sie „problematisch" sein, weil es trotz meiner guten Absichten gefährliche Narrative verstärken könnte.

Meine Antwort: Obwohl rechte Gewalt definitiv ein Problem ist, dürfen wir andere gefährliche Strömungen nicht ignorieren. Es ist wichtig, die Probleme von Wokeness anzusprechen. Ganz zu schweigen davon, dass wir in diesem Buch auch sehen werden, dass das Problem des Rechtsextremismus mit Wokeness zusammenhängt.

Es gibt jedoch einen weiteren, eher persönlichen Grund für die Verfassung dieses Buches und der liegt in meiner eigenen Vergangenheit:

Ich war selbst lange Zeit in der Opferrolle.

Wie ich verführt wurde

Als Kind einer Migrantenfamilie, die vor Krieg geflohen ist, bin ich im Ruhrpott groß geworden.

Aufgewachsen zwischen zwei Kulturen, fühlte ich mich keiner davon wirklich zugehörig.

Die Kultur meiner Eltern erschien mir oft zu restriktiv und begrenzend. Gleichzeitig hatte ich Schwierigkeiten, in der deutschen Gesellschaft Anschluss zu finden. Meine sprachlichen Fähigkeiten waren nicht perfekt, was besonders bei Diktaten zur Qual wurde – sie waren meine persönliche Hölle. Es kam mir oft so vor, als wäre ich meinen Mitschülern immer einen Schritt hinterher. Sie wirkten besser informiert und auf alles vorbereitet.

Ich fühlte mich in der Welt wie ein Außenseiter, ein einsamer Wolf. Diese Entfremdung trieb mich in die Welt der Videospiele. Spiele wie FIFA, Assassin's Creed und League of Legends füllten lange Zeit mein Leben aus.

In meiner Erfahrung mit dem Gefühl der Ausgeschlossenheit spielte auch eine Reihe von Begegnungen eine Rolle, die meinen Blick auf die Welt prägten.

Eines Tages saß ich in der Bahn, noch halb verschlafen hörte ich Musik, als mich aus dem Nichts eine ältere Dame ansprach. Abfällig sah sie mich an und ihre Worte trafen mich unerwartet:

„Wag es nicht, hier zu klauen!"

Geschockt und verwirrt antwortete ich nichts, aber in meinem Kopf formte sich sofort der Gedanke:

„Sie sagt das, weil ich schwarz bin."

Ein anderes Mal wurde ich auf dem Rückweg vom Friseur auf meinem Fahrrad angehalten. Ein Mann kam auf mich zu und war felsenfest davon überzeugt, dass mein Fahrrad seins sei, das ihm gestohlen worden war. Er griff sofort zum Telefon, rief die Polizei und behauptete:

„Ein Ausländer hat mein Fahrrad gestohlen."

Ich war sprachlos und gefangen in einer Szene, die ich mir nie hätte vorstellen können. Ich wollte eigentlich nach Hause gehen, um wahrscheinlich weiter Videospiele zu spielen. Stattdessen stand ich da und musste mich zwei Beamten gegenüber rechtfertigen. Die Situation entspannte sich erst, als mein Vater erschien und bereit war, den Kaufbeleg vorzulegen.

Solche Momente empfand ich als demütigend. Sie bestärkten das Gefühl, ein Fremdkörper in diesem System zu sein.

Schließlich traf ich eine Entscheidung, die meinem weiteren Leben eine neue Richtung gab.

Irgendwann fragte mich ein Freund in der Schule, ob ich in einer politischen Gruppe mitmachen wolle. Zuerst lehnte ich ab, weil ich nicht verstand, worum es ging. Aber als er mich eines Tages wieder fragte, ob ich an einem Workshop teilnehmen wolle, war mein Interesse geweckt. Ich war schon immer neugierig und dachte mir: Warum es nicht ausprobieren?

Ich ging hin und war begeistert.

Die Menschen dort waren engagiert, diskussionsfreudig und hatten eine alternative, weniger konventionelle Ausstrahlung – genau wie ich. In diesen Workshops öffnete sich mir eine neue Welt. Ich lernte über die Allgegenwärtigkeit von Rassismus und erkannte, dass auch Männer unter dem Patriarchat leiden.

Die Botschaft, die mir vermittelt wurde, war erleichternd und simpel: Dir geht es schlecht, weil du ein Opfer vom System bist.

Ich hatte das Gefühl, die vermeintliche Wurzel meiner Entfremdung gefunden zu haben. Es war die Gesellschaft mit ihrem Fokus auf Konkurrenz und dem Festhalten an starren Normen, die es mir unmöglich machte, mich verbunden zu fühlen.

Seitdem begann ich an Demonstrationen und Antifa-Protesten teilzunehmen, bei denen ich mich komplett in Schwarz kleidete, um Nazidemonstrationen zu blockieren und ein Zeichen gegen Nationalstaaten zu setzen.

Es brauchte nicht lange, bis mich meine politische Reise zur Grünen Jugend führte.

Dort beschäftigte ich mich in Workshops intensiv mit den Problemen unserer Gesellschaft: Dominanz von Männern in Führungspositionen, Gender-Pay-Gap, Rassismus in der Polizei und vieles mehr. Wir verteilten bunte Aufkleber mit Slogans wie „Kein Gott, kein Staat,

Abbildung 1.2 *Ich bei der Grünen Jugend mit einem Schild mit der Aufschrift „Smash the cis*stem", Quelle: eigenes Foto.*

kein Patriarchat" und fühlten uns als Teil einer Gemeinschaft, die für Veränderungen kämpfte.

Warum muss man als Mann immer stark sein? Warum gibt es Arbeit, wenn unsere Technologien so fortgeschritten sind?

Aus meinem Bestreben, mich von meinen Wurzeln abzuwenden, begann ich, meine eigene Identität neu zu formen. Ich trug Nagellack und Kleider, um Rollenklischees zu trotzen, und lebte in offenen sowie polyamoren Beziehungen. Die Menschen in diesen Kreisen bildeten eine Art Blase, in der ich mich von den gesellschaftlichen Erwartungen befreien konnte.

Schon bald war ich im Vorstand der Grünen Jugend Bochum. Später koordinierte ich auf Landes- und Bundesebene Arbeitskreise und Fachforen. In dieser Rolle lud ich selbst Referenten zu Workshops zu Themen wie Queerfeminismus ein und hielt schließlich auch eigene Vorträge.

Meine Vision war eine Gesellschaft ohne Zwänge und Konkurrenz, in der Menschen in Freiheit leben.

Wie die Realität mich einholte

Diese Sichtweise hatte jedoch Konsequenzen.

Ich stellte mich trotzig gegen die gesellschaftlichen Erwartungen, betrachtete alles „Bürgerliche" nur noch als meinen Feind. Es entwickelte sich ein Misstrauen gegenüber der Welt.

Ich begann, die Unannehmlichkeiten des Lebens als bloße soziale Konstruktionen zu sehen, die überwunden werden könnten, wenn nur jeder seinen Teil dazu beitragen würde. Zu sehen, dass viele nicht mitmachten, frustrierte mich.

Der Umgang mit Menschen außerhalb meiner Blase wurde immer schwieriger. Es war schwer zu ertragen, wenn die Meinungen anderer von meiner abwichen. Ich distanzierte mich von Freunden mit anderen Ansichten und war nicht bereit, mich sozialen Erwartungen zu beugen.

Die Welt um mich herum wurde immer grauer; ein ständiges Gefühl der Heimatlosigkeit umgab mich. In vielen Bereichen scheiterten meine Bemühungen. Meine romantischen Beziehungen funktionierten nicht, obwohl ich nicht dem Klischee des „toxischen Mannes" verfiel. Ich dachte, ich hätte mein Bestes gegeben, aber es hat nie gereicht.

Was mich in diesen Aktivismus trieb, war der Wunsch, mich der Welt verbunden zu fühlen. Doch mit der Zeit war es genau diese Sichtweise, die die Welt zu einem feindlichen Ort machte.

Ich habe viele Leute getroffen, die nur zynisch waren. Sie verbrachten die meiste Zeit auf der Couch, rauchten Gras und beklagten sich über die Welt. Manche waren überzeugt, dass Therapie nur dazu dienen würde, Menschen für das System funktionsfähig zu machen. Andere sagten, sie hassten die Menschheit.

Das hat mich nachdenklich gemacht.

In der Zeit habe ich angefangen Psychologie zu studieren. Mir wurde bewusst, welche Rolle die Interpretation der Welt für das eigene Wohlbefinden spielt und wie essenziell das Gefühl von Selbstwirksamkeit ist – also die Überzeugung, Veränderungen herbeiführen zu können.

Obwohl ich in der Theorie gut Bescheid wusste, war es erst eine praktische Erfahrung, die mich an meinem Weltbild zweifeln ließ.

Ich war in Belgien. Dort besuchte ich mit meiner Familie Verwandte. Eines Tages fuhren wir kurz zu ihrem neuen Haus, das sie gerade gekauft hatten, um uns zu zeigen, wo sie in Zukunft leben würden. Ich wartete im Auto.

Plötzlich bemerkte ich eine ältere Dame, die aus dem Fenster des Nachbarhauses schaute. Ihr Blick wirkte streng und urteilend, und ich fragte mich, was sie wohl von uns hielt. Dann verschwand sie wieder aus meinem Sichtfeld.

Kurze Zeit später kam sie aus ihrem Haus. Was hatte sie vor? Hatte sie etwas gegen uns? Was wollte sie uns antun? In meinem Kopf malte ich mir bereits aus, wie sie uns verscheuchen wollte und dass sie uns als unerwünschte Eindringlinge betrachtete. „Für sie sind wir sicherlich nichts weiter als gefährliche Ausländer", dachte ich.

Sie bewegt sich auf meinen Vater zu. Was dann geschah, war genau das Gegenteil. Ihr Gesicht erhellte sich mit einem warmen Lächeln, als sie meine Familie und die Verwandten begrüßte. Sie fragte, ob wir die neuen Nachbarn seien, und begann ein herzliches Gespräch. Ihre Offenheit und Freundlichkeit standen in krassem Gegensatz zu meinen voreiligen Annahmen. In diesem Moment wurde mir klar, dass nicht sie, sondern ich derjenige mit Vorurteilen war.

Der entscheidende Wendepunkt in meinem Leben kam aber mit meinem YouTube-Kanal.

Anfangs habe ich hauptsächlich theoretische Videos über Wissenschaftstheorie und psychologische Themen wie Achtsamkeit erstellt. Dann stand ein wissenschaftliches Video über Gendern auf dem Programm.

Ich hatte gehört, dass es Studien gibt, die nahelegen, dass Gendern positive Auswirkungen haben kann. Doch bei genauerer Recherche stellte ich fest, dass die methodischen Schwächen dieser Studien und ihre begrenzte Übertragbarkeit ernüchternd waren. Hinzu kamen Umfragen, die zeigten, dass die Mehrheit – einschließlich vieler Frauen – gegen das Gendern ist.[8]

Am Ende kam ein Video dabei heraus, in dem ich die Schlussfolgerung ziehen musste, dass Gendern die Welt vermutlich nicht gerechter macht.

Daraufhin versuchte ich zumindest das Anliegen, gegen das Patriarchat zu kämpfen, zu verteidigen. Es schien mir offensichtlich, dass Frauen unterrepräsentiert sind in Führungspositionen und gut bezahlten Jobs. „Das muss doch an Stereotypen und Vorurteilen liegen", dachte ich mir. Ich begann, nach Studien zu suchen, die belegen können, dass Frauen diskriminiert werden.

Doch was ich fand, hatte ich nicht erwartet.

Für eine Studie wurden Bewerbungen fur Universitatspositionen versendet. Es wurden nur die Namen der Bewerber in den ansonsten identischen Bewerbungen geändert. Dabei wurde herausgefunden, dass Frauen in einem Verhältnis von 2 zu 1 gegenüber Männern bevorzugt wurden.[9]

Diese Ergebnisse passten nicht zu meinem damaligen Weltbild. Ich fühlte mich in meinen bisherigen Annahmen verunsichert und begann, alles genauer zu betrachten.

Ich fing an, mir wie besessen alles an Studien anzuschauen, die versuchten, die Kontroversen wissenschaftlich anzugehen. Nachdem ich mehr und mehr Fakten angehäuft hatte, wurde mir klar, dass ich mich jahrelang getäuscht hatte.

Schließlich hatte ich einen Aha-Moment.

Warum Wokeness scheitert

In der heutigen Zeit stehen viele Menschen unter einem enormen Druck, den vielfältigen Anforderungen des Lebens gerecht zu werden.

Wir legen großen Wert darauf, gute Freunde zu haben, in einer glücklichen Beziehung zu leben und finanziell gut gestellt zu sein. Aber niemand kann garantieren, dass wir immer das bekommen, was wir brauchen.

Diese Ungewissheit macht einige Menschen unsicher und andere sogar psychisch krank. Dies spiegelt sich in der steigenden Zahl von

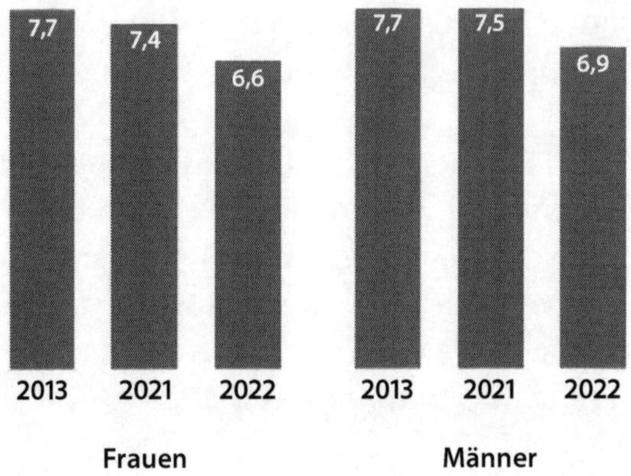

Abbildung 1.3 *Lebenszufriedenheit der 16- bis 19-Jährigen in Deutschland auf einer Skala von 1 bis 10, Quelle: UNICEF.*

Menschen wider, die über psychische Erkrankungen berichten. Fast ein Drittel aller Menschen ist jedes Jahr von einer psychischen Störung betroffen, die behandelt werden muss.[10] Dies zeigt sich auch in der steigenden Zahl der Arbeitsunfähigkeitstage aufgrund psychischer Erkrankungen.[11]

Die Zahl der Diagnosen steigt vielleicht auch deshalb, weil psychische Erkrankungen heute weniger stigmatisiert sind. Was wir aber aus Befragungen zu verschiedenen Zeitpunkten klar erkennen können, ist, dass Jugendliche immer unzufriedener mit ihrem Leben sind.

UNICEF hat in einer Studie festgestellt, dass die Lebenszufriedenheit der 16- bis 24-Jährigen zwischen 2013 und 2022 auf einer Skala von 1 bis 10 um einen Punkt gesunken ist. Das klingt nicht viel, aber die Zufriedenheit der Jugendlichen liegt damit weit unter dem europäischen Durchschnitt und gehört zu den niedrigsten in Europa.[12]

Noch beunruhigender ist die Zunahme von Angstgefühlen bei Jugendlichen. In Deutschland hat sich die Zahl der 18- bis 29-Jährigen, die häufig Angst empfinden, verdoppelt. [13] 2019 sind es 8 Prozent, 2023 16 Prozent. Die Ängste sind dabei diffus und beziehen sich auf alles Mögliche.

Ein genauerer Blick offenbart Geschlechterunterschiede: Frauen scheinen stärker von sinkender Lebenszufriedenheit betroffen zu

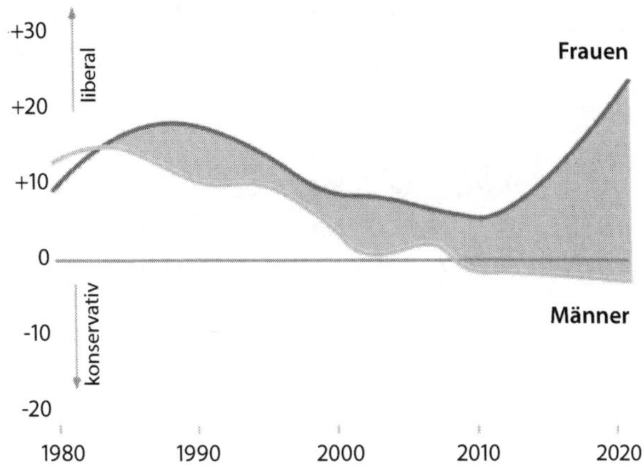

Abbildung 1.4 *Politische Einstellung 18- bis 19-Jähriger nach Geschlecht, Quelle: Financial Times.*

sein. Während 41 Prozent der weiblichen Millennials (1983 bis 1994) angeben, sich meistens oder immer gestresst oder besorgt zu fühlen, sind es bei den Mädchen der Generation Z (1995 bis 2012) sogar 53 Prozent.[14] Bei den Männern ist dieser Trend nicht zu beobachten.

Es liegt nahe, die Corona-Pandemie für diese Entwicklungen verantwortlich zu machen. Doch so einfach ist es nicht. Laut UNICEF ist der Rückgang der Lebenszufriedenheit nicht auf die Corona-Pandemie zurückzuführen, denn in Ländern wie Polen oder Ungarn, die strengere Maßnahmen ergriffen haben, sind diese Einbrüche in der Lebenszufriedenheit der Jugendlichen nicht zu beobachten.[15]

Wie kommt es also zu diesem Trend?

Es gibt eine weitere Entwicklung, die sich in den letzten Jahren abzeichnet: Frauen werden immer linker.[16]

Das spiegelt sich im tatsächlichen Wahlverhalten wider. Forscher der Universität Köln haben herausgefunden, dass sich die Wahlpräferenzen von Frauen und Männern in den letzten zehn Jahren deutlich unterscheiden, vor allem bei jungen Frauen zwischen 18 und 24 Jahren, die häufig grüne oder linke Parteien wählen.[17]

Sind diese beiden Trends ein Zufall?

Lange Zeit dachte ich, dass die Gesellschaft mit ihren Rollenbildern und Stereotypen schuld daran ist, dass die Menschen leiden.

Doch nach monatelanger Recherche wurde mein Weltbild auf den Kopf gestellt. Was ich dabei herausgefunden habe, möchte ich in diesem Buch mit dir teilen:

> *Es ist nicht nur die Gesellschaft, die Opfer hervorbringt, sondern auch die Überbehütung gegenüber den Anforderungen der Gesellschaft, die immer mehr Menschen in die Opferrolle drängt.*

Ich bin der Meinung, dass die Zunahme der Ängste unter Jugendlichen zum Teil durch Wokeness erklärt werden kann. Natürlich gibt es noch viele andere Faktoren. Aber Wokeness verbreitet meiner Ansicht nach drei schädliche Glaubenssätze, die diesen Ängsten zugrunde liegen könnten:

1. **„Ich komme zu kurz“:** Anstatt Menschen zu ermutigen, sich den Anforderungen zu stellen, schiebt Wokeness die Schuld auf „das System“ und suggeriert, dass durch die Wahl der richtigen Worte alle Probleme gelöst werden könnten.
2. **„Ich sollte auf mein Gefühl hören“:** Wokeness fördert eine radikale Skepsis gegenüber Wissenschaft und Fakten und ermutigt stattdessen, der eigenen Intuition zu vertrauen und alles mit Macht zu erklären.
3. **„Ich bin anderen moralisch überlegen“:** Statt Eigenverantwortung zu fördern, verleitet Wokeness dazu, sich durch Zurschaustellung politischer Korrektheit moralisch überlegen zu fühlen.

Diese Mentalität führt dazu, dass sich Menschen in unklaren Situationen schnell ungerecht behandelt fühlen. Sie werden zynisch gegenüber der Gesellschaft und ihren Anforderungen. Traditionelle Institutionen wie Ehe, Geschlechterrollen, Polizei und Kapitalismus werden verspottet. Sie sind *von allem schnell getriggert* und tragen diese Wut tagelang mit sich herum.

Sie verlassen sich dabei zu sehr auf ihre Gefühle, was sie anfällig für Verzerrungen macht. Sie gehen davon aus, dass Ungleichheit immer ungerecht ist und dass Stereotype grundsätzlich schädlich sind. Sie leugnen Fakten und natürliche Anforderungen und beantworten diese mit *grenzenlosen Ansprüchen*, die an der Realität scheitern.

Indem sie sich selbst als Opfer sehen, fühlen sie sich berechtigt, anderen Schaden zuzufügen, fordern Toleranz ein, während sie die Gefühle anderer ignorieren. Um ihr überhöhtes Selbstbild aufrechtzuerhalten, stellen sie ihre moralischen und politischen Überzeugungen oft in sozialen Medien zur Schau und *verachten Andersdenkende.*

In diesem Buch werde ich dir zeigen, dass Wokeness scheitert, wenn es darum geht, Menschen zu helfen. Es ist nicht einfach, gute Freunde oder einen guten Partner zu finden und finanziell abgesichert zu sein. Wokeness macht uns unfähig, diesen Anforderungen des Lebens gerecht zu werden, und erzieht uns stattdessen zu unsicheren und ängstlichen Menschen.

Wie es besser geht

Es gibt einen anderen Weg, um mit den Anforderungen des Lebens umzugehen, und ich bin dankbar, dass ich ihn gefunden habe:

> Mit der Zeit habe ich erkannt, dass es nicht darauf ankommt, mit den besten Karten geboren zu werden, sondern darauf, geschickt mit dem umzugehen, was man hat.

Ich habe beschlossen, die Opferrolle aufzugeben, und mein Leben hat sich komplett geändert. Mit 23 Jahren habe ich mein Studium unter Regelstudienzeit abgeschlossen und eine Doktorandenstelle in der Neuropsychologie bekommen. Gleichzeitig habe ich einen YouTube-Kanal aufgebaut, der über eine Million Aufrufe verzeichnet. Ich kann dankbar sein für erfüllende und stabile soziale Beziehungen und fühle mich endlich in der Welt zu Hause.

Ich will damit nicht prahlen, sondern zeigen, dass es Wege gibt, die mir wirklich geholfen haben, über die aber wenig gesprochen wird. Weder Überbehütung noch der Kampf gegen Unterdrückung waren am Ende die entscheidenden Faktoren.

Wie habe ich es also geschafft?

In diesem Buch schauen wir uns eine Alternative an. Es ist möglich, sich von negativen Erfahrungen schnell zu erholen, ohne dauerhaft in der Opferrolle zu verharren. Der Schlüssel dazu ist *Resilienz*. Ich werde dir wissenschaftlich fundierte Methoden vorstellen, mit denen du deine eigene Widerstandsfähigkeit stärken kannst, und Wege aufzeigen, wie wir anderen dabei helfen können.

Ich finde es wichtig, mich mit diesem Thema zu beschäftigen, weil ich selbst in der Opferrolle gefangen war. Ich kenne das Gefühl, mit Misstrauen zu leben und der Welt ausgeliefert zu sein.

Gleichzeitig kenne ich auch das Gefühl, allein zu sein und mich vor moralisierenden Menschen rechtfertigen zu müssen, wenn ich eine andere Meinung habe. Vielleicht fragst du dich „Bin ich der Einzige, der das nicht versteht?" oder „Bin ich ein moralisch schlechter Mensch?".

Du bist nicht allein, und ich werde mithilfe von Wissenschaft zeigen, dass viele Behauptungen falsch sind – und was wir stattdessen tun sollten.

Teil I

Überall Opfer

KAPITEL 1

Von allem getriggert

Es gibt wenige Menschen, die mit nur wenigen Worten so viel Aufsehen erregen können wie Hengameh Yaghoobifarah.

Sie lebt in Berlin, identifiziert sich als nicht-binär – also weder männlich noch weiblich – und schreibt Texte für die *Taz* und das *Missi Magazin.*

Ihre scharfen Worte haben nicht nur Horst Seehofer dazu veranlasst, eine Anzeige erstatten zu wollen, sondern auch in ihren eigenen linken Reihen für viel Stirnrunzeln gesorgt.

Ein besonderer Aufreger war Yaghoobifarahs Artikel *Fusion Revisited: Karneval der Kulturlosen.*[1] Darin beschreibt sie ihre Wut und Abscheu, während sie ein Musikfestival besuchte. Sie stellt die Frage:

> Wenn die Fusion wirklich so auf links und kritisch macht, warum gibt es null Sensibilität in puncto Rassismus?

Rassismus muss eindeutig verurteilt werden, und solche Vorfälle auf einem Festival verdienen es, beleuchtet zu werden. Was ist passiert? Gab es Ausgrenzung aufgrund von Herkunft? Wurden ganze Gruppen pauschal abgewertet?

Für Hengameh Yaghoobifarah hat sich das Festival als „Wursthaar-Hölle" entpuppt. Sie schreibt Folgendes:

> Ihre stereotypen, rassistischen Kostüme waren jedenfalls überall. Neben den Dreadlocks trugen weiße Menschen Kimonos, Kegelhüte, Oberteile mit random chinesischen Zeichen, Bindis, Saris, Federkopfschmuck, Tunnel, Turbane, Sharwals oder einzelne Federn im Haar.

Yaghoobifarah betrachtet die Übernahme von Dreadlocks und anderen Elementen aus anderen Kulturen durch Weiße als „kolonialrassistische Praxis“, die Weißen nicht zusteht.

Die bloße Anwesenheit einer überwiegend weißen, männlichen und heteronormativen Menge schien Yaghoobifarah wütend zu machen, da es ihr an Diversität mangelte. Besonders schockierte sie, dass Weiße Lebensmittel aus anderen Kulturen verkauften.

Yaghoobifarahs Artikel war einer der ersten Beiträge, der die Diskussion über die sogenannte „kulturelle Aneignung“ anstieß.

Warum löst der Anblick von Weißen mit Dreadlocks bei manchen Menschen Unbehagen oder sogar Wut aus?

In diesem Kapitel möchte ich zeigen, dass solche Reaktionen auf zwei grundlegenden Dogmen von Wokeness beruhen, die tief mit einer bestimmten Mentalität verwoben sind. Sie prägen die Art und Weise, wie Menschen alltägliche Begegnungen interpretieren und bewerten, und tragen dazu bei, dass sie sich immer und überall zu kurz gekommen fühlen.

1. Dogma: Ungleichheit ist immer Ungerechtigkeit

Der Twitter-Account „Und wie viele Frauen?“ berichtet über den Geschlechteranteil in Führungspositionen von Unternehmen und Organisationen.

In der Beschreibung heißt es: „Sind Frauen in unserer Gesellschaft gerecht vertreten? Lasst uns doch einfach nachzählen.“

Die Tweets zeigen Bilder von Vorständen oder Politikern mit kurzen Erläuterungen: „Sparkasse Göttingen: 6 Männer, 0 Frauen“, oder vom G7-Gipfel: „7 Männer, 2 Frauen“.

Wie kommt es, dass so wenige Frauen in Spitzenpositionen sind?

In Dokumentationen über Sexismus und Rassismus ist immer wieder davon die Rede, dass marginalisierte Gruppen in Aufsichtsräten, Universitäten oder Parlamenten weniger vertreten sind. Die Ursache dafür seien das Patriarchat oder struktureller Rassismus. Es soll Macht- und Gewaltverhältnisse geben, die sich in der wirtschaftlichen, kulturellen und politischen Struktur einer Gesellschaft und ihrer Institutionen manifestieren.

Wenn Frauen und Männer nicht zu gleichen Teilen vertreten sind, wird automatisch vermutet, dass es diskriminierende Hindernisse geben muss.

Die Ungleichheit beziehe sich nicht nur auf die Verteilung von Positionen und Geld, sondern auch auf die Art und Weise, wie Institutionen gestaltet sind.

Der Projektleiter von *Citizens for Europe*, Daniel Gyamerah, sieht strukturellen Rassismus im Bildungssystem, den er in einem Interview[2] wie folgt beschreibt:

> Wenn ich ein weißes Kind in Deutschland bin, betrete ich morgens die Schule und es ist für mich völlig normal, dass die meisten Schüler*innen um mich herum so aussehen wie ich. Dass ich umgeben bin und unterrichtet werde von Lehrer*innen, die so aussehen wie ich. Diese Lehrer*innen knüpfen an Geschichten und Beispiele an, die aus meinem Alltag stammen. Es ist normal, dass ich Bücher lese und mit Lehrbüchern konfrontiert werde, wo ich als Normalität dargestellt werde. Wo die Vergangenheit und die Geschichte meiner Gruppe nicht verschwiegen wird, sondern wo ich darüber viel lerne.

In ihrem Essay *White Privilege: Unpacking the Invisible Knapsack* listet Peggy McIntosh Privilegien von weißen Personen auf, also Vorrechte oder Vorteile, die sie allein aufgrund ihrer Hautfarbe haben sollen:[3]

- Ich kann leicht Poster, Postkarten, Bilderbücher, Grußkarten, Puppen, Spielsachen und Kinderhefte bekommen, die Personen mit meiner Hautfarbe abbilden.
- Kaufe ich Make-up in der Farbe neutral, Stifte in Hautfarbe oder Pflaster, kann ich ziemlich sicher sein, dass die Farbe meiner Hautfarbe ähnelt.
- Ich kann es einrichten, wenn ich möchte, dass ich die meiste Zeit mit Menschen meiner Hautfarbe zusammen bin.

- Wenn ich eine Wohnung oder eine Arbeitsstelle suche, stellt mein Weißsein dabei kein Hindernis dar.
- Wenn die Polizei mich anhält bzw. kontrolliert, kann ich sicher sein, dass meine Hautfarbe nicht der Grund dafür ist.
- Wenn ich einen Wochenendausflug oder einen Urlaub plane, muss ich mir keine Gedanken darüber machen, an welchem Ort ich als Weißer sicher bin.

Auch Männer sollen Privilegien haben, die den Frauen vorenthalten werden. Einige stören sich daran, dass Frauen anderen Erwartungen ausgesetzt sind und anders behandelt werden.

Margarete Stokowski schreibt zum Beispiel, dass sie es albern findet, wenn Zweijährige immer als „kleiner Mann" bezeichnet werden, aber die Fünfjährige nicht als „kleine Frau", sondern als „Maus".[4]

Es gibt auch eine Checkliste für männliche Privilegien:[5]

- Die Wahrscheinlichkeit, dass ich für eine Stelle eingestellt werde, wenn ich gegen weibliche Bewerberinnen antrete, ist wahrscheinlich zu meinen Gunsten verzerrt.
- Meine gewählten Politiker sind größtenteils meines eigenen Geschlechts.
- Als Kind hatte ich wahrscheinlich mehr Aufmerksamkeit von Lehrern als Mädchen, die sich genauso oft meldeten.
- Ich kann darauf vertrauen, dass die alltägliche Sprache des täglichen Lebens immer mein Geschlecht einschließt.
- Wenn ich eine Ehefrau oder Lebensgefährtin habe, ist es wahrscheinlich, dass wir die Haushaltspflichten so aufteilen, dass sie den größten Teil der Arbeit übernimmt.
- Im Allgemeinen stehe ich unter viel weniger Druck, dünn zu sein, als Frauen.
- Sexuelle Belästigung auf der Straße passiert mir praktisch nie.

Ungleichheit wird überall als Problem wahrgenommen. In der ungleichen Sichtbarkeit, der Verteilung und den Erwartungen.

Als Yaghoobifarah auf der Fusion war, erklärte sie ihre Frustration damit, dass dort hauptsächlich weiße Personen waren:

> Wo fange ich an? Vielleicht bei der hohen Quote von weißen Personen mit Wursthaaren. Natürlich hatte ich damit gerechnet, dass es ihre Hochburg sein würde, jedoch nicht damit, dass sie die Mehrzahl abbilden würden. [...] Mir war klar, dass die Fusion sehr weiß sein würde. Aber so weiß? Das Verhältnis zwischen weißen und rassifizierten Personen stellte ich mir bei 80 zu 20 vor. Nicht 99 zu 1, wie es in der Realität dann war.

Aber sind all diese Fälle wirklich Beispiele für Ungerechtigkeit?

Das Problem: Ergebnisgleichheit ist nicht Chancengleichheit

Gerechtigkeit bedeutet, dass jeder das bekommt, was ihm zusteht. Das heißt genau die Vorteile und Lasten, die ihm aufgrund seiner spezifischen Eigenschaften und Situation zustehen.

Aber nach welchen Prinzipien wird entschieden, wem was zusteht?

Es gibt verschiedene Prinzipien. Ein grundlegendes Prinzip ist das *Gleichheitsprinzip*.

Das gibt es zum Beispiel in unserem Staat in unserem Grundgesetz in Artikel 3. Alle Menschen sind vor dem Gesetz gleich. Aber Gleichheit ist nicht das einzige Prinzip.

Auf dem Markt gilt das *Leistungsprinzip*: „Jeder nach seiner Leistung/Produktivität." Im Bildungssystem oder auf dem Arbeitsmarkt werden Menschen mit unterschiedlichen Leistungen unterschiedlich behandelt. Das wird als legitim betrachtet, es sei denn, Menschen werden bei gleicher Leistung unterschiedlich behandelt.

Seit 2006 gibt es in Deutschland das Allgemeine Gleichbehandlungsgesetz, das auch für Arbeitgeber, z. B. bei einer Stellenbewerbung, gilt und Benachteiligungen aus Gründen der Rasse oder wegen der ethnischen Herkunft, des Geschlechts und anderer Merkmale verbietet.

Ist es ungerecht, dass weiße Männer in besseren Positionen sind?

Das kann man nicht per se sagen. Nur weil es Ungleichheiten im Ergebnis gibt, heißt das nicht, dass es ungerecht ist. Denn das kann auch an unterschiedlichen Startbedingungen liegen.

Wenn jemand weniger engagiert oder weniger kompetent ist, bekommt er weniger. Wenn also mehr weiße Männer in guten Positionen sind, heißt das nicht automatisch, dass dies das Ergebnis von Diskriminierung ist.

Hier ist es wichtig, zwischen Chancengleichheit und Ergebnisgleichheit zu unterscheiden.

Es gibt auch Bereiche, in denen Gleichbehandlung mit individueller Freiheit kollidiert. Auf dem Datingmarkt sind Aufmerksamkeit und Zuwendung nicht gleich verteilt. Männer erwarten im Durchschnitt eher, dass Frauen schlank und jung sind, und Frauen legen mehr Wert auf Einkommen. Datinganfragen werden also nicht gleich behandelt.

Nun könnte man sagen: Nur weil es so ist, muss es nicht so bleiben. Können wir die Gesellschaft nicht gerechter machen?

Zu behaupten, dass etwas ungerecht ist, ist eine starke Behauptung. Wenn man daraus Forderungen ableitet, sollte man sich seiner Sache sicher sein, vor allem wenn sie in Konflikt treten mit anderen Werten.

Folgende Fragen sollten gestellt werden:

- Gibt es Belege dafür, dass Frauen und Schwarze bei gleicher Leistung schlechter bezahlt werden?
- Ist der Gender-Pay-Gap das Ergebnis von Diskriminierung oder das Ergebnis unterschiedlicher Entscheidungen?
- Gibt es einen Anspruch darauf, dass andere bei der Partnerwahl nicht auf das Aussehen achten?
- Können Schönheitsideale realistisch beseitigt werden?

- Sind Frauen und Männer unterschiedlich, weil sie unterschiedlich behandelt werden wollen? Oder sind sie unterschiedlich, weil sie biologisch verschieden sind?
- Sind die Strukturen immer zulasten der Frauen oder auch zulasten der Männer?

Ich behaupte nicht, dass es keine ungerechten Ungleichheiten gibt. Solche gibt es, und ich werde sie später anhand von Studien belegen.

Problematisch wird es jedoch, wenn von einigen Fällen von Ungerechtigkeit auf die gesamte Gesellschaft geschlossen wird. In Teil III werde ich mit wissenschaftlichen Untersuchungen belegen, dass Ungleichheit manchmal auch gerechtfertigt sein kann.

Der Punkt, den ich hier machen möchte, ist, dass es nicht schwarz oder weiß ist. Wenn man der Meinung ist, dass es manchmal Ungerechtigkeit gibt und manchmal nicht, dann sind wir uns einig.

Aber es gibt Leute, die alles pauschal als Ungerechtigkeit betrachten und Hierarchien verachten. Wenn mehr Weiße zum Fusion-Festival gehen, muss das nicht unbedingt damit zu tun haben, dass die Gesellschaft Schwarzen Hindernisse in den Weg legt. Ich kenne keinen Beweis dafür, dass Schwarze nicht zum Fusion gehen können. Dennoch löst diese Tatsache bei Yaghoobifarah Wut und Empörung aus.

2. Dogma: Stereotype sind immer schädlich

Hast du schon von dem Video „10 Hours of Walking in NYC as a Woman" gehört?[6]

Es hat über 52 Millionen Aufrufe und zeigt, wie eine Frau auf den Straßen von New York ständig von Männern angesprochen und verfolgt wird.

Ähnliche Videos aus anderen Ländern, wie die belgische Webdoku „Die Frau der Straße", haben ebenfalls für Aufsehen gesorgt. Diese Videos machen auf das Problem des Street Harassments aufmerksam. Das ist doch gut, oder?

Es gab aber auch Kritik an diesen Videos von woken Aktivisten. Emilia Roig, eine deutsche Aktivistin, fand das Video schwer zu ertragen und es machte sie wütend.[7] Zum einen wegen des Sexismus, aber auch aus einem anderen Grund.

Welcher das ist, kannst du raten. Hier sind drei Möglichkeiten:

1. Auch Männer können Opfer von Gewalt werden.
2. Die Täter waren nicht weiß.
3. Videos zum Thema Rassismus erhalten weniger Aufmerksamkeit.

Und, hast du schon gewählt?

Die zweite Antwort ist richtig. Fast alle Männer waren schwarz, Latinos oder Araber. In ihrem Buch *Why We Matter* schreibt sie:

> Diese Konstellation, die in Street Harassment-Kampagnen vorkommt, greift auf altbekannte rassistische Stereotype und koloniale Muster zurück, die starke Emotionen auslösen.

Die Filmemacherin reagierte auf den Vorwurf, indem sie erklärte, dass die Belästigungen in ihren Aufnahmen zu 95 Prozent von Männern ausländischer Herkunft ausgingen.

Diese Tatsache ist den Aktivisten jedoch egal. Es gehe lediglich um die Wirkung.

In einem anderen Fall erhob der Berliner Verein GLADT e.V. schwere Vorwürfe gegen das Schwule Museum, das sich mit einer Infowand „im Fahrwasser rassistischer Diskurse" bewege.[8]

Das klingt für mich nach einem schweren Vorwurf. Was war denn auf der Infowand zu sehen?

> „Pakistan: Lebenslänglich, nur Männer", „Nigeria: 14 Jahre Haft, nur Männer, oder Steinigung", „Malawi: 14 Jahre Haft für Männer, 5 Jahre Haft für Frauen"

Auf der Wand sind alle Länder aufgelistet, in denen Homosexualität noch gesetzlich verboten ist.

Diese Darstellung soll auf die schweren Strafen aufmerksam machen, die für homosexuelle Handlungen verhängt werden können, darunter Geldstrafen, Gefängnis und sogar die Todesstrafe. Mit dieser Informationstafel bietet das Schwule Museum einen schnellen und eindrucksvollen Überblick über die Situation in verschiedenen Ländern.

Für den Verein GLADT reproduziert die Wand jedoch „koloniale Wahrnehmungsmuster" und bemängelt, dass Betroffene in den jeweiligen Ländern nicht zu Wort kommen.

GLADT behauptet, dass das Schwule Museum mit dieser Darstellung „Vorurteile und Stereotype" weiterhin verbreite.

Diese vermeintlich gefährlichen Stereotype scheinen für Aktivisten allgegenwärtig zu sein – auch im Alltag.

Hast du schon einmal jemanden nach seiner Herkunft gefragt?

Diese Frage kann manche Menschen verletzen. Warum? Für sie stellt sie einen subtilen Angriff gegen die Person dar. In einer Welt, in der offener Rassismus zunehmend geächtet wird, wird argumentiert, dass sich rassistische Tendenzen in unbewusste Verhaltensweisen verlagert haben. Das Stellen dieser Frage wird von einigen als rassistische ‚Mikroaggression' betrachtet.

Der Begriff stammt von Sue, der ihn folgendermaßen beschreibt:[9]

> kurze und alltägliche verbale, verhaltens- oder umgebungsbezogene Beleidigungen, ob beabsichtigt oder nicht, die feindselige, abwertende oder negative rassistische Untertöne und Beleidigungen gegenüber People of Color vermitteln.

Sue führt Beispiele an, die die subtile Natur dieser Mikroaggressionen veranschaulichen:

- „Woher kommst du?"
- „Du drückst dich sehr gewandt aus."
- „Es gibt nur eine Rasse – die Menschheit."
- Ein weißer Mann oder eine weiße Frau, die ihre Handtasche festhalten, wenn ein Schwarzer vorbeigeht.

- „Ich bin der Meinung, dass die qualifizierteste Person den Job bekommen sollte."
- „Jeder kann in dieser Gesellschaft Erfolg haben, wenn er oder sie nur hart genug arbeitet."
- Eine Hochschule oder Universität, deren Gebäude alle nach weißen, heterosexuellen Männern aus der Oberschicht benannt sind.
- Fernsehshows und Filme, die hauptsächlich Weiße zeigen, ohne Repräsentation von People of Color.

Er erklärt dies wie folgt: Die Frage „Wo kommst du her?" kann implizieren, dass jemand fremd ist, während die Aussage „Es gibt nur eine Rasse, die menschliche Rasse" die ethnische Identität einer Person negieren kann. Auch die Aussage „Ich glaube, die qualifizierteste Person sollte den Job bekommen" kann als Unterstellung interpretiert werden, dass Schwarze nicht hart genug arbeiten.

Was ebenfalls als verletzend empfunden wird, wie Yaghoobifarah in ihren Artikeln deutlich macht, ist die kulturelle Aneignung.

Es wird als verletzend empfunden, wenn kulturelle Elemente, die für die Herkunftskultur eine tiefe Bedeutung haben, von der dominanten Kultur in Mode oder Spielzeug völlig falsch wiedergegeben werden.

Für Roig ist dies eine „symbolische Fortführung des Genozids".[10] Für sie ist es wichtig, solche Taten zu problematisieren, „weil kulturelle Aneignung Hierarchien zwischen verschiedenen Kulturen und Menschen verstärkt".

Yaghoobifarahs Verachtung für „weiße Personen mit Filzhaaren" und die „stereotypen, rassistischen Kostüme" auf dem Festival lassen sich auf die Annahme zurückführen, dass Stereotype immer schädlich sind.

Aber sind sie wirklich so gefährlich?

Das Problem: Es ist auch Interpretationssache

Inzwischen wird immer häufiger alles Mögliche als Gewalt betrachtet.

Der Psychologe Nick Haslam hat nachgezeichnet, dass viele Gewaltbegriffe - wie Missbrauch, Mobbing, Trauma, psychische Störung, Sucht und Vorurteil - im Laufe der Zeit immer mehr umfassen und dadurch ihre ursprüngliche Bedeutung verloren haben.[11]

Einerseits wurden die Konzepte erweitert, um neue Phänomene zu erfassen und weniger extreme Phänomene zu berücksichtigen.

Zum anderen umfassen sie nun nicht nur objektiv nachweisbare Ereignisse, sondern auch *subjektive,* psychologische Erfahrungen.

Das bedeutet, dass Schäden nicht auf beobachtbarem Verhalten beruhen, sondern auf der persönlichen Wahrnehmung einer Person, die sich geschädigt fühlt.

Auch der Psychologe Scott O. Lilienfeld hat Bedenken geäußert, dass das Konzept der Mikroaggression zu unscharf ist.[12]

Es sei unklar, wo die Grenze zu ziehen sei, wenn selbst Aussagen wie „die qualifizierteste Person sollte den Job bekommen" als Mikroaggression gewertet werden könnten. Es fehlen Belege dafür, dass solche Aussagen von Personen mit Migrationshintergrund generell als diskriminierend empfunden werden.

Letztlich scheint das subjektive Empfinden des Betroffenen ausschlaggebend zu sein, wobei die Absicht des Sprechers in den Hintergrund tritt. Wie können wir aber sicher sein, dass es gerechtfertigt ist, eine Aussage als schädlich zu bezeichnen?

Ein Freund, der einen Entwurf von diesem Buch gelesen hat, meinte:

> Dir steht es als einzelne Person nicht zu, zu bewerten, wann sich jemand angegriffen fühlt. Demnach ist dieser Absatz nicht sonderlich aussagekräftig.

Mir ist bewusst, dass es wichtig ist sensible zu sein. Es gibt Menschen, die tatsächlich Missbrauch, Beleidigungen oder Nötigung erfahren haben und verletzt wurden. Dies infrage zu stellen, kann sehr schädlich sein und den Heilungsprozess behindern.

Aber nicht alles, was als psychische Verletzung empfunden wird, ist so zu betrachten wie physische Gewalt. Anders als bei körperlichen Angriffen spielt bei verbalen Aussagen die eigene Interpretation eine Rolle.

Wenn sich jemand durch ein schwules Paar, das Händchen hält, verletzt fühlt, bedeutet das nicht automatisch, dass er das Recht hat zu verlangen, dass die beiden damit aufhören.

Es gibt einige Fragen, die geklärt werden müssen, um sagen zu können, ob eine Äußerung immer verletzend sein *muss* und ob Rücksichtnahme angemessen ist:

- Kann man sich dafür entscheiden, sich von einer Frage wie „Woher kommst du?“ nicht verunsichern zu lassen?
- Gibt es Belege dafür, dass die meisten Menschen solche Aussagen als verletzend empfinden?
- Sind Stereotype der Grund dafür, dass es weniger Frauen in Führungspositionen gibt? Gibt es Beweise dafür?
- Ist es gefährlich, wenn jemand „Es gibt nur eine Rasse – die Menschheit“ sagt und kein strukturelles Verständnis von Rassismus hat?
- Ist es notwendig, jemanden zu entlassen, weil er über Geschlechterunterschiede spricht?
- Sind diese stereotypen Aussagen vielleicht wahr? Ist es verhältnismäßig, zu verlangen, dass Stereotype nicht gezeigt werden, selbst wenn sie wahr sind?

Ich will hier nicht leugnen, dass es stereotype Verhaltensweisen gibt, die abwertend und schädlich sein können.

Es gibt offenen Rassismus und Sexismus in Form von roher Gewalt, Beschimpfungen und offener Feindseligkeit. Genauso existieren auch subtile Verhaltensweisen, die auf negativen Stereotypen beruhen und verletzend sein können.

Ich erinnere mich, dass mein Vater mir einmal von einem Besuch im Baumarkt erzählt hat. Er stand da und suchte etwas. Neben ihm stand eine Frau, die auch etwas suchte.

Plötzlich kam der Mann der Frau zu ihr und flüsterte ihr etwas zu. Mein Vater konnte es hören. Der Mann sagte ihr, sie solle auf ihre Handtasche aufpassen, und sie bewegte die Handtasche ruckartig auf die andere Seite. Es war klar, dass mein Vater gemeint war.

Mein Vater hat einen sehr hohen Anspruch an sich selbst, ein rechtschaffener Bürger zu sein. Von anderen als potenzieller Krimineller wahrgenommen zu werden, hat ihn verletzt.

Auch ich bin in meinem Leben immer wieder mit negativen Stereotypen konfrontiert worden.

Einmal war ich mit Freunden in einem Club und bin kurz auf die Toilette gegangen. Als ich zurückkam, sah ich eine Frau, die sich mit meinen Freundinnen unterhielt und schnell verschwand.

Ich konnte sehen, dass eine meiner Freundinnen verärgert war. Sie erzählten mir, dass die Frau ihnen gesagt hatte, sie sollten sich nicht von diesem „Kanacken" abschlecken lassen. Die Frau wollte wohl meine Freundinnen vor mir schützen.

Ich bringe diese Beispiele vor, um zu veranschaulichen, dass ich Mitgefühl mit jenen habe, die derartige Erfahrungen durchleben mussten.

Doch ist es mir wichtig zu unterstreichen, dass stereotype Äußerungen und Verhaltensweisen nicht *zwangsläufig* schädlich sein müssen. Oft sind Situationen mehrdeutig. Dann besteht die Möglichkeit, Aussagen auf unterschiedliche Weise zu interpretieren und sich nicht angegriffen zu fühlen.

Später werde ich näher darauf eingehen, wie niedrig die Toleranzschwelle geworden ist, sich angegriffen zu fühlen. Es scheint, dass fast jede Geste als Kränkung empfunden werden kann, was es unmöglich macht, es allen recht zu machen.

So wird zum Beispiel das Desinteresse an anderen Kulturen von manchen als rassistisch gebrandmarkt, ebenso wie das Tragen von Dreadlocks oder das Probieren von Speisen aus anderen Kulturen, wie Yaghoobifarah betont.

Ich behaupte nicht, dass wir alles tolerieren müssen und dass Worte keine Macht haben. Zweifellos gibt es Äußerungen, die von vielen als schädlich empfunden werden, und in diesen Fällen ist ein Appell zu mehr Rücksichtnahme in unserer Gesellschaft angebracht.

Wenn man aber immer und überall das Gefühl hat, verletzt zu werden, sollte man sich vielleicht fragen, ob das etwas mit einem selbst zu tun hat.

Die Opfermentalität

Ein kurzer Test: Bewerte, wie sehr du jedem dieser Punkte auf einer Skala von 1 („Trifft überhaupt nicht auf mich zu") bis 5 („Das trifft absolut auf mich zu") zustimmst:

- Es ist mir wichtig, dass Menschen, die mir wehgetan haben, anerkennen, dass mir Unrecht angetan wurde.
- Ich glaube, dass ich in meinen Beziehungen zu anderen Menschen viel gewissenhafter und moralischer bin, als ihre Behandlung mir gegenüber ist.
- Wenn sich Menschen, die mir nahestehen, durch meine Handlungen verletzt fühlen, ist es mir sehr wichtig klarzustellen, dass die Gerechtigkeit auf meiner Seite ist.
- Es fällt mir sehr schwer, damit aufzuhören, über das Unrecht nachzudenken, das andere mir angetan haben.

Wenn du dich bei allen Punkten hoch (4 oder 5) eingestuft hast, könntest du laut Psychologen eine Opfermentalität haben.

Das soziale Leben ist voll von mehrdeutigen Situationen. Jemand reagiert nicht auf deine Nachricht und du erhältst eine Absage nach deiner Bewerbung für einen Job. Die Frage ist: Wie *interpretierst* du diese Situationen? Nimmst du es persönlich, wenn jemand einen Tag später antwortet? Oder interpretierst du die Situation so, dass die Person vielleicht in eine dringende Angelegenheit verstrickt war?

Im Laufe unseres Lebens begegnen wir unweigerlich Höhen und Tiefen, Herausforderungen und Rückschlägen. Es ist eine unausweichliche Wahrheit, dass Widrigkeiten Teil unserer Existenz sind und uns täglich begegnen können.

Es kann durchaus heilsam sein, sich nicht ständig selbst für jedes Unglück verantwortlich zu machen oder sich als gescheitert zu betrachten. Keiner von uns muss die Bürde tragen, für alles im Leben verantwortlich zu sein – ein solcher Glaube kann uns in Starre versetzen.

Jedoch ist es ebenso wenig zielführend, sich permanent in der Rolle des Opfers zu sehen und diese zur eigenen Identität zu machen.

Rahav Gabay und ihre Forschungskollegen charakterisieren die Neigung zur Opfermentalität folgendermaßen:[13]

> Ein anhaltendes Gefühl, selbst Opfer zu sein, das über verschiedene Beziehungskontexte hinweg generalisiert wird. In der Folge wird die Viktimisierung zu einem zentralen Bestandteil der individuellen Identität.

Während die meisten Menschen in der Lage sind, Unsicherheiten als integralen Bestandteil des gesellschaftlichen Lebens zu akzeptieren und gesunde Interpretationsansätze zu finden, neigen einige dazu, sich ständig und überall als Opfer zu betrachten.

Diese Mentalität lässt sich in vier Bereiche untergliedern:

- **Das Bedürfnis nach Anerkennung:** Das Bestreben von Betroffenen, Verständnis und Empathie für ihre erlebte Viktimisierung zu erlangen.
- **Moralischer Elitismus:** Die eigene Wahrnehmung wird als moralisch untadelig gegenüber der als unmoralisch betrachteten Gegenseite empfunden. Der Opferstatus ist oft mit einem Gefühl der Abgrenzung und moralischen Überlegenheit verknüpft.
- **Empathiemangel:** Eine tendenziell gleichgültige Haltung gegenüber anderen und besonders gegenüber deren Leid.
- **Grübeln:** Die fixierte Aufmerksamkeit auf die Symptome des eigenen Leidens und dessen mögliche Ursachen und Konsequenzen anstelle der Suche nach Lösungsansätzen.

Die Erzählungen von Yaghoobifarah verdeutlichen die Opfermentalität. Sie schildert, wie bereits die Zugfahrt sie an ihre Grenzen führte.

Im Zug wandte sie sich an zwei Personen, die sie als „Hippies" identifizierte, stellte sich unter einem falschen Namen vor und gab vor, schüchtern zu sein, um einer Unterhaltung aus dem Weg zu gehen. Sie beobachtete weiter:

> Ich wurde auch Zeugin ihres sentimentalen Flirt-Moments. Während sie über ihre White Supremacy bondeten, murmelte er ihr zu, dass sie süß sei.

Das ist eine alltägliche Situation. Man trifft Leute und möchte sich vielleicht anfreunden, aber man weiß nicht, ob die anderen das auch wollen. Wenn die Personen, die man getroffen hat, anfangen miteinander zu flirten, kann das als Zeichen von Vertrautheit gedeutet werden.

Yaghoobifarah sieht in dieser Situation jedoch nur Ausgrenzung aufgrund ihrer Hautfarbe und unterstellt den beiden, dass sie sich als weiße Personen ihr gegenüber überlegen fühlen.

Sie denkt vor und nach dem Festival darüber nach, wie sehr das Festival sie empört. Sie empfindet es als negativ, dass hauptsächlich Weiße anwesend sind und dass exotisches Essen von Weißen verkauft wird. Sie entscheidet sich, mit Wut zu reagieren, wenn sie Menschen mit Dreadlocks sieht.

All das reicht aus, um in einen Zynismus zu verfallen, in dem alles nur noch belächelt wird und man sich darin bestätigt fühlt, dass die Welt schlecht ist.

Natürlich ist das mit Ironie und Satire zu lesen. Dennoch zeigt ihre Erzählung sehr anschaulich, wie die Welt aus der Opfermentalität heraus aussieht. Sie lässt auch erahnen, wie belastend das Leben sein kann, wenn man ständig das Gefühl hat, ungerecht behandelt zu werden.

Zweifellos gibt es Situationen echter Ungerechtigkeit. Allerdings ist das fortwährende Empfinden von Unrecht in Situationen, die objektiv betrachtet keines enthalten, ein vermeidbares Leid.

Wokeness macht überempfindlich

Während echte Ungerechtigkeiten unbestreitbar existieren, führt eine pauschale Schuldzuweisung an „das System" für alle Lebensprobleme in die Irre.

Wokeness fördert eine Verachtung von Hierarchien und Konventionen, die einige Menschen in eine Opferrolle drängt.

Diese Individuen betrachten jede Form der Ungleichheit als Unrecht. Sie empfinden sich in verschiedenen Lebenslagen - sei es als Frau oder als Person of Color - benachteiligt und nehmen die Vorteile weißer Männer als ungerechtfertigte Privilegien wahr.

Eine abgelehnte Bewerbung interpretieren sie direkt als Diskriminierung, überzeugt davon, niemals eine faire Chance zu erhalten. Selbst alltägliche Fragen wie „Woher kommst du?" werden als feindselig und ausschließend empfunden. Dies mündet in ein intensives Bedürfnis, die Welt glauben zu machen, dass das eigene Los besonders schwer und die eigene Moral über jeden Zweifel erhaben ist.

Letztlich schadet dieses Denken den Personen selbst, da es selbst unmöglich wird, ein Festival zu besuchen, ohne sich durch ambivalente Situationen beleidigt zu fühlen.

Es ist jedoch wichtig anzuerkennen, dass nicht jeder, der sich beschwert, dies aus einer Opferrolle heraus tut. Es ist wichtig, echten Opfern von Gewalt und Ungerechtigkeit Verständnis und Unterstützung zu bieten.

Dennoch müssen wir anerkennen, dass sich einige zu Unrecht als Opfer fühlen. Damit müssen wir uns auseinandersetzen. Denn diese Personen fordern immer radikalere Maßnahmen, lehnen Kompromisse ab und sind bereit, die Grundfesten unserer Gesellschaft zu erschüttern.

KAPITEL 2

Grenzenlose Ansprüche

Zwei Schlachtschiffe, zugewiesen zur Ausbildungseinheit, hatten sich tagelang in stürmischem Wetter auf hoher See befunden, um Manöver durchzuführen.

Das führende Schlachtschiff hatte in der Nacht Wache. Die Sicht war schlecht, es herrschte ein unregelmäßiger Nebel, also blieb der Kapitän auf der Brücke und überwachte alle Aktivitäten.

Kurz nach Einbruch der Dunkelheit meldete der Wachposten an der Seite der Brücke: „Licht, Steuerbord-Bug."

„Steht es still oder bewegt es sich rückwärts?", erkundigte sich der Kapitän.

Der Wachposten antwortete: „Steht still, Kapitän"; was bedeutete, dass sie sich auf einem gefährlichen Kollisionskurs mit diesem Schiff befanden.

Der Kapitän wandte sich daraufhin an den Offizier: „Signal an das andere Schiff: Wir sind auf Kollisionskurs, empfehlen Ihnen, den Kurs um 20 Grad zu ändern."

Die Antwort kam prompt: „Es wäre ratsam, wenn Sie den Kurs um 20 Grad ändern."

Der Kapitän erwiderte: „Senden Sie: Ich bin Kapitän, ändern Sie den Kurs um 20 Grad."

Die Antwort lautete: „Ich bin Matrose zweiter Klasse. Sie sollten besser den Kurs um 20 Grad ändern."

In diesem Moment brodelte der Kapitän vor Wut. Er rief aus: „Senden Sie: Ich bin ein Schlachtschiff. Ändern Sie den Kurs um 20 Grad."

Die schnelle Antwort kam zurück: „Ich bin ein Leuchtturm."

Sie änderten den Kurs.

Das ist eine Geschichte aus einer Zeitschrift von einem Marine-Institut der Vereinigten Staaten, die sehr gut verdeutlicht, warum die Opferrolle zu Problemen führt.[1]

Genauso wie der Kapitän vor Wut brodelt, weil nicht auf seine Wünsche gehört wird, gibt es Personen in der Opferrolle, die sich über die Gesellschaft empören.

Die Journalistin Hengameh Yaghoobifarah echauffiert sich über die Art und Weise, wie über Fett gesprochen wird.[2] Sie selbst ist übergewichtig. Ärzte warnen sie, sie sollte abnehmen.[3] Die Gesellschaft gibt ihr dadurch das Gefühl, dass sie ein Problem hat.

Ihre Lösung? Die Gesellschaft soll sich ändern.

Sie kann den Begriff „Übergewicht" nicht leiden, weil es eine Norm festlegt. In einem Vortrag sagt sie: „Der Mythos, dass man immer diszipliniert und produktiv sein muss, das ist neoliberaler kapitalistischer Bullshit, und jede Wampe ist ein Protestschild dagegen."

Was sich ändern muss, erklärt sie im Interview:

> Wenn dicke Körper immer nur als ungesund dargestellt werden, dann werden diese Vorurteile immer weiter reproduziert. Wenn aber irgendwie der empowerte, coole, stylische dicke Körper überall wäre, dann wird einfach auch ein anderes Körperbild promotet.

Es gibt einiges in der Gesellschaft, das unangenehm ist und Druck macht. Immer mehr Personen fordern, alles, was verletzen könnte, zu beseitigen. Dazu gehören Gedichte, Worte, Meinungen und eigentlich alles, was irgendwie ein schlechtes Gefühl geben kann.

Doch sind diese Forderungen angemessen?

Es ist für mich keine Frage, dass es Probleme gibt, bei denen sich die Gesellschaft ändern muss. Wenn Leute aufgrund ihres Geschlechts, Gewichts oder ihrer Herkunft gemobbt und beleidigt werden, ist das zu verurteilen.

Gleichzeitig gibt es einige Forderungen, die weit über das Maß des Angemessenen hinausschießen und andere wesentliche Werte in Bedrängnis bringen.

Wir müssen uns fragen, ob diese Ziele wirklich sinnvoll sind, ob die vorgeschlagenen Maßnahmen Verbesserungen bringen, ob sie notwendig sind oder ob es nicht mildere Alternativen gibt.

In diesem Kapitel untersuche ich verschiedene Forderungen in Deutschland und zeige, dass sie oft zum Scheitern verurteilt sind und aus einer Opferhaltung heraus entstehen.

Quoten und das Streben nach Vielfalt

Einige Personen empören sich darüber, dass weiße Männer in Führungspositionen überproportional vertreten sind, und interpretieren diese Ungleichheit als Zeichen von Ungerechtigkeit.

Daraus resultiert der verbreitete Wunsch, durch Quotenregelungen für mehr Ausgewogenheit zu sorgen.

In Deutschland hat sich die Frauenquote durchgesetzt:[4] Börsennotierte Unternehmen müssen dafür sorgen, dass ihre Aufsichtsräte zu mindestens 30 Prozent mit Frauen besetzt sind. In den Vorständen großer Unternehmen muss bei mehr als drei Mitgliedern mindestens eine Frau vertreten sein.

Auch die Filmindustrie setzt inzwischen auf Diversitätsquoten, die für die Anerkennung bei Preisverleihungen wie den Oscar relevant sind. Filme müssen Diversität in mindestens zwei von vier definierten Bereichen nachweisen, darunter Casting, Team hinter der Kamera, Thema und Darstellung von Minderheiten.[5]

Ähnliche Bestrebungen gibt es in der Politik, in der eine gleichberechtigte Vertretung durch Quoten gefordert wird. Dahinter steht die Überlegung, dass die Hälfte der Bevölkerung aus Frauen besteht und folglich die gleichberechtigte Vertretung von Frauen ein demokratisches Gebot sein sollte.

Doch es gibt ein Problem: Quoten sind Diskriminierung. Frauen werden aufgrund ihres Geschlechts in einem Kontext bevorzugt, in dem es um Leistung gehen sollte.

Zwei Argumente werden häufig angeführt, um Quoten dennoch zu rechtfertigen. Zum einen wird argumentiert, Quoten seien gerecht, weil Männer in der Vergangenheit oft bevorzugt worden seien. Das ist aber nicht überzeugend. Warum sollte eine Frau heute einen Vorteil gegenüber einem Mann haben, nur weil anderen Frauen in der Vergangenheit Unrecht widerfahren ist?

Ein weiteres Argument ist, dass Quoten dazu beitragen könnten, die Geschlechterverteilung in den MINT-Fächern auszugleichen, die derzeit aufgrund einer vermuteten Benachteiligung von Frauen unausgewogen ist.

Der Nachweis einer systematischen Benachteiligung von Frauen in diesen Bereichen steht jedoch noch aus. Vielmehr zeigen einige Studien, dass Frauen in bestimmten Situationen bevorzugt werden.[6]

Dass diese Ungleichheiten bei näherer Betrachtung nicht durch Diskriminierung, sondern durch unterschiedliche Lebensprioritäten zu erklären sind, werde ich später im Buch zeigen. Das gilt nicht nur für wirtschaftliche, sondern auch für politische Ungleichheiten.

Ungeachtet dessen wurde z. B. in Brandenburg versucht, per Gesetz eine Quote für Parteien einzuführen, was jedoch vom Brandenburger Verfassungsgericht gekippt wurde.[7]

Die Richter argumentierten im Wesentlichen, dass das Paritätsgesetz das Recht auf Freiheit und Gleichheit der Wahl sowie das Recht der politischen Parteien auf Betätigungsfreiheit, Programmfreiheit und Chancengleichheit verletze. Mit der Verpflichtung zur paritätischen Besetzung von Wahllisten werde „ohne Rechtfertigung in Verfassungsrechte eingegriffen".

Es gebe keine eindeutigen Belege dafür, dass eine 50/50-Quote die Welt gerechter mache oder zum Wohlstand beitrage.

Die Quotendebatte offenbart oft, dass es den Befürwortern weniger um echte Chancengleichheit geht als um die Gleichheit der Ergebnisse, losgelöst von individueller Leistung.

Alle Stereotype beseitigen

Es gibt das Bestreben, die Welt von stereotypen Bildern und Erwartungen zu befreien, um Menschen zu schützen.

Hier wirkt das Dogma, dass alle Stereotype immer schädlich sind, was in Forderungen nach politischer Korrektheit mündet. Diese beschreibt die Feministin Margarete Stokowski mit nichts anderem als „Anstand, Höflichkeit, Respekt, Genauigkeit".[8]

Auf den ersten Blick scheinen dies Werte zu sein, denen sich niemand verschließen möchte. Aber wer bestimmt eigentlich, was als höflich gilt?

Es gibt Menschen mit überzogenen Vorstellungen von Höflichkeit und Respekt, wie einige Vorfälle zeigen. So gab es an der Fassade der Alice-Salomon-Hochschule in Berlin jahrelang ein spanisches Gedicht mit dem Titel *Avenidas* von Eugen Gomringer. Es wurde nach der Verleihung des Poetik-Preises der Hochschule angebracht.

Der Text geht wie folgt:

> Alleen
> Alleen und Blumen
> Blumen
> Blumen und Frauen
> Alleen
> Alleen und Frauen
> Alleen und Blumen und Frauen und
> ein Bewunderer.

Im April 2016 veröffentlichte der AStA der Alice-Salomon-Hochschule einen offenen Brief, in dem sich über die Bedeutung des Gedichts beschwert und gefordert wurde, es zu übermalen:[9]

> Ein Mann, der auf die Straßen schaut und Blumen und Frauen bewundert. Dieses Gedicht reproduziert nicht nur eine klassische patriarchale Kunsttradition, in der Frauen ausschließlich die schönen Musen sind, die männliche Künstler zu

> kreativen Taten inspirieren. [...] Es erinnert zudem unangenehm an sexuelle Belästigung, der Frauen alltäglich ausgesetzt sind.

Und was macht die Universität?

Der Akademische Senat hat beschlossen, dem Antrag stattzugeben und das Gedicht zu entfernen. Dahinter steckt die Absicht, dass sich Frauen sicherer fühlen sollen.

Aber ist es sinnvoll, alles zu übermalen, was unangenehme Erinnerungen weckt?

Es sind aber nicht nur Gedichte an Wänden, die entfernt werden sollen. In einem anderen Fall geriet die Sängerin Ronja Maltzahn in Bedrängnis. Sie sollte ursprünglich bei einer Veranstaltung von Fridays for Future in Hannover auftreten. Doch ihr Auftritt wurde abgesagt.[10] Der Grund?

Sie trägt Dreadlocks.

Die Aktivisten von Fridays for Future erklärten ihre Entscheidung wie folgt:

„Wenn eine weiße Person also Dreadlocks trägt, dann handelt es sich um kulturelle Aneignung, da wir als weiße Menschen uns aufgrund unserer Privilegien nicht mit der Geschichte oder dem kollektiven Trauma der Unterdrückung auseinandersetzen müssen", so die Umweltschützer.

In einer Nachricht an Maltzahn teilte die Gruppe mit, dass ihr Auftritt dennoch möglich sei, wenn sie sich bis kommenden Freitag von ihren Dreadlocks trenne.

Auch beim Karneval wird kulturelle Aneignung nicht gern gesehen. Ein Kindergarten in Hamburg hatte Eltern im Vorfeld schriftlich mitgeteilt:[11]

> Ich möchte Sie bitten, gemeinsam mit Ihren Kindern bei der Auswahl des Kostüms darauf zu achten, dass durch selbiges keine Stereotype bedient werden.

Aber müssen Dreadlocks und Kostüme wirklich beleidigend sein, und ist es verhältnismäßig, dafür die Freiheit anderer einzuschränken?

Es gibt negative Stereotype in Form von Beleidigungen, die eindeutig zu verurteilen sind. In anderen Situationen sind Stereotype nicht eindeutig negativ. In solchen Fällen muss man sich fragen, ob es notwendig ist, die Stereotype zu beseitigen, oder ob es nicht möglich ist, besser mit solchen Stereotypen umzugehen und sich nicht von ihnen verletzen zu lassen.

Die ganze Sprache muss sich ändern

An zahlreichen Hochschulen im deutschsprachigen Raum wie Leipzig, Dresden, Tübingen, München, Aachen, Saarbrücken, Bremen und Dortmund wird zunehmend eine geschlechtergerechte Sprache gefordert.[12, 13]

Ein Beispiel ist das Studierendenparlament der Freien Universität Berlin, wo Gendern inzwischen Pflicht ist, was allerdings nicht überall auf Zustimmung stößt.[14] Ein Student, der gegen diese Regelung Einspruch erhob, bekam folgende Antwort:

> Vielen Dank für die Übersendung eurer Anträge. Leider erfüllen sie nicht die formalen Kriterien nach unserer Geschäftsordnung §6 (3) „Anträge sind in einer Sprache einzureichen, die alle Geschlechter gleichermaßen abbildet".
>
> Diese Kriterium ist durch das verwendete generische Maskulinum („Studenten") nicht erfüllt.
>
> Wir bitten daher darum, dass ihr uns geänderte Versionen schickt. Ansonsten können wir sie leider nicht in die Tagesordnung aufnehmen.

Was ist das Problem mit dem Wort „Studenten"?

Das Wort „Studenten" verwenden wir zum Beispiel für eine Gruppe von männlichen Studenten. Bei einer Gruppe von Frauen sagen wir „Studentinnen". Aber für eine gemischte Gruppe? Dann sagen wir auch „Studenten" und die Frauen wären nur „mitgemeint".

Darüber hinaus sollte es auch Menschen ausschließen, die sich weder als Mann noch als Frau fühlen.

Was spricht also dagegen, eine Sprache zu verwenden, die Frauen sichtbarer macht und inklusiver ist?

Zunächst ist es unklar, ob überhaupt ein Problem besteht. Studien zeigen zwar, dass das generische Maskulinum dazu führen kann, dass Menschen eher an Männer denken,[15] allerdings wurden diese Effekte nur in sehr künstlichen Szenarien nachgewiesen. Es ist fraglich, ob in Alltagsgesprächen bei Wörtern wie Bürger, Lehrer oder Ärzte tatsächlich mehr an Männer gedacht wird oder ob es zu Missverständnissen kommt.

Selbst wenn es diese Verzerrung gebe, ist nicht klar, ob Gendern die Lösung ist. In Sprachen, in denen die meisten Wörter geschlechtsneutral sind, z. B. im Englischen, denkt man auch eher an Männer, wenn man beispielsweise „scientist" hört. Das liegt einfach daran, dass es mehr Männer in der Wissenschaft gibt.

Wird das Gendern durchgesetzt, denkt man kurzfristig vielleicht mehr an Frauen. Wenn in Zukunft aber immer noch mehr Wissenschaftler Männer sind, dann wird man vermutlich auch in Zukunft bei Wissenschaftler*innen eher an Männer denken.

Ein weiteres Argument gegen das Gendern ist, dass die ständige Betonung des Geschlechts durch angehängte „innen" oder ähnliche sprachliche Mittel das Geschlecht unnötig in den Vordergrund rückt, was die Schriftstellerin Nele Pollatschek pointiert kritisiert.[16]

Sie berichtet von einem Erlebnis:

> Vor einigen Wochen unterhielt ich mich mit einem Journalistenkollegen und sagte „Ich, als Schriftsteller ..." Der Journalist unterbrach mich – „SchriftstellerIN". Da fiel es mir wieder ein. Ich bin ja kein Schriftsteller, ich bin ja eine Frau. In alltäglichen Gesprächen spielt Geschlecht keine große Rolle. Aber wenn wir ständig „innen" an Worte dranhängen, wird das Geschlecht unnötig betont.

Pollatschek mag es auch nicht, als jüdische Schriftstellerin bezeichnet zu werden. Vielleicht ist Sichtbarkeit nicht per se erstrebenswert.

Abbildung 2.1 *Umfrage in Deutschland zur Relevanz von geschlechtergerechter Sprache 2023, Quelle: YouGov.*

So scheinen die meisten zu denken. Gendern wird von der Mehrheit der Bürger abgelehnt.[17] Das gilt auch für die Mehrheit der Frauen; und die Ablehnung hat mit der Zeit zugenommen.[18]

Manche würden argumentieren, dass Sprache Realität schafft und dass mehr Sichtbarkeit in der Sprache Frauen ermutigt, Karriere zu machen. Studien zeigen, dass Frauen Jobs attraktiver finden, wenn beide Geschlechter statt des generischen Maskulinums genannt werden. Die Doppelnennung ist jedoch seit Langem gängige Praxis. Dass das Gendersternchen irgendeinen Vorteil darüber hinaus bringt, wurde in keiner Studie nachgewiesen.

Es ist also fraglich, ob eine genderneutrale Sprache überhaupt ein legitimes Ziel ist. Die meisten Frauen haben kein Problem mit der Verwendung des generischen Maskulinums. Wenn man sich durch die Sprache verletzt fühlt, kann das auch an einem selbst liegen.

Jeder kann sprechen, wie er oder sie möchte. Da es aber keine überzeugenden Beweise dafür gibt, dass Gendern zu tatsächlicher Gerechtigkeit beiträgt, scheint es mir unverhältnismäßig, dies von anderen zu verlangen.

Sprechverbote und Cancel Culture

Sommer 2022 bekam die Doktorandin Marie-Luise Vollbrecht Gegenwind, als sie an der Humboldt-Universität einen Vortrag über den Begriff Geschlecht halten wollte.[19]

Ihr Thema „Geschlecht ist nicht gleich Geschlecht - Sex, Gender und warum es in der Biologie zwei Geschlechter gibt“ stieß auf Empörung. Kritische Gruppen, darunter der Bundesarbeitskreis kritischer Juragruppen, ein Netzwerk linker juristischer Initiativen, protestierten.

Sie brandmarkten den Vortrag nicht nur als „unwissenschaftlich“, sondern auch als „menschenverachtend, queer- und transfeindlich“, ohne diesen Vortrag gesehen zu haben. Die Folge: Die Universität sagte den Vortrag aus „Sicherheitsgründen“ ab.

Einige Wochen nach der ersten Absage erhielt die Biologin die Möglichkeit, ihren Vortrag nachzuholen. Doch seitdem wird sie in manchen Kreisen als störend empfunden. Sowohl online als auch im realen Leben wird sie angefeindet. Bei einer Veranstaltung wurde sie sogar tätlich angegriffen.[20]

„Ich wurde geschubst und habe einen Ellenbogen in die Rippen bekommen (beim Reingehen), inklusive ‚Schäm dich‘-Rufe“, twitterte sie nach der Veranstaltung.

Es sind nicht nur einzelne Aktivisten. Jan Böhmermann, Satiriker und Moderator des ZDF-Magazins Royale, bezeichnete in einer seiner Sendungen, die über zwei Millionen Mal angeklickt wurde, Menschen, die den Trans-Aktivismus kritisieren, darunter auch Vollbrecht, als „Turds“ - ein Ausdruck, der auf Deutsch „Scheißhaufen“ bedeutet.[21]

In der Sendung zitierte Böhmermann einen Artikel aus dem Tagesspiegel. Der Artikel stammt von dem Sozialwissenschaftler Heinz-Jürgen Voß, der sich seit vielen Jahren in seinen Büchern für die Idee der ‚Dekonstruktion von Geschlecht‘ einsetzt. Der Tagesspiegel-Artikel verweist wiederum auf einen Artikel der Wissenschaftsjournalistin Claire Ainsworth, in dem eine große Bandbreite von Ausprägungen biologischer Anlagen innerhalb der Geschlechter beschrieben wird.[22]

Abbildung 2.2 *Claire Ainsworth antwortet auf die Frage auf X, ob es mehr als zwei Geschlechter gibt, Quelle: X*

Doch Ainsworth wurde oft falsch zitiert, was sie selbst auf X (Twitter) klarstellte.

In ihrem Artikel geht es um das Phänomen der Intersexualität, auch Störungen der Geschlechtsentwicklung genannt. Diese werden definiert als angeborene Zustände, bei denen die Entwicklung des chromosomalen, gonadalen oder anatomischen Geschlechts untypisch verläuft. Es gibt Menschen mit Y-Chromosomen, die dennoch weibliche Geschlechtsmerkmale aufweisen.

Intersexualität ist eine Kategorie, aber kein eigenes Geschlecht. Aus biologischer Sicht ist die Einteilung in zwei Geschlechter sinnvoll, ähnlich wie bei Katzen, bei denen auch zwischen männlich und weiblich unterschieden wird.

Es gibt Menschen, die eine Diskrepanz zwischen ihrem empfundenen Geschlecht und dem bei der Geburt festgelegten Geschlecht erleben. Das hat zunächst nichts mit Intersexualität zu tun. Diese Menschen, die sich mit dem anderen Geschlecht identifizieren und darin leben, wären dann Transgender.

Transfrauen bleiben aber auch nach der Transition biologisch Männer.

Angesichts dieser Fakten scheint es mir unangemessen, jemanden als Scheißhaufen zu bezeichnen, nur weil sie von zwei Geschlechtern spricht. Es wird aber nicht nur die Tatsache bekämpft, dass es zwei biologische Geschlechter gibt. In gleicher Weise wird geleugnet, dass Übergewicht schädlich ist.

Auf dem ZDF-Kanal *Unbubble* wurde eine 13-Fragen-Folge zum Thema Body Positivity veröffentlicht.[23] Es wurden Personen eingeladen, die hinter dieser Bewegung stehen, sowie Leute, die ihr kritisch gegenüberstehen. Die beiden Seiten diskutierten miteinander. Ein Arzt, Felix Berndt, wurde gefragt, was er an der Bewegung kritisch findet. Er sagte, er finde es wichtig zu betonen, dass Adipositas eine Krankheit ist und von der WHO auch so definiert wird. Dann sagte er, dass Menschen mit Adipositas zu mehr psychischen Problemen neigen. Die Reaktion?

Die Plus-Size-Influencerin Tanja Marfo wurde vor laufender Kamera wütend, ärgerte sich über die Diskriminierung seitens des Arztes und warf ihm in einem moralisierenden Ton „internalisierte Fettfeindlichkeit" vor. Eine andere Person sagte, dass man sich bei seinen Studien nicht sicher sein könne, aber das „Narrativ", das er aufmacht, sei schädlich.

Eine andere Teilnehmerin schlug vor, „Unternehmen irgendwie gesetzlich zu verpflichten, weil es sonst eben leider nicht klappt, dass sie, wenn sie Werbekampagnen schalten, diese divers besetzen müssen oder zumindest eine Quote erfüllen."

Es wird also versucht, übergewichtige Menschen vor Stigmatisierung zu schützen, indem die Tatsache, dass Übergewicht schädlich ist, geleugnet wird.

In der Debatte um den Islam finden wir dieses Muster ebenfalls. Muslime erfahren Stigmatisierung, die bis hin zu Gewalt und Diskriminierung führen kann. Um sie zu schützen, neigen jedoch einige dazu, den Islam dogmatisch zu verteidigen und jegliche Kritik am Islamismus schnell als Rassismus abzutun. Personen, die dennoch öffentlich Kritik üben, erleben dann Anfeindungen.

Mehrere Personen haben zum Beispiel eine Lesung von „Tagesschau"-Sprecher Constantin Schreiber an der Universität Jena gestört.[24] Ein unbekannter Mann schmierte dem Moderator eine Torte ins Gesicht. Fotos der Veranstaltung zeigten den Moderator und

Buch-Autor auf der Bühne mit Tortenresten auf Gesicht und Kleidung. Eine Gruppe von Störern hat den „Tagesschau"-Sprecher als „rassistisch und islamfeindlich" bezeichnet. Zudem wurden Handzettel verteilt, auf denen er als Rechtspopulist bezeichnet wurde.

Schreiber hat mehrere Jahre in der arabischen Welt gelebt, hatte sich in früheren Veröffentlichungen von Büchern auch kritisch zu Missständen in der islamischen Welt und in islamischen Gemeinschaften in Deutschland geäußert. Inzwischen hat er kundgetan, nichts mehr zu diesem Thema öffentlich zu sagen.

Diese Beispiele zeigen, dass es ein Bestreben gibt, alle Erzählungen zu verurteilen, die negative Stereotype verbreiten könnten, unabhängig davon, ob es sich um wahre Aussagen handelt oder nicht. Die Hoffnung scheint zu sein, mit der Wahl der richtigen Worte eine bessere Welt zu schaffen.

Realitätsferne Forderungen

Ein Blick in die Bücher von Aktivistinnen wie Emilia Roig offenbart, dass die angestrebten Ziele weitreichend und radikal sind.

Die Ehe wird als eine Art „goldener Käfig" gesehen, der Frauen in finanzielle Abhängigkeit drängt. Die Polizei wird pauschal als rassistisch eingestuft und der Kapitalismus als Treiber von Ungleichheiten angeprangert. Die Forderung ist ein kompletter Systemwechsel.

Roig motiviert ihre Leserschaft, mutig zu sein und diese radikalen Veränderungen mitzumachen, auch ohne zu wissen, was danach kommt.[25]

> Das Ende der Polizei und der Gefängnisse, das Ende der Arbeit, das Ende des Nationalstaats und der Grenzen, das Ende des Geldes, das Ende der Ehe. Was würde danach kommen? Eine Gesellschaft ohne Polizei, ohne Arbeit, ohne Geld und ohne Ehe ist kaum vorstellbar ... Der graduelle Wegfall solcher Institutionen, die bisher für unser politisches, soziales, wirtschaftliches und kulturelles System zentral gewesen

> sind, würde mit einer Übergangsphase einhergehen, die höchstwahrscheinlich erst einmal Chaos verursachen würde. Wir würden durch eine Art kollektiven Trauerprozess gehen müssen, um Platz für das neue System zu schaffen.

Es ist unbestreitbar, dass es Probleme innerhalb dieser Institutionen gibt. Doch ist es sicher, dass es besser ist, alles hinzuschmeißen? Insbesondere wenn die Aktivisten keine klare, bessere Alternative aufzeigen?

Dabei wird oft übersehen, dass der Kapitalismus nicht nur als Ursache für Armut angesehen werden kann, sondern auch als eine Lösung – die beste, die wir derzeit haben. Tagtäglich leben weniger Menschen in extremer Armut. (Schau dir die Statistiken auf ourworldindata.org, falls du den Eindruck hast, dass früher alles besser war.) Auch die Ehe hat ihre Probleme. Doch Probleme sind ein Teil der menschlichen Existenz. Verheiratet zu sein schützt Menschen davor, eine Depression zu entwickeln.[26]

Damit eine Forderung, die mit anderen Werten in Konflikt steht, zumutbar ist, muss sie bestimmte Kriterien erfüllen. In der Rechtswissenschaft gibt es dafür die Verhältnismäßigkeitsprüfung mit den vier Kriterien:

1. Legitimer Zweck
2. Geeignetheit
3. Erforderlichkeit
4. Angemessenheit

Manche Ziele, wie die angestrebte 50/50-Verteilung oder die vollständige Sichtbarkeit aller Geschlechter in der Sprache, werden gesellschaftlich nicht als legitim anerkannt. Während Ziele wie die Reduzierung von Gewalt gegen Frauen oder die Förderung von Chancengleichheit und Wohlbefinden als legitim gelten, scheitern die Forderungen oft an der Geeignetheit.

Die Übermalung von Gemälden oder die Betonung von politischer Korrektheit ändern wenig an grundlegenden Problemen wie Gewalt oder Schönheitsidealen. Unabhängig davon, wie viel politische Korrektheit betrieben wird, wird sich jeder bewusst sein, dass eine Person mit nicht weißer Hautfarbe höchstwahrscheinlich einen Migrationshintergrund hat. Ebenso wird Schönheit immer eine Rolle spielen, auch wenn Body Positivity gefördert wird.

Die Wahrnehmung ständiger Benachteiligung kann nicht durch politisch korrektes Verhalten behoben werden, wenn es nichts gibt, was man richtig machen kann:

- Desinteresse an anderen Kulturen wird als Rassismus gesehen, zu großes Interesse als „kulturelle Aneignung".
- Wenn Weiße Schwarze nicht attraktiv finden, ist es Rassismus; finden sie sie attraktiv, ist es „Exotisierung".
- Ignorieren Weiße das Leid von Schwarzen, ist es Rassismus; setzen sie sich dafür ein, ist es „White Saviorism".
- Werden Schwarze nicht zu Themen des Rassismus befragt, ist es Rassismus; werden sie nur aufgrund ihrer Hautfarbe ausgewählt, ebenfalls.

Ich denke, dass diese Forderungen nicht notwendig sind, da es einen anderen Weg gibt, ohne anderen Menschen etwas zu verbieten oder ihnen ein schlechtes Gefühl zu geben. Bei all diesen Debatten wird oft übersehen, dass der persönliche Umgang mit einer Situation eine entscheidende Rolle spielt.

Die meisten Frauen fühlen sich durch die Verwendung des generischen Maskulinums nicht verletzt. Obwohl alle Frauen Bilder von hübschen Frauen auf Postern sehen, entwickeln die meisten keine Essstörung. Die meisten Schwarzen lassen sich von dem, was als „Mikroaggression" bezeichnet wird, nicht beeinflussen.[27]

Die eigene Interpretation ist entscheidend dafür, ob man sich durch kleine Widrigkeiten im Leben verletzt fühlt.

Das ständige Gefühl, durch unklare Situationen verletzt zu werden, weist oft auf eine Opfermentalität hin. Personen mit dieser Mentalität haben einen *externen Kontrollfokus* und glauben, dass äußere Umstände wie Glück, Schicksal oder das Handeln anderer über ihr Leben bestimmen. Woke Personen sehen sich selbst als Spielball der Gesellschaft und sind unfähig, den Lauf der Dinge zu beeinflussen. Die Herkunft, das Geschlecht, die Eltern, die Hautfarbe haben ohne Frage einen Einfluss auf das eigene Leben, doch sie besiegeln nicht das eigene Schicksal.

Es wird geleugnet, was in der eigenen Hand liegt. Ihre Erfolge und Misserfolge schreiben sie nicht eigenen Bemühungen oder Fähigkeiten zu, sondern äußeren Begebenheiten. Sie fühlen sich wie ein Schiff, das hilflos auf hoher See treibt, während andere die Stürme meistern.

Statt also anzufangen, selbst die Dinge zu tun, die sie tun können, fangen sie an, überzogene Ansprüche zu stellen. Studien belegen, dass Menschen mit starker Opfermentalität zu erhöhtem Anspruchsdenken neigen.[28] Eine weitere Studie zeigt, dass Personen, die politische Korrektheit befürworten, ebenfalls ein gesteigertes Anspruchsdenken aufweisen.[29] Sie stimmen Aussagen zu, die überzogene Erwartungen und das Gefühl widerspiegeln, bestimmte Dinge zu verdienen. Beispiele hierfür sind:

1. „Ich fühle ehrlich gesagt, dass ich mehr verdiene als andere."
2. „Wäre ich auf der Titanic gewesen, hätte ich es verdient, im ersten Rettungsboot zu sein!"
3. „Menschen wie ich verdienen ab und zu eine zusätzliche Pause."
4. „Die Dinge sollten nach meinem Weg gehen."
5. „Ich fühle mich berechtigt, mehr von allem zu haben."

Wokeness ist Wunschdenken

Soziale Bewegungen sind unerlässlich, denn sie bringen frischen Wind und neue Perspektiven in oft festgefahrene Debatten. Doch so wichtig ihr Engagement ist, so wichtig ist es auch, ihre Ansätze kritisch zu hinterfragen.

Wokeness fördert jedoch eine Denkweise, die die Möglichkeit objektiven Wissens grundsätzlich anzweifelt und der Sprache eine enorme Macht beimisst. Dabei wird propagiert, dass man auf seine Gefühle hören sollte. Macht wird oft als alleinige Ursache für viele Probleme angesehen, ohne Raum für Nuancen zwischen Schwarz und Weiß zu lassen.

Trotz ihrer Skepsis gegenüber Fakten sind sich Woke sicher, dass das bestehende System fehlerhaft ist und abgeschafft werden muss.

Oft sind es Personen, die sich selbst als Opfer sehen, die hinter diesen Forderungen stehen. Sie glauben, dass sie nicht selbst für ihre Probleme verantwortlich sind, und erwarten, dass sich die Gesellschaft ihren Bedürfnissen anpasst. Diese Haltung äußert sich in der Erwartung, nach Belieben handeln zu können, ohne die Realisierbarkeit oder die Auswirkungen auf andere zu bedenken.

Diese Personen ähneln dem Kapitän, der will, dass ein anderes Schiff ausweicht, aber nicht merkt, dass es ein Leuchtturm ist.

Menschen, die sich als Opfer sehen und Forderungen stellen, die die Freiheit anderer einschränken, sollten sich grundlegende Fragen stellen: Ist mein Anliegen legitim? Ist meine Forderung sinnvoll, erforderlich und zumutbar?

Zweifellos gibt es berechtigte Anliegen.

Bestimmte Äußerungen können tatsächlich gefährlich sein. Studien belegen, dass die Rechtfertigung von Gewalt tatsächlich Gewalt vorhersagen kann. Hier wäre politische Korrektheit angebracht. Ebenso ist belegt, dass Personen mit einem nicht deutschen Namen auf dem Arbeits- und Wohnungsmarkt diskriminiert werden.

In diesen Fällen sollten angemessene Maßnahmen zur Herstellung von Chancengleichheit ergriffen werden.

Die Herausforderung besteht darin, zu erkennen, wann etwas eine Frage der Solidarität und wann eine Frage der Eigenverantwortung ist. Um dies herauszufinden, bedarf es einer offenen Debatte, in der Vorschläge auch kritisiert werden dürfen.

Was wir aber heute erleben, ist, dass diejenigen, die bestimmte Forderungen infrage stellen, pauschal als Gegner der Gerechtigkeit abgestempelt und verurteilt werden.

KAPITEL 3

Verachtung Andersdenkender

> *Wer mit Ungeheuern kämpft, mag zusehn, dass er nicht dabei zum Ungeheuer wird. Und wenn du lange in einen Abgrund blickst, blickt der Abgrund auch in dich hinein.*
>
> Friedrich Nietzsche

Wohin die Wut aus der Opferrolle führt, offenbart Hengameh Yaghoobifarah in ihrem Artikel „All cops are berufsunfähig", inspiriert von der Abkürzung ACAB („All cops are bastards").[1]

In ihrem Text denkt sie über eine Welt nach, in der die Polizei abgeschafft ist, der Kapitalismus aber nicht. Sie fragt sich: Was wird aus all den Leuten, die heute bei der Polizei sind?

Das ist für sie keine einfache Frage:

> Schließlich ist der Anteil an autoritären Persönlichkeiten und solchen mit Fascho-Mindset in dieser Berufsgruppe überdurchschnittlich hoch.

Yaghoobifarah sieht für diese Menschen kaum berufliche Perspektiven außerhalb ihrer jetzigen Tätigkeit. Weder soziale Berufe noch Tätigkeiten im kulturellen Bereich oder als Briefträger erscheinen ihr als geeignete Alternativen. Auch Berufe, in denen Waffen oder Brandsätze hergestellt werden können, scheiden nach Ansicht der Autorin aus.

Letztlich sieht Yaghoobifarah nur eine Möglichkeit:

> Spontan fällt mir nur eine geeignete Option ein: die Mülldeponie. Nicht als Müllmenschen mit Schlüsseln zu Häusern,

> sondern auf der Halde, wo sie wirklich nur von Abfall umgeben sind. Unter ihresgleichen fühlen sie sich bestimmt auch selber am wohlsten.

Diese zunehmende Tendenz zur Verachtung macht auch vor dem wirklichen Leben nicht halt. Sie zerreißt Gemeinschaften und persönliche Beziehungen und führt zu Einsamkeit. Vielleicht hast du selbst schon erlebt, wie Freundschaften zerbrochen sind, weil Meinungsverschiedenheiten unüberwindbar schienen.

Dazu eine kleine Geschichte aus meinem Leben: Kurz nach der Veröffentlichung meines Videos über das Patriarchat fand ich mich auf einer Party wieder. Normalerweise bin ich jemand, der sich mit jedem unterhält. Manche sagen, ich hätte „Labradoodle-Energie".

Aber diesmal wollten überraschenderweise viele Gäste nicht mit mir reden. Sie drehten sich weg. Ich fragte mich, warum. Hatte ich etwas falsch gemacht? Roch ich schlecht?

Erst später erfuhr ich den wahren Grund. Die Freundin des Geburtstagskindes hatte herausgefunden, dass ich YouTube-Videos mache. Vor der Party hatten sich ein paar Leute getroffen. Sie diskutierten darüber, mich auszuladen. Sie hatten die Sorge, dass ich nicht zur Party passe.

Ein Freund von mir war da und hat sich dafür eingesetzt, dass ich doch kommen durfte. Anscheinend wäre es einigen lieber gewesen, wenn ich nicht gekommen wäre.

Mittlerweile stört es mich nicht mehr, wenn mich Leute meiden oder beschimpfen. Ich verstehe, woher diese Reaktionen kommen. Früher war ich selbst in diesem Wir-gegen-die-Schema gefangen.

Was mich aber beunruhigt, ist, dass diese Art von Moralismus oft das Gegenteil von dem zu bewirken scheint, was er erreichen will. Anstatt Toleranz und Offenheit zu fördern, erzeugt er Widerstand. Dieses Phänomen beobachten wir überall auf der Welt.

Nehmen wir zum Beispiel Spanien im März 2018, als mehr als fünf Millionen Menschen für feministische Ziele auf die Straße gingen.[2] Trotz dieser großen Demonstration für Gleichberechtigung und gegen Diskriminierung konnte die rechtspopulistische Partei VOX, die viele dieser feministischen Forderungen explizit ablehnt, Ende des Jahres einen Erfolg verbuchen, indem sie in das Parlament einzog.[3]

Ähnliche Entwicklungen sind auch in Deutschland zu beobachten: Nach dem Antritt der Ampelkoalition aus SPD, Grünen und FDP stiegen die Umfragewerte der AfD auf einen Höchststand.

Die Existenz unterschiedlicher Meinungen ist ein grundlegender und wertvoller Aspekt der Demokratie. Allerdings kann es problematisch werden, wenn Meinungsverschiedenheiten zu einem unversöhnlichen Kampf zwischen Lagern führen, der keinen Raum für Dialog und Kompromisse lässt.

In diesem Kapitel möchte ich eine treibende Kraft beleuchten, die dabei ist, unsere Gesellschaft zu spalten: die Opferrolle und die daraus resultierende Verachtung für Andersdenkende.

Rachegedanken und linker Autoritarismus

In einem Experiment mit dem sogenannten „Diktatorspiel" wurden die Auswirkungen der Opfermentalität untersucht.[4]

Hier wurde Geld zwischen zwei Personen aufgeteilt, aber nur eine Person traf allein die Entscheidung über die Aufteilung. Der Clou: Die Teilnehmer dachten, sie spielten gegen eine echte Person, aber in Wirklichkeit traf ein Computer die Entscheidungen. Die Teilnehmer erhielten immer weniger Geld als ihr „Gegner".

Danach konnten die Teilnehmer entscheiden, ob sie einen Teil des Gewinns des „Gegners" wegnehmen wollten: von nichts bis alles. Ihnen wurde jedoch gesagt, dass sie das weggenommene Geld nicht behalten würden. Diese Wahl zeigte also lediglich den Wunsch nach Rache.

Die Studie ergab, dass Personen, die sich als Opfer sehen, eher zu Rache neigen. Besonders aufschlussreich ist, dass dieser Zusammenhang teilweise dadurch erklärt werden kann, dass die Befragten der Aussage zustimmen: „Ich verdiene es, mich dem anderen Teilnehmer gegenüber unmoralisch zu verhalten."

Personen mit dieser Mentalität haben ein starkes Gefühl, ungerecht behandelt worden zu sein, und fühlen sich deswegen moralisch berechtigt, anderen Schaden zuzufügen.

Dieser Wunsch nach Rache, der aus persönlicher Kränkung entsteht, spiegelt sich meiner Meinung nach in übertriebener politischer Korrektheit wider. Einzelne fühlen sich durch gewisse Aussagen und biologische Fakten verletzt und beginnen, Personen wie James Damore öffentlich an den Pranger zu stellen und ihren beruflichen Niedergang zu forcieren. Ähnlich verhält es sich mit dem Shitstorm gegen Marie Luise Vollberacht, die einen Vortrag über die Existenz von nur zwei Geschlechtern hielt.

Sind das nur Einzelfälle?

In den USA wurden in den letzten Jahren Fälle dokumentiert, in denen Wissenschaftler aufgrund ihrer verfassungsgemäßen Meinungsäußerungen sanktioniert wurden.[5] Im Jahr 2021 waren es 111 betroffene Wissenschaftler. Die meisten von ihnen wurden wegen ihrer persönlichen Sichtweisen zu kontroversen gesellschaftlichen Themen ins Visier genommen. Fast zwei Drittel dieser Vorfälle kamen von Leuten oder Gruppen, die politisch weiter links standen als die betroffenen Forscher. Über 60 % dieser Fälle endeten mit Strafen für die Forscher, darunter 28 Untersuchungen, 18 Suspendierungen und 14 Entlassungen.

In Deutschland hat sich mittlerweile das Netzwerk Wissenschaftsfreiheit formiert, das ebenfalls damit begonnen hat, Fälle zu dokumentieren, in denen Wissenschaftler aufgrund ihrer Meinungsäußerungen ins Visier gerieten. Weitere Fälle aus Deutschland können auf ihrer Webseite eingesehen werden.

Diese Beispiele verdeutlichen, dass innerhalb der linken Aktivistenszene eine Tendenz besteht, zu immer radikaleren Methoden zu greifen, um Meinungen und Äußerungen, die als problematisch angesehen werden, zu unterdrücken.

Lange Zeit fokussierte sich die Aufmerksamkeit vornehmlich auf den Autoritarismus von rechts, der darauf abzielt, Gleichförmigkeit zu fördern und die Vielfalt von Menschen zu minimieren.

Mittlerweile gibt es jedoch auch Forschungen, die sich dem Autoritarismus von links widmen.

Der Psychologe Scott O. Lilienfeld hat in seiner Analyse des linken Autoritarismus drei Hauptmerkmale herausgearbeitet:[6]

1. **Antihierarchische Aggression:** Dieser Aspekt spiegelt den Wunsch wider, bestehende Machtstrukturen zu stürzen und diejenigen zu bestrafen, die an der Spitze stehen. Ein Statement dazu lautet: „Die Reichen sollten ihres Besitzes und ihres Status beraubt werden."
2. **Antikonventionalismus:** Dieser Aspekt offenbart ein kompromissloses Festhalten an progressiven Werten und eine intolerante Einstellung gegenüber konservativen Ansichten, die als durchweg unmoralisch betrachtet werden. Ein Beispiel hierfür ist diese Aussage: „Im Grunde sind fast alle Konservativen rassistisch, sexistisch und homophob."
3. **Zensur von oben:** Diese Dimension zeigt den Wunsch auf, institutionelle Autoritäten wie den Staat einzusetzen, um bestimmte Meinungen und Verhaltensweisen einzudämmen. Ein beispielhaftes Item hierfür wäre: „Es ist richtig, dass Universitätsbehörden hassvolle Äußerungen vom Campus verbannen."

Lilienfelds Studie deutet darauf hin, dass Personen mit solchen Ansichten nicht nur eine erhöhte emotionale Empfindlichkeit besitzen, sondern auch zu Gewalt neigen. Sie zeigen eine höhere Bereitschaft, sich an gewalttätigen politischen Aktionen zu beteiligen. Jene mit hohen Werten in dem Fragebogen haben sogar bereits Gewalt bei Demonstrationen ausgeübt.

Für mich ist übertriebene Wokeness ein Ausdruck von linkem Autoritarismus. Alles Konventionelle wird abgelehnt. Der Fokus liegt auf Sprache und Narrativen, die als Ursache für alles gesehen werden, was einen an der Gesellschaft stört. Aussagen, die die eigene Wunschvorstellung der Welt infrage stellen, werden als Angriff empfunden. Sie scheuen sich dann nicht davor, andere aufzufordern, unerwünschte Meinungen zu unterdrücken und den vermeintlichen Täter öffentlich zu bestrafen.

Was wir derzeit erleben, ist ein grundlegender Wandel in der Art und Weise, wie Konflikte ausgetragen werden.

Die neue Opferkultur

Konflikte zwischen Menschen sind alltäglich. Sie entstehen, wenn jemand das Verhalten eines anderen als falsch empfindet.

Die Gründe für Konflikte können vielfältig sein, zum Beispiel Übergriffe, Diebstahl, Lügen, Beleidigungen, Glaubensunterschiede oder ausstehende Zahlungen. Die Reaktionen darauf reichen von Gesprächen bis hin zur Einschaltung der Polizei.

Im Laufe der Jahrhunderte haben sich die Wege der Konfliktbewältigung verändert. Lange Zeit ging es um die Wahrung der Ehre. In Ehrenkulturen verteidigten Menschen, vor allem Männer, ihre Ehre durch direkte Reaktionen auf Beleidigungen oder Rechtsverletzungen, oft durch Selbstjustiz. Diese Kulturen entstanden hauptsächlich in Regionen mit schwacher Rechtsstaatlichkeit. Sie zeichneten sich durch den Schutz von Individuum, Familie und Eigentum aus und forderten unmittelbare Gewaltbereitschaft. Bei schweren Ehrverletzungen konnten Duelle stattfinden.[7]

Im 19. Jahrhundert erlebten die meisten westlichen Gesellschaften einen Wandel hin zu Würdekulturen. In diesen Kulturen wurden allen Bürgern gleiche Rechte zugesprochen. Beleidigungen erregten zwar noch Anstoß, verloren jedoch ihre Bedeutung als Mittel zur Zerstörung eines Rufs. Konflikte wurden in solchen Kulturen direkt, aber gewaltfrei angegangen. Der Schutz von Personen und Rechten erfolgte oft durch das Einschalten Dritter wie Gerichte oder der Polizei. Würdekulturen zeichneten sich durch eine größere Toleranz und Friedfertigkeit aus.

Die Soziologen Bradley Campbell und Jason Manning weisen darauf hin, dass das öffentliche Beklagen von Mikroaggressionen eine neue Form der Konfliktlösung darstellt.[8]

Sie schreiben:

> Mikroaggressionen stellen eine Form der sozialen Kontrolle dar, bei der Betroffene Berichte über zwischenmenschliche Vergehen sammeln und veröffentlichen. Sie argumentieren, dass vermeintlich geringfügige Kränkungen Teil eines größeren Musters von Ungerechtigkeit sind und dass diejenigen, die sie erleiden, sozial marginalisiert sind und Sympathie verdienen.

Sie vertreten die Ansicht, dass der Fokus auf Mikroaggressionen darauf abzielt, den moralischen Status der beleidigten Opfer zu erhöhen. Indem Betroffene Mikroaggressionen öffentlich thematisieren, protestieren und die vermeintlichen Täter anprangern, lenken sie die Aufmerksamkeit auf das Fehlverhalten der Täter, das sie als abweichend betrachten, und heben gleichzeitig ihre eigene Viktimisierung hervor.

Sie argumentieren, dass dies zu einer Opferkultur führt. Diese Kultur kombiniert die schnelle Empörung von Ehrenkulturen mit der Beteiligung Dritter aus Würdekulturen, um Fehlverhalten zu bestrafen. Eine solche Kultur fördert eine Gesellschaft, in der Menschen dazu ermutigt werden, sich selbst als schwach, marginalisiert und unterdrückt zu betrachten. Dies führt zu einer demoralisierenden und polarisierenden Dynamik, in der der Status des „Opfers" angestrebt wird.

> In einer Opferkultur zeigen Individuen und Gruppen eine hohe Sensibilität gegenüber geringfügigen Kränkungen, neigen dazu, Konflikte durch Beschwerden an Dritte zu regeln, und streben danach, ein Bild von sich als Opfer zu kultivieren, die Unterstützung verdienen.

Da Opfern nun der höchste moralische Status zugeschrieben wird, erhöht dies den Anreiz, Beschwerden zu veröffentlichen. Verletzte und beleidigte Personen, die früher vielleicht zu körperlicher Gewalt oder rechtlichen Schritten gegriffen hätten, suchen nun auf sozialen Medien nach Unterstützung.

Ich möchte nicht generell Personen infrage stellen, die öffentlich berichten, dass sie Opfer von Ungerechtigkeit wurden. Es gibt reale Diskriminierung und Gewalt. Es gibt auch Personen mit menschenfeindlichen Ansichten. Die Gesellschaft muss entschlossen gegen diese Probleme vorgehen.

Wenn man jedoch ernsthaft daran interessiert ist, die Welt zu verbessern, muss man sich auch die Frage stellen, was die beste Strategie ist.

Die Opferkarte funktioniert nicht

Yaghoobifarah und andere Aktivisten übersehen möglicherweise einen wichtigen Punkt:

Obwohl es auf den ersten Blick vorteilhaft erscheinen mag, sich als Opfer zu präsentieren, um Aufmerksamkeit und Zustimmung zu erlangen, weisen Studien darauf hin, dass diese Taktik unerwartete und oft gegenteilige Effekte nach sich ziehen kann.

Nehmen wir zum Beispiel eine Studie, die den Einfluss des Begriffs „weißes Privileg" auf die Online-Kommunikation untersuchte.[9] Die Teilnehmer wurden gebeten, ihre Meinung zu einem Thema – der Umbenennung von Universitätsgebäuden – zu äußern. Die Einbeziehung des Begriffs führte dazu, dass weniger weiße Teilnehmer die Umbenennung unterstützten. Zudem waren Weiße, die trotz der Erwähnung von „weißem Privileg" unterstützend reagierten, zurückhaltender, ihre Meinung online zu teilen. Die Debatte löste bei beiden Gruppen, sowohl bei Weißen als auch bei Nicht-Weißen, unkonstruktive Reaktionen aus. Einige waren angreifend, andere stellten die Fragestellung infrage, manche waren wenig informativ oder schwer verständlich.

In einer weiteren Untersuchung wurden Teilnehmenden verschiedene Aussagen präsentiert, um ihre Reaktionen zu beobachten.[10] Eine solche Aussage lautete:

> Die Diskriminierung, mit der moderne Frauen konfrontiert sind, ist direkt auf Sexismus von Männern zurückzuführen. Aufgrund des Verhaltens und der Vorurteile von Männern auf allen Ebenen der Gesellschaft sind Frauen bis heute Opfer von weit verbreiteter Diskriminierung am Arbeitsplatz und in anderen Bereichen.

Was macht diese Aussage mit dir? Wie fühlt sie sich an für dich? Vervollständige den folgenden Satz. Die Antwortmöglichkeiten sind: weniger, genauso viel oder mehr.

> In der Gesellschaft erleben Männer im Vergleich zu Frauen … Diskriminierung.

Die Antwort wurde mit einer Kontrollbedingung verglichen, in der die gleiche Frage gestellt wurde, aber nach einer Aussage, in der die Ungleichheit zwischen Männern und Frauen auf biologische Unterschiede zurückgeführt wurde. Die Studie hat gezeigt, dass Männer, denen Texte vorgelegt wurden, in denen Frauen als Opfer dargestellt wurden, eher dazu neigten zu behaupten, dass Männer stärker diskriminiert werden als Frauen.

Das Spannende an der Studie war, dass Frauen ähnlich reagierten, wenn der Opferstatus von Männern betont wurde. Der folgende Text wurde ihnen gezeigt:

> Nahezu 95% der Frauen vertreten einige sexistische Einstellungen (zum Beispiel stimmen sie der Idee zu, dass Männer nicht so rücksichtsvoll oder umsichtig sind wie Frauen), und 65% behaupten, sie würden gegen einen Mann diskriminieren, wenn sich die Gelegenheit böte.

Im Vergleich zu einem neutralen Text gaben Frauen nach dem Lesen dieser Aussage ebenfalls eher an, diskriminiert zu werden.

Wir sehen also, wenn eine Gruppe die Opferrolle einnimmt, scheint die andere Gruppe oft nachzuziehen. Es entsteht ein Wettbewerb um den Opferstatus, wo jede Gruppe versucht zu beweisen, dass sie mehr gelitten hat als andere.

Diese Dynamik führt letztendlich zu einer Opferkultur, wie sie von den Soziologen Bradley Campbell und Jason Manning beschrieben wurde. Jeder versucht, seinen Opferstatus zu betonen. Menschen, die auf kleinste Kränkungen empfindlich reagieren, lösen ihre Konflikte dadurch, dass sie sich bei Dritten beschweren. Dabei pflegen sie ein Selbstbild als Opfer, das Anspruch auf Unterstützung hat.

Diese Entwicklung bleibt nicht ohne Folgen.

Die Spaltung in unserer Gesellschaft

Eine Sorge, die viele Menschen haben, ist, dass der Zusammenhalt in unserer Gesellschaft gefährdet ist. Ist Deutschland gespalten? Wie feindselig stehen wir Menschen, die eine andere Meinungen haben, gegenüber?

Ein Forscherteam hat untersucht, wie sich politische Meinungen in Deutschland von 1980 bis 2010 entwickelt haben.[11] Sie wollten herausfinden, ob Menschen bei verschiedenen Themen ähnliche Ansichten haben und so unterschiedliche politische Lager bilden.

Die Studie zeigte, dass Menschen bei Themen wie Migration, Ungleichheit und sogar bei Fragen zu Abtreibung oder Cannabis im Laufe der Zeit ähnlicher dachten – es gibt also immer weniger Spaltung. Aber bei der Rolle der Frau in der Familie war es anders: Hier spalteten sich die Meinungen in zwei Lager, eines mit traditionellen und eines mit weniger traditionellen Ansichten.

Es gibt noch eine andere Art, die Spaltung in der Gesellschaft zu betrachten: die *affektive Polarisierung*. Sie misst, wie stark Menschen negative Gefühle wie Misstrauen oder Abneigung gegenüber politisch Andersdenkenden entwickeln. Es geht also nicht nur um Meinungsunterschiede, sondern darum, wie stark diese Meinungen abgelehnt oder sogar gehasst werden. In solchen Studien werden Menschen gebeten, sich selbst auf einer Skala zu verschiedenen Themen einzuordnen und dann zu beurteilen, wie sie über Personen am anderen Ende des Spektrums denken.

In den USA ist diese affektive Polarisierung besonders ausgeprägt und hat sich seit den 1970er Jahren fast verdoppelt.[12] Auch in einigen europäischen Ländern wie Frankreich, der Schweiz oder Dänemark hat sie zugenommen, in Deutschland jedoch nicht so stark.[13]

Eine detaillierte Studie in Deutschland hat gezeigt, dass die Polarisierung in der politischen Mitte gering ist.[14] An den Rändern, also am linken und rechten Rand, ist die Polarisierung jedoch stark ausgeprägt. Personen, die sich selbst als „links“ oder „rechts“ einstufen, zeigen eine ausgeprägte Abneigung gegen Personen mit einer anderen Meinung.

Dies gilt insbesondere für die Anhänger der Grünen und der AfD, die im gleichen Maße polarisiert sind. Das Thema spielt eine Rolle: Bei der Gleichstellung der Geschlechter ist die Polarisierung vor allem auf der linken Seite stark.

Die Daten zeigen also, dass sich die Mitte der Gesellschaft weitgehend einig ist. An den Rändern unserer Gesellschaft gibt es jedoch eine starke Polarisierung. Die Menschen dort verurteilen andere Ansichten stark, was immer spürbarer wird.

Immer mehr Menschen in Deutschland fühlen sich einer Umfrage zufolge in ihrer Meinungsfreiheit eingeschränkt, was du in Abbildung 3.1 sehen kannst.[15]

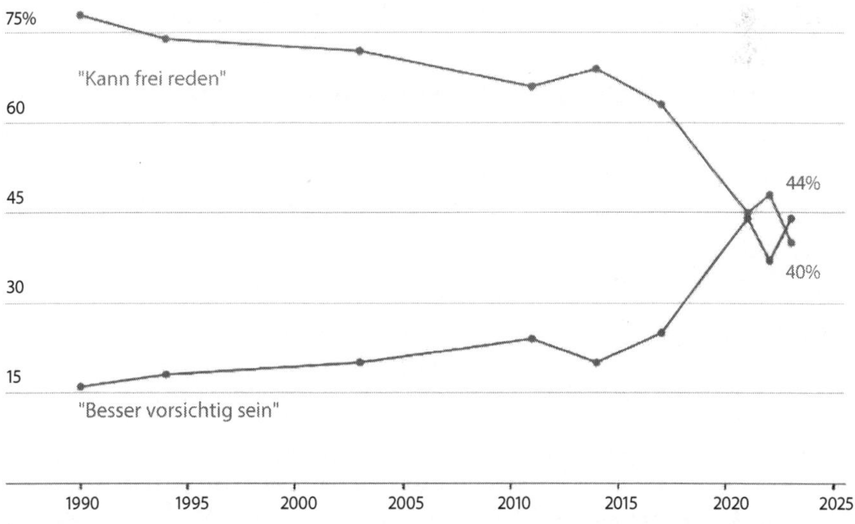

Abbildung 3.1 *Personen wurde diese Frage gestellt: „Haben Sie das Gefühl, dass man heute in Deutschland seine politische Meinung frei sagen kann, oder ist es besser, vorsichtig zu sein?“, Quelle: IfD-Umfrage.*

Laut einer Studie des Instituts für Demoskopie Allensbach und des Medienforschungsinstituts Media Tenor fühlen sich 44 Prozent der Befragten gezwungen, bei politischen Äußerungen vorsichtig zu sein. Nur 40 Prozent sagen, dass sie ihre politische Meinung ohne Bedenken äußern können.

Die Autoren der Studie stellen fest: „Seit dem Fall der Mauer, als 1990 noch 78 Prozent der Deutschen diese Frage ausgesprochen zuversichtlich beantworteten, sind die Werte zunächst mit der Regierung Schröder, dann unter Merkel stetig gefallen, um nun zur Halbzeit der Ampel ihren historischen Tiefpunkt zu dokumentieren."

Das Muster: Forderung und Rückzug

Ich habe den Eindruck, dass das Problem, mit dem wir gesellschaftlich zu tun haben, einem alltäglichen privaten Problem ähnelt.

Hast du schon einmal mit deinem Partner gestritten? Dann kennst du vielleicht die Situation, in der einer den anderen mit emotionalen Forderungen, Kritik und Beschwerden unter Druck setzt, während sich der andere durch Rückzug, Abwehr und passives Nichtstun entzieht.

Das Muster wird in der Forschung „Forderung und Rückzug" genannt und ist ein weit verbreitetes und schädliches Interaktionsmuster bei Paaren.[16] Es ist ein gut dokumentiertes Phänomen, das auftritt, wenn ein Partner Vorwürfe erhebt oder Druck ausübt und der andere ausweicht oder sich zurückzieht.

Die Forschung hat gezeigt, dass sich das Muster von Forderung und Rückzug negativ auf die Beziehungszufriedenheit auswirkt. Es wird vermutet, dass dieses Muster im Laufe der Zeit zu einer stärkeren Polarisierung führen kann, was letztlich in einem Bruch der Beziehung endet kann.

Unsere aktuellen Debatten folgen dem Muster von Forderung und Rückzug. Woke Personen reagieren empfindlich, wenn sie sich benachteiligt fühlen und nicht bekommen, was sie brauchen. Sie plädieren aus Angst, zu kurz zu kommen, für eine übertriebene

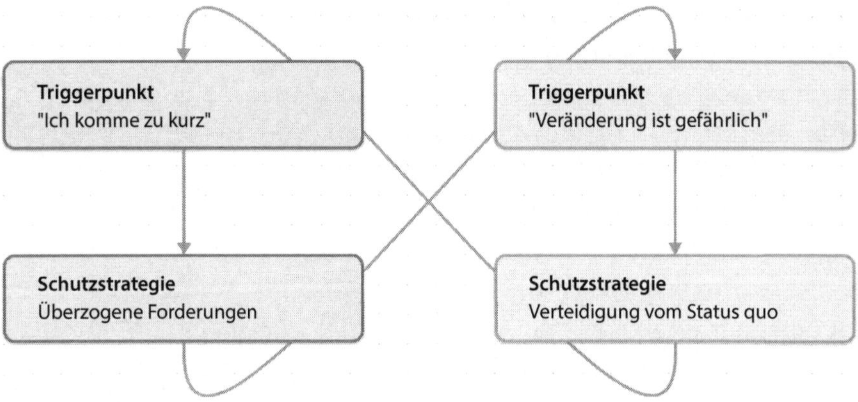

Abbildung 3.2 *Schematische Darstellung der Wechselwirkung zwischen Triggerpunkten und Schutzstrategien bei woken Personen (links) und Konservativen (rechts), Quelle: eigene Abbildung.*

politische Korrektheit und fordern, alles zu verbieten, was als Grund für die Benachteiligung empfunden wird und verletzend sein könnte.

Dieser Ansatz löst bei konservativeren Personen Unbehagen aus. Sie befürchten eine Einschränkung ihrer Freiheiten und stufen die erhobenen Forderungen als potenziell gefährlich ein. Konservative ziehen sich daraufhin in eine defensive Position zurück und verteidigen den bestehenden Status quo umso entschiedener. Dies provoziert wiederum woke Personen. Die Folge ist ein Aufschaukelungsprozess, wie in Abbildung 3.2 veranschaulicht.

Man könnte fragen: Wer hat angefangen? Ist der Rechtsruck eine Reaktion auf fortschrittliche Errungenschaften? Oder ist Wokeness eine Reaktion auf rechte Gewalt?

Es ist müßig, darauf eine eindeutige Antwort zu finden. Was jedoch deutlich wird, ist, dass dieser ständige Konflikt zu einem Teufelskreis führt, der niemandem hilft und im schlimmsten Fall unsere Demokratie gefährdet.

Dass die Polarisierung auch für Deutschland eine reale Bedrohung darstellt, wird beim Blick auf die extremistischen Straftaten deutlich. Im Jahr 2022 wurden 4.173 Straftaten gegen Amts- und Mandatsträger registriert. Darunter fallen Gewaltdelikte wie räuberische Erpressung, Körperverletzung und Brandstiftung. 550 dieser Fälle konnten eindeutig dem Rechtsextremismus zugeordnet werden, 291 dem Linksextremismus.

Ein tragisches Beispiel ist der Fall Walter Lübcke. Er war CDU-Mitglied und stand zehn Jahre lang an der Spitze des Regierungspräsidiums Kassel. Wegen seiner offenen Haltung gegenüber Flüchtlingen wurde er regelmäßig von Rechtsextremisten im Internet angegriffen und beleidigt. Am 1. Juni 2019 wurde er auf der Terrasse seines Hauses in Wolfhagen, Hessen, mit einem Kopfschuss ermordet.

Solche Fälle zeigen, wie wichtig es ist, sich gegen Rechtsextremismus stark zu machen. Die Art und Weise, wie man dies tut, ist jedoch von Bedeutung. Ständig und überall die „Nazikeule“ zu schwingen, könnte die Polarisierung nur verschärfen, was am Ende denen in die Hände fällt, die man bekämpfen möchte.

Das lässt sich auch mit Daten belegen. Eine umfassende Studie hat 170 Wahlen in 53 verschiedenen Ländern analysiert.[17] Die Studie zeigt, dass eine hohe affektive Polarisierung eng mit dem Verlust von Demokratie verbunden ist. Dies äußert sich in einem Verlust von Freiheiten und Rechten. Bei zunehmender Polarisierung der Gesellschaft scheinen letztendlich antidemokratische Kräfte zu gewinnen.

Wokeness gefährdet den Zusammenhalt

Wir stehen in Deutschland an einem kritischen Punkt.

Noch ist unsere Gesellschaft nicht hoffnungslos zerrissen wie in den USA, aber wir dürfen das Risiko nicht unterschätzen.

Wir müssen uns aktiv dagegen wehren, dass politische Gruppierungen mit Wut, Hass und Diffamierung von Menschen unsere Gesellschaft spalten.

Eine Gefahr für den Zusammenhalt unserer Gesellschaft sehe ich in der Wokeness, die mit dem Fokus auf politische Korrektheit eine Opferkultur fördert. Sie reagiert schnell auf kleine Konflikte und wendet sich über soziale Medien an Dritte, um den vermeintlichen Täter zu beschämen und als unmoralisch darzustellen. Es geht nur noch darum, wer das größere Opfer ist.

Den Opferstatus zu betonen, ist nicht grundsätzlich falsch. Problematisch wird es jedoch, wenn das Opfersein zum zentralen Bestandteil der eigenen Identität wird und man alles tut, um als solches anerkannt zu werden.

Personen, die sich in einer Opferrolle befinden, fühlen sich oft schneller beleidigt, sind nachtragend, rachsüchtig, neigen zum Grübeln, misstrauen anderen und hegen negative Gedanken gegenüber ihren Mitmenschen. Sie haben das Gefühl, unfair behandelt zu werden, und fühlen sich deshalb im Recht, andere schlecht zu behandeln.

Wenn Yaghoobifarah in ihrem Essay Polizisten als „Müll" bezeichnet, der auf die Mülldeponie gehört, trägt das wenig zur Bekämpfung von Rassismus bei. Es scheint weniger um tatsächliche Veränderung zu gehen als darum, sich zu empören und den eigenen sozialen Status zu verbessern. Die Neigung, überzogene Forderungen zu stellen und andere herabzuwürdigen, trägt jedoch zur Spaltung unserer Gesellschaft bei. Diese Forderungen schaden letztlich denen am meisten, denen man helfen möchte.

Um es auf den Punkt zu bringen: Wokeness scheitert darin, wirkliche Menschenfeindlichkeit abzubauen.

In diesem Teil des Buches haben wir uns mit Fällen von Menschen beschäftigt, die in eine Opferrolle geraten sind. Sie fühlen sich schnell angegriffen, entwickeln überzogene Ansprüche und beginnen, Andersdenkende zu verachten. Das schadet nicht nur ihnen, sondern auch dem Zusammenhalt unserer Demokratie.

Um dieser Entwicklung entgegenzuwirken, müssen wir verstehen, was Menschen in die Opferrolle treibt. In den nächsten Teilen vom Buch schauen wir uns die aus meiner Sicht drei wichtigsten Ursachen an.

Teil II

Die Überbehütung

KAPITEL 4

Paranoide Erziehung

Gute Eltern bereiten nicht den Weg für ihre Kinder vor. Sie bereiten die Kinder auf den Weg vor.

Altes Sprichwort

Ich werde dieses Kapitel damit beginnen, über Erdnüsse zu reden, genauer gesagt Erdnussallergien. Warum? Das wird gleich klar.

Viele von uns kennen jemanden, der allergisch ist, oder du bist es vielleicht selbst. Die Symptome einer Erdnussallergie können ernst sein – Engegefühl im Hals, Kurzatmigkeit und Atembeschwerden, und selbst eine geringe Menge kann bei manchen Menschen schwere allergische Reaktionen auslösen.

In den letzten Jahren stieg die Zahl der Kinder mit Erdnussallergien deutlich an. Viele Eltern und Schulen reagierten darauf, indem sie Erdnüsse und Erdnussprodukte vermieden. Es wurde sogar empfohlen, dass Mütter während der Schwangerschaft und in der Zeit danach auf Erdnüsse verzichten, um das Allergierisiko zu verringern. In den USA verbieten viele Schulen Erdnüsse komplett.

Es scheint naheliegend, Kindern durch den Schutz vor Erdnüssen zu helfen. Allerdings ist es nicht so einfach. Die Ergebnisse der sogenannten LEAP-Studie (Learning Early About Peanut) stellen diese Sichtweise komplett auf den Kopf.[1] Sie deutet darauf hin, dass es diesen Anstieg gibt, gerade weil wir so vorsichtig sind.

Die Forscher untersuchten 640 Säuglinge mit einem hohen Allergierisiko. Die Eltern wurden in zwei Gruppen eingeteilt: Eine Gruppe sollte Erdnüsse komplett meiden, während die andere ihren Kindern regelmäßig Erdnussprodukte geben sollte. Als die Kinder fünf Jahre alt waren, wurden sie auf Erdnussallergien getestet.

Die Ergebnisse waren überraschend: 17 Prozent der Kinder, die vor Erdnüssen geschützt wurden, hatten eine Allergie entwickelt, verglichen mit nur 3 Prozent in der Gruppe, die Erdnüssen ausgesetzt war.

Die offizielle Leitlinie wurde inzwischen geändert und empfiehlt nun die frühe Einführung von Erdnussprodukten in die Ernährung von Säuglingen.[2]

Was hat das mit der Opferrolle zu tun?

Diese Analogie soll lediglich einen wesentlichen Punkt verdeutlichen: Aus einer guten Absicht heraus, Schaden zu reduzieren, können wir Schaden anrichten.

Wir beobachten einen Anstieg an Angst und Depression. Möglicherweise liegt das nicht daran, dass die Welt gefährlicher und schlechter geworden ist. Es könnte daran liegen, dass Personen vor allem Möglichen geschützt werden.

In diesem Kapitel werde ich zeigen, dass überbehütende Eltern eine Rolle spielen. Wir werden Studien betrachten, die zeigen, dass ein übermäßig beschützender Erziehungsstil Kinder hervorbringt, die überempfindlich sind und Schwierigkeiten haben, alltägliche Herausforderungen zu bewältigen.

Helikoptereltern machen Kinder ängstlich

Eltern lieben ihre Kinder und wollen das Beste für sie.

In diesem Bemühen, ihre Kinder vor Gefahren zu schützen, können einige Eltern jedoch übermäßig fürsorglich sein. Diese „Helikoptereltern“ neigen dazu, potenzielle Risiken in neuen Situationen zu überschätzen, und greifen zu sehr in das Leben ihrer Kinder ein – sie mischen sich in alles ein.

Es folgen einige Aussagen, die andeuten könnten, dass deine Eltern überbehütend waren:[3]

- „Wollten nicht, dass ich erwachsen werde“
- „Versuchten, alles zu kontrollieren, was ich tat“

- „Kontrollierten mein Leben so, dass ich wenig Entscheidungsfreiheit hatte"
- „Haben zu viele Dinge für mich getan, anstatt mich Dinge selbst machen zu lassen"
- „Haben sich übermäßig Sorgen gemacht, dass ich verletzt werden könnte"
- „Haben mich behandelt, als wäre ich zerbrechlich"
- „Haben mir das Gefühl gegeben, dass ich mich nicht auf meine Entscheidungen oder mein Urteilsvermögen verlassen konnte"

Es ist schwierig, die genaue Anzahl der Helikoptereltern in Deutschland zu bestimmen, da verlässliche Daten fehlen. In den USA führte jedoch ein Forschungszentrum, das sich mit Elternschaft befasst, eine Analyse durch. Diese basiert auf 3.757 US-amerikanischen Eltern mit Kindern unter 18 Jahren.[4]

Bei dieser Untersuchung wurden auch Fragen zum Erziehungsstil gestellt. 45 Prozent der befragten Elternteile gaben an, dazu zu tendieren, überbehütend zu sein, im Vergleich zu 20 Prozent, die sagten, sie würden ihren Kindern zu viel Freiheit lassen. Etwas größere Anteile bekennen, zu schnell nachzugeben, anstatt konsequent zu bleiben, ihre Kinder zu viel zu loben, anstatt sie zu viel zu kritisieren, und ihre Kinder nicht genug zu fordern, anstatt sie zu sehr zu pushen.

Es gibt deutliche Unterschiede in der Art und Weise, wie Mütter und Väter ihren Erziehungsstil beschreiben. Zum Beispiel sagten etwa die Hälfte der Mütter, sie tendieren dazu, überbehütend zu sein, verglichen mit 38 Prozent der Väter. Dagegen gaben Väter häufiger als Mütter an, ihren Kindern zu viel Freiheit zu lassen. Mütter waren auch eher als Väter der Ansicht, dass sie zu schnell nachgeben, während Väter häufiger sagten, dass sie konsequent bleiben.

Eltern, die aus einem Wunsch heraus, zu helfen, ständig in das Leben ihrer Kinder eingreifen, planen jeden Schritt vor und beseitigen alle Hindernisse. Kinder werden so vor jeglichen Unannehmlichkeiten beschützt und Risiken im Keim erstickt.

Doch was passiert, wenn diese Kinder plötzlich auf sich allein gestellt sind und etwas Unangenehmes geschieht?

Sie scheinen überfordert zu sein und geraten selbst bei kleinen Herausforderungen schnell an ihre Grenzen. Zahlreiche Studien belegen, dass eine überbehütete Erziehung zu einem großen Problem führen kann: Kinder, die sehr behütet aufwachsen, neigen zu Ängstlichkeit.[5]

- **Angststörungen:** Kinder in überbehüteten Familien entwickeln häufiger Angststörungen.[6] Sie empfinden Furcht vor Dingen, die eigentlich nicht bedrohlich sind, und sind ständig besorgt oder nervös, selbst in Alltagssituationen.
- **Soziale Angst:** Solche Kinder fühlen sich in sozialen Situationen oder bei Aktivitäten mit anderen oft unwohl.[7] Die Angst, in solchen Momenten bloßgestellt oder negativ beurteilt zu werden, ist so überwältigend, dass sie es vorziehen, diese Situationen zu meiden.
- **Ängstliche oder vermeidende Bindungsmuster:** Kinder mit überfürsorglichen Eltern neigen dazu, sich stark an ihre Eltern zu binden, in der Suche nach Sicherheit und Trost.[8] Dies kann zu verstärkter Trennungsangst und einem kontinuierlichen Bedürfnis nach Bestätigung führen.
- **Angst vor Fehlern:** Die konstante Abschirmung vor Herausforderungen kann bei Kindern eine Angst vor Fehlern bewirken, die ihr Selbstwertgefühl und ihre Fähigkeit, mit Anforderungen umzugehen, negativ beeinflusst.[9] Eine Studie mit Studierenden zeigt, dass diejenigen, die eine überbehütete Kindheit erlebt haben, verstärkten Stress und eine ausgeprägte Angst vor Fehlern erfahren.

Solche Ängste können das Leben stark beeinträchtigen.

Warum Überbehütung so schädlich ist

Es mag auf Anhieb einleuchten, dass man Kindern traumatische Erfahrungen ersparen möchte. Wenig überraschend ist auch, dass Kinder, die Missbrauch erleben, ein erhöhtes Risiko für psychische Probleme im späteren Leben tragen.

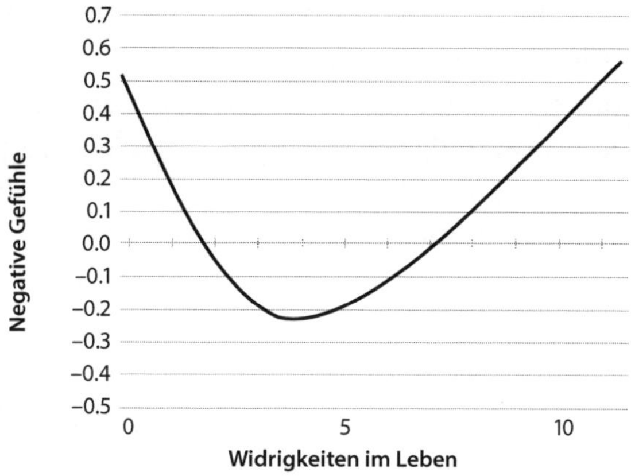

Abbildung 4.1 *Zusammenhang zwischen Widrigkeiten im Leben (Anzahl erlebter negativer Ereignisse) und negativem Affekt, der nach der Exposition berichtet wird, Quelle: Seery et al., 2013.*

Jedoch deuten Studien darauf hin, dass das komplette Ausbleiben von Widrigkeiten in der Kindheit ebenfalls schädlich sein kann.

In einer Studie wurden Menschen nach erlebten Widrigkeiten in ihrer Lebensgeschichte befragt.[10] Dazu gehörten Ereignisse wie der Tod eines nahestehenden Menschen, körperliche Übergriffe oder die Trennung der Eltern. Anschließend absolvierten die Teilnehmenden einen Stresstest, bei dem sie ihre Hand in eiskaltes Wasser tauchen mussten.

Im Rahmen meines Psychologiestudiums musste ich selbst an einem Stresstest teilnehmen, um Versuchspersonenstunden zu sammeln. Ich kann bestätigen, dass dies sehr unangenehm sein kann.

Was war das Ergebnis? Personen, die ausschließlich negative Erfahrungen in ihrer Kindheit gemacht haben, reagierten empfindlicher auf den Stresstest. Das ist recht offensichtlich. Interessanterweise galt dies jedoch auch für Personen, die in ihrer Kindheit kaum negative Erfahrungen gemacht hatten. Wie in Abbildung 4.1 zu sehen ist, gibt es einen U-förmigen Zusammenhang zwischen der Anzahl der erlebten Widrigkeiten und der Stressreaktion.

Erfahrungen mit Widrigkeiten in der Kindheit scheinen also von Bedeutung zu sein. Aber warum ist das so?

In der Forschung gibt es eine Antwort. Studien legen nahe, dass überbehütete Kinder oft schlechter in der Emotionsregulation sind.[11] Kinder, die in einem sehr behüteten Umfeld aufwachsen, neigen eher zu Ängsten, weil sie Schwierigkeiten haben, ihre Gefühle angemessen zu erkennen und zu verarbeiten.

Für die Entwicklung effektiver Bewältigungsstrategien sind Herausforderungen, an denen wir wachsen, jedoch unverzichtbar.

Die Begegnung mit Risiken und negativen Erfahrungen fördert die Ausbildung solcher Strategien. Werden Kindern alle Steine aus dem Weg geräumt, beraubt man sie der Chance, aus diesen Erfahrungen zu lernen. Widrigkeiten, Misserfolge, Verletzungen und Herzschmerz sind Teil des Lebens. Es ist wichtig zu lernen, sich wieder aufzurichten und besser mit solchen Herausforderungen umzugehen.

Statt Bewältigungsstrategien entwickeln diese Kinder einen externalen Kontrollfokus.[12] Sie sehen ihr Leben von äußeren Faktoren wie Glück, Schicksal oder den Handlungen anderer bestimmt und stimmen eher folgenden Aussagen zu:

1. Mein Leben wird in großem Maße von zufälligen Ereignissen bestimmt.
2. Wenn ich bekomme, was ich will, ist es meistens, weil ich Glück habe.
3. Mein Leben wird hauptsächlich von mächtigen anderen kontrolliert.
4. Ob ich in einen Autounfall verwickelt werde oder nicht, ist größtenteils eine Frage des Glücks.
5. Es ist nicht immer klug, zu weit vorauszuplanen, da sich viele Dinge als Glücks- oder Pechsache herausstellen.
6. Ob ich wenige oder viele Freunde habe, ist hauptsächlich eine Frage des Schicksals.

Statt Verantwortung für die eigenen Bedürfnisse zu übernehmen, entwickeln die Kinder überzogene Ansprüche.[13]

Eltern, die ihre Kinder übermäßig behüten, vermitteln ihnen – oft unbeabsichtigt – die Vorstellung, dass sie alles bekommen können, was sie wollen. Diese Kinder wachsen mit der Erwartung auf, dass die Welt dazu da ist, ihre Bedürfnisse zu befriedigen, und glauben, dass sie eine Sonderstellung einnehmen. Sie benutzen andere für ihre Zwecke ohne Rücksicht auf deren Gefühle, Bedürfnisse oder Rechte. Sie haben Schwierigkeiten, Grenzen zu akzeptieren, und reagieren wütend, wenn ihre Wünsche nicht erfüllt werden. Eine einzige Niederlage kann große Frustration auslösen, da sie nie gelernt haben, sich durchzusetzen. Eine Zurückweisung in Liebesdingen trifft sie hart, da sie es nicht gewohnt sind, zurückgewiesen zu werden.

Diese Kinder verpassen oft die Chance, wichtige Lebenserfahrungen zu machen, weil sie in einer Schutzblase fernab realer Herausforderungen aufgewachsen sind.

Die Prägung durch unerfüllte Bedürfnisse

Menschen haben Grundbedürfnisse. Dazu gehören das Bedürfnis nach sicheren Bindungen, das Bedürfnis nach Autonomie und Entfaltung der eigenen Fähigkeiten sowie der Wunsch, eigene Bedürfnisse und Gefühle frei zu äußern, Spontaneität und Spiel zu erleben und in einer Welt mit klaren Grenzen zu leben.

Wenn diese grundlegenden Bedürfnisse nicht erfüllt werden, besteht die Gefahr, dass ungünstige *Schemata* in unserem Gehirn verankert werden.

Schemata sind strukturierte Rahmen, die uns helfen, neue Informationen zu interpretieren und zu organisieren. Allerdings können dysfunktionale Schemata die Art und Weise, wie jemand zwischenmenschliche Erfahrungen interpretiert, negativ beeinflussen. Dies steht in Zusammenhang mit der Entstehung und Aufrechterhaltung psychischer Erkrankungen.[14, 15]

Jeffrey E. Young, der Begründer der Schematherapie, identifizierte solche Schemata, die mit psychischen Problemen verbunden sind, und entwickelte Methoden, diese aufzudecken und anzugehen. Wer Stefanie Stahls anhaltenden Bestseller „Das Kind in dir muss Heimat finden" kennt, wird einige dieser Ansätze wiedererkennen, denn sie baut auf Youngs Theorien auf.

Könnte es sein, dass Überbehütung durch Eltern bei Kindern zu problematischen Schemata führt?

In den letzten Jahrzehnten haben Forscher diese Frage intensiv untersucht. Eine *Meta-Analyse,* die die Ergebnisse vieler dieser Studien zusammenfasst, deutet darauf hin, dass Überbehütung tatsächlich mit der Entwicklung ungünstiger Schemata bei Kindern zusammenhängt.[16]

Drei spezifische Muster scheinen besonders häufig aufzutreten, unabhängig davon, ob es die Mutter oder der Vater ist, der überbehütend agiert.

1. **Unterentwickeltes Selbst:** Enge und emotional abhängige Beziehung, oft zu den eigenen Eltern. Diese Bindung kann die Entwicklung einer unabhängigen Persönlichkeit und gesunder Beziehungen zu anderen blockieren. Betroffene fühlen sich möglicherweise unfähig, ohne die ständige Unterstützung einer nahestehenden Person zu überleben oder Glück zu empfinden. Sie fühlen sich oft von anderen überwältigt, verschmolzen oder haben eine unklare Identität. Dies kann zu Gefühlen von Leere und Verwirrung führen.
2. **Abhängigkeit:** Überzeugung, alltägliche Schwierigkeiten nicht selbst bewältigen zu können. Menschen mit diesem Gefühl sind ständig auf die Hilfe anderer angewiesen und können im Extremfall völlig unfähig sein, für sich selbst zu sorgen.
3. **Misstrauen:** Erwartung, von anderen verletzt oder ausgenutzt zu werden. Sie sind davon überzeugt, dass andere sie betrügen, belügen oder manipulieren wollen, oft in der Annahme, dass Verletzungen absichtlich oder grob fahrlässig geschehen. Sie fühlen sich ständig benachteiligt und haben das Gefühl, im Leben zu kurz zu kommen.

Interessanterweise haben überbehütende Väter und Mütter unterschiedliche Auswirkungen auf ihre Kinder. Kinder überbehütender

Väter entwickeln oft eine übermäßige Angst vor Katastrophen und neigen dazu, Kontrolle abzugeben, um Ärger, Rache oder Verlassenwerden zu vermeiden. Sie sind ständig auf der Suche nach Anerkennung, was ihr Selbstwertgefühl untergräbt. Sie stehen im Schatten ihres Vaters, suchen seine Zustimmung und lernen nicht, ihren eigenen Weg zu gehen.

Kinder von überbehütenden Müttern fühlen sich außerhalb der Familie emotional vernachlässigt, isoliert und entwurzelt. Einige entwickeln ein Überlegenheitsgefühl und glauben, über den sozialen Normen zu stehen, was zu unrealistischen Erwartungen und Missachtung der Bedürfnisse anderer führt. Sie neigen zu Größenphantasien und haben Schwierigkeiten, ihre Impulse zu kontrollieren und mit Frustrationen umzugehen, was für das Erreichen ihrer Ziele entscheidend wäre.

Diese durch Überbehütung entstandenen Schemata können also die Entwicklung zu einem emotional stabilen und unabhängigen Erwachsenen behindern und sie für das Leben untauglich machen.

Wie aus diesen Kindern Opfer werden

Ähnlich dem Anstieg von Erdnussallergien könnte Überbehütung teilweise erklären, warum wir einen Anstieg von Ängsten beobachten und Personen in die Opferrolle geraten.

Kinder haben immer weniger Raum, um aus negativen Erfahrungen zu lernen und Bewältigungsstrategien zu entwickeln. Überbehütung vermittelt den Kindern, dass die Welt ein gefährlicher Ort ist, dem man nicht trauen sollte. Die Kinder entwickeln Misstrauen und denken, dass andere ihnen schaden oder sie ausnutzen wollen. Dadurch entsteht der Eindruck, dass sie im Leben nicht genug bekommen.

Gleichzeitig haben solche Kinder oft einen externalen Kontrollfokus, der ihre hohen Ansprüche erklären könnte. Sie begehren Anerkennung und Zuneigung, ohne bereit zu sein, dafür Anstrengungen zu unternehmen. Wenn Kindern nicht erlaubt wird, zu Hause ihre eigene Identität zu formen, sondern sie sich stattdessen den Erwartungen ihrer Eltern unterwerfen müssen, kann dies zu einer Überempfindlichkeit gegenüber jeglichen Anforderungen führen.

Überbehütung kann dazu führen, dass Menschen in eine Opferrolle geraten, in der sie überempfindlich reagieren und überzogene Ansprüche stellen.

Diese Kinder neigen irgendwann dazu, die Gesellschaft ebenfalls mit Misstrauen zu betrachten. In unklaren Situationen vermuten sie dann schnell Diskriminierung. Gesellschaftliche Erwartungen können bei ihnen schnell ein Gefühl der Bevormundung auslösen, was dazu führen könnte, dass sie Konventionen und Rollenerwartungen verachten. Das Anspruchsdenken kann dazu führen, dass Menschen erwarten, dass sich die Welt ihren Wünschen anpasst. So lässt sich vielleicht erklären, warum manche Leute andere Meinungen nicht tolerieren können und unrealistische Forderungen stellen.

Die Ursache für die spezifisch woke Opferrolle kann jedoch nicht allein auf die Überbehütung durch Eltern zurückgeführt werden. Um zu verstehen, wie Menschen zu solchen Forderungen kommen, das gesamte System umzustürzen, müssen wir verstehen, wie sie überhaupt auf die Idee kommen, dass unsere Gesellschaft strukturell unterdrückend ist.

KAPITEL 5

Gesellschaft als Wohlfühlblase

Der Weg zur Hölle ist mit guten Vorsätzen gepflastert.
Deutsches Sprichwort

Wenn du Zweifel hast, ob man wirklich darauf achten muss, was man sagt, empfehle ich dir, eine Studentenparty zu besuchen.

Dort kann man sich an einer Diskussion über die Gesellschaft beteiligen und sehen, was passiert, wenn man etwas anspricht, von dem manche nichts wissen wollen.

Ich erinnere mich an eine solche Nacht: eine ausgelassene Party in einer großen WG, mit dröhnendem Techno im Keller und Rage Cage im Wohnzimmer.

In der Küche fand ich mich inmitten einer Debatte wieder, in der es um das Patriarchat, Rollenerwartungen und die Ungerechtigkeit ging, mit denen Frauen konfrontiert sind.

Neben mir stand eine Transfrau, die mit vorsichtiger, sanfter Stimme sagte: „Ich verstehe eure Argumente, aber aus meiner Sicht ist die Männerrolle auch wie ein goldener Käfig."

Sie erläuterte, dass nicht nur Frauen unter dem Patriarchat leiden, sondern auch Männer unter dem Druck stehen, immer stark zu sein und ihre Emotionen zu verbergen.

Diese Aussage hat mich nachdenklich gemacht. Ich dachte an Männer, die ich kenne, die ihre Emotionen ungefiltert ausleben und ständig grübeln, anstatt proaktiv zu handeln. Natürlich erzeugen Erwartungen Druck. Aber der Rat, weniger stark zu sein und seinen Gefühlen freien Lauf zu lassen, würde diesen Männern wahrscheinlich nicht helfen. Diese Männer wären wahrscheinlich erfolgreicher, wenn sie versuchen würden, sich den Anforderungen des Lebens zu stellen und das Beste daraus zu machen. Das bedeutet auch, kompetent und stark zu sein.

Ich habe kurz innegehalten und überlegt, ob ich das wirklich sagen soll. Aber dann habe ich gesehen, dass meine Freundin neben mir steht. Wir hatten kürzlich darüber diskutiert, wie offen man über solche Themen sprechen kann. Während sie meinte, dass man bei bestimmten Themen nicht vorsichtig sein müsse, war ich mir sicher, dass es Dinge gab, die man besser nicht sagt.

Schließlich dachte ich mir: „Was soll's, ich werde meine Gedanken äußern und mal schauen, was passiert" - eine Art Experiment.

Also sagte ich: „Es wäre für mich auch wünschenswert, wenn niemanden unnötig Druck erfahren müsste. Aber vielleicht sind die Erwartungen, als Mann stark zu sein, auch nicht schlecht. Für die meisten Männer ist Erfolg wichtig und bei der Partnersuche müssen Männer damit rechnen, dass viele Frauen dazu neigen, starke und kompetente Männer zu bevorzugen. Daher könnte es vorteilhaft sein, Männer dazu zu ermutigen, stark zu sein."

Es folgte ein Moment der Stille, bevor ein Sturm der Entrüstung losbrach. Die Gruppe war uneins, wer zuerst antworten sollte, und so redeten alle durcheinander. Ein Mädchen, das ganz rot geworden war, konfrontierte mich direkt und behauptete, solche Unterschiede seien rein gesellschaftlich konstruiert. Ich versuchte, auf wissenschaftliche Studien zu verweisen, die diverse Belege dafür liefern, dass dem nicht so sei. Sie wies Psychologie als Pseudowissenschaft zurück und bezeichnete das Konzept von Mann und Frau als abstrakt und bedeutungslos.

Ab diesem Punkt war kein gemeinsamer Nenner in Sicht, auf dessen Basis ein rationales Gespräch möglich gewesen wäre.

Das Gespräch spiegelt den aktuellen Trend zur Überbehütung wider: Menschen sollen vor schädlichen Erwartungen geschützt werden, sei es, dass Männer immer stark sein müssen oder Frauen ständig gut aussehen sollen. Die dahinterstehende Annahme ist, dass diese Erwartungen rein sozial konstruiert sind und das *Aussprechen* solcher Erwartungen überhaupt erst der Grund ist, dass es diesen Druck gibt.

Diese Tendenzen zeigen sich nicht nur auf Studentenpartys, sondern auch in Bestsellern, Fachzeitschriften und Dokumentationen öffentlich-rechtlicher Sender.

Im Folgenden sind einige Beispiele von Aussagen aufgeführt, die dafür verantwortlich gemacht werden, dass Personen in dieser Gesellschaft leiden:

- Die Frage „Wo kommst du her?" wird als rassistisch angesehen. Es wird als eine Art „Othering" bezeichnet, dass das Gefühl vermittelt, nicht zur Norm zu gehören.[1]
- Die Behauptung, es gäbe nur zwei Geschlechter, wird als transfeindlich empfunden, weil es Personen das Gefühl gibt, nicht beachtet zu werden.[2]
- Die Behauptung biologischer Geschlechterunterschiede wird als sexistisch betitelt, weil es Stereotype verbreitet, die Frauen das Leben erschwert.[3]
- Die Aussage, Übergewicht sei gesundheitsschädlich, wird als Fatshaming empfunden, weil es Dicksein als etwas Negatives darstellt.[4]

Natürlich gibt es pauschalisierende Aussagen, die zu Recht kritisiert werden. Doch aktuell erleben wir, dass alles Mögliche als bedrohlich und gefährlich wahrgenommen wird. Ähnlich wie paranoide Eltern, die ihre Kinder vor Gefahren wie Erdnüssen oder einem gefährlichen Heimweg schützen möchten, gibt es verstärkte Bestrebungen, Menschen vor der Gesellschaft selbst – ihren Normen und Werten – zu schützen.

Doch nicht alle Lebensanforderungen sind sozial konstruiert. Anstatt sich der Realität zu stellen und einen ausgewogenen Umgang zu finden, wird versucht, mit übermäßiger politischer Korrektheit Menschen vor allem zu schützen, was als stereotyp oder verletzend angesehen werden könnte.

Dieses Kapitel zeigt, dass viele dieser Schutzmaßnahmen nicht nur unwirksam sind, sondern die Menschen auch überempfindlich und lebensunfähig machen.

Triggerwarnungen und Schutzräume sind kontraproduktiv

Man trifft immer häufiger vor Serien, Instagramstorys, Fernseh- oder Radiobeiträgen auf eine Sache: *Triggerwarnungen.*

Sie sollen vor Inhalten schützen, die negative emotionale Reaktionen oder Erinnerungen an traumatische Erlebnisse hervorrufen könnten.

Der Begriff „Trigger" stammt aus der Psychologie und wird mittlerweile oft inflationär verwendet. Helfen Warnhinweise Menschen mit traumatischen Erfahrungen, sich vor negativen Reaktionen zu schützen? Kurz gesagt: Nein.

Laut einer aktuellen Meta-Analyse sind Triggerwarnungen bestenfalls wirkungslos - und können in manchen Fällen sogar schädlich sein.[5] Sie können Angstreaktionen vorab verstärken, ohne jedoch den Umgang mit dem sensiblen Material selbst zu verbessern. Einige Menschen könnten sich dadurch sogar eher herausgefordert fühlen, sich mit den Inhalten auseinanderzusetzen, während andere sie meiden.

Allerdings ist Vermeidung kein Mittel zur Therapie von Traumata, sondern ein *Symptom.* Menschen, die das Gefühl haben, Triggerwarnungen zu brauchen, benötigen möglicherweise eher eine Therapie.

Es mag hart klingen, aber in der Therapie ist es üblich, sich den Ängsten zu stellen und die eigenen Annahmen zu hinterfragen. Wer alltäglichen Situationen ständig ausweicht, muss lernen, dieses Vermeidungsverhalten durch Konfrontation abzubauen. Negative und misstrauische Gedanken können Depressionen und Traumata verstärken. Deshalb ist es wichtig, Menschen zu helfen, sich von solchen Denkmustern zu befreien.

Wir neigen dazu, unsere Gedanken und Wahrnehmungen zu verzerren. Manchmal betrachten wir kleine Fehler als große Katastrophen oder sehen die Welt in Schwarz-Weiß, ohne die Grautöne zu beachten. Oft glauben wir, dass unsere Gefühle uns die Wahrheit sagen, auch wenn das nicht der Fall ist. Dieses verzerrte Denken kann uns behindern und unser Wohlbefinden beeinträchtigen.

Triggerwarnungen könnten ein falsches Signal aussenden. Richard J. McNally, ein führender Psychologe und Direktor an der Harvard Universität, sagt dazu Folgendes in einem seiner Artikel:[6]

> Trigger-Warnungen sind kontraproduktiv für die Therapie, weil sie dazu ermutigen, Erinnerungen an Traumata zu vermeiden, und diese Vermeidung hält PTSD aufrecht.

Ein ähnliches Problem sehe ich bei Schutzräumen. Sie sollen zwar Inklusion und emotionale Sicherheit fördern, können aber auch schaden, indem sie das Misstrauen gegenüber der Welt verstärken.

Eine Forschergruppe hat untersucht, wie das Vorhandensein von Schutzräume die Wahrnehmung der Welt außerhalb dieser Räume beeinflusst.[7] Sie konnte zeigen, dass Personen, die Hinweisschilder auf Schutzräume lasen, mehr Vorurteile in ihrer Umgebung erwarteten. Die Ergebnisse deuten darauf hin, dass Schutzräume die Erwartung von Vorurteilen verstärken, da sie als Reaktion auf eine vermeintlich gefährliche Umgebung wahrgenommen werden.

Obwohl Schutzräume in bestimmten Umgebungen, etwa in der Damenumkleide, ihre Berechtigung haben, erscheint ihr Einsatz in öffentlichen Museen fragwürdig.

Der Gedanke, dass Menschen vor allem Möglichen geschützt werden müssen, hat sich inzwischen in vielen Institutionen verbreitet. An meiner Universität begegnet mir jeden Tag ein auffälliger roter Aufkleber an den Wänden und in den Toiletten. Darauf steht eine Notrufnummer und die E-Mail-Adresse antidiskriminierung@rub.de. Hier können Diskriminierungen und verbale Übergriffe gemeldet werden.

Dabei sehe ich ein grundlegendes Problem: Die Ausdehnung des Gewaltbegriffs kann dazu führen, dass beinahe jede Handlung als verletzend empfunden werden kann.

Abbildung 5.1 *Aufkleber mit einer Notrufnummer bei verbalen Übergriffen an der Ruhr-Universität Bochum, Quelle: eigenes Bild.*

Was als Mikroaggression gilt, ist sehr weit gefasst. Zweifellos ist es eine gute Absicht, eine Anlaufstelle zu bieten. Aber was tut die Universität, wenn sich jemand durch das Tragen von Dreadlocks oder die Frage nach der Herkunft einer Person verletzt fühlt? Wäre es nicht genauso wertvoll, wenn Menschen lernen, Konflikte untereinander zu lösen?

Alle Versuche, Menschen vor Mikroaggressionen zu schützen, haben gemeinsam, dass sie letztlich eine Form der Vermeidung darstellen und sich nicht mit der Frage auseinandersetzen, ob es sinnvoll ist, sich verletzt zu fühlen, oder ob es in manchen Fällen eher eine Frage der Interpretation ist.

Diversity-Trainings bringen nichts

Vor einigen Jahren nahm mich ein Freund zu einem Festival für virtuelle Realität mit.

Mein Kopf war voller Erwartungen – ich stellte mir vor, die neuesten Innovationen zu entdecken und spannende Spiele auszuprobieren. Doch was ich vorfand, überraschte mich.

Es gab eine Vielzahl von Präsentationen verschiedener Organisationen. Eine Ausstellung in der Ferne zog meine Aufmerksamkeit auf sich. Sie bot die Möglichkeit, mit einer VR-Brille herumzulaufen. Neugierig geworden, beschloss ich, sie zu besuchen.

Auf dem Schild stand „DEBUG“. Es enthielt auch eine kurze Beschreibung: „DEBUG ist eine Virtual-Reality-Erfahrung, die einen Einblick in das Unbehagen bietet, das durch rassistische Mikroaggressionen hervorgerufen wird. Es bietet einen Raum, um Vorurteile zu hinterfragen und rassistische Strukturen abzubauen.“

Ein Mitarbeiter reichte mir eine VR-Brille, die ich aufsetzte. Sofort sah ich eine weite Landschaft in leuchtenden Farben.

Eine Stimme drang an mein Ohr:

„Willkommen im Happyland - bevor du dich mit Rassismus beschäftigt hast.“

Ich bewegte mich langsam vorwärts. Plötzlich hörte ich ein Summen und bemerkte, dass Mücken um mich herumschwirrten. Aus dem Summen der Mücken wurden Stimmen, die laut, rau und schwer zu ertragen waren. Sie riefen: „Woher kommst du?“, und: „Es gibt keinen Rassismus gegen Weiße.“ Und so ging es die ganze Zeit weiter. Es kamen immer mehr Moskitos von überallher. Die Aussagen nahmen kontinuierlich zu.

Diese Erfahrung war ziemlich unangenehm, vielleicht weil ich kein großer Fan von fliegenden Insekten bin. Doch wofür war das Ganze? Ich war mir nicht sicher, was ich aus dieser Erfahrung mitnehmen sollte. Als „Person of Color“ bin ich an solche Aussagen gewöhnt, aber normalerweise stören sie mich nicht so stark.

Sollte ich jetzt anfangen, mich durch solche Dinge verletzt zu fühlen?

Es gibt einen wachsenden Trend, Antirassismus-Workshops zu veranstalten, in denen die Teilnehmer verstehen sollen, wie tief Rassismus in unserer Gesellschaft und in uns selbst verwurzelt ist. Dabei wird die Aufmerksamkeit auf bestimmte Wörter und Aussagen gelenkt, die potenziell schädlich sein können. Dieser Ansatz basiert auf dem Konzept der Mikroaggressionen, d. h. der subtilen, vermeintlich unbewussten Formen von Diskriminierung, die sich in alltäglichen Interaktionen und Äußerungen manifestieren.

Die Idee hinter Diversitätstrainings klingt erst mal gut: Wir wollen eine Gesellschaft schaffen, in der jeder, unabhängig von Hautfarbe oder Geschlecht, die gleichen Chancen hat und sich wohlfühlen kann.[8]

Diese Trainings basieren auf der Annahme, dass Ungleichheit immer Ungerechtigkeit ist und dass Stereotype immer schädlich sind. Die Überlegung ist daher: Führungskräfte lassen sich bei der Entscheidung, wer eingestellt, befördert oder entlassen wird, von ihren Vorurteilen leiten.

Die Lösung scheint einfach: Durch Diversitätstrainings sollen Führungskräfte über ihre unbewussten Vorurteile aufgeklärt werden, in der Hoffnung, dass diese Erkenntnis sie dazu bringt, ihr Verhalten zu ändern. Aber funktionieren diese Trainings wirklich?

- Laut einer systematischen Übersichtsarbeit aus dem Jahr 2006 sind solche Bemühungen nicht besonders effektiv, wenn es darum geht, den Anteil von weißen Frauen, schwarzen Frauen und schwarzen Männern in Führungspositionen zu erhöhen.[9]
- Eine Meta-Analyse von 2016 zeigt zwar, dass Diversitätstrainings das Wissen über kulturelle Diversität erhöhen können, aber die Effekte auf Einstellungen und Verhalten eher schwach sind und mit der Zeit nachlassen.[10]
- Noch ernüchternder ist eine Meta-Analyse aus dem Jahr 2019 mit rund 87.000 Teilnehmern, die ergab, dass Trainings zur Reduktion unbewusster Vorurteile das voreingenommene Verhalten nicht verändern.[11]

Darüber hinaus weisen die Studien grundsätzliche Probleme auf.[12] Es ist schwierig zu unterscheiden, ob es sich bei einer Korrelation um eine Kausalität handelt. Es gibt nämlich kaum Feldexperimente mit einer Kontrollgruppe. Zudem gibt es noch das Problem der sozialen Erwünschtheit. Die Teilnehmer sind nämlich vielleicht darauf bedacht, nicht als diskriminierend zu erscheinen. Wenn Studien Effekte finden, dann vor allem bei Gruppen, die schon vor dem Training sehr positiv gegenüber Frauen eingestellt waren. Die Leute, die vorher negativ dachten und die man eigentlich erreichen will, zeigen kaum Veränderung. Außerdem gibt es einen sogenannten Publikationsbias, d. h., es werden nur Studien veröffentlicht, die starke Effekte finden.

In einem Review im *Annual Review of Psychology* von 2022 kommen die Autoren zu dem Schluss:[13]

> Die Begeisterung für und die finanziellen Investitionen in Diversity-Schulungen haben die verfügbaren Beweise dafür, dass solche Programme ihre Ziele erreichen, überholt.

Angesichts dieser etwas wackeligen Grundlage scheint es nicht wirklich gerechtfertigt, Unsummen in diese Trainings zu investieren. In einigen Ländern zieht man daher Konsequenzen.[14] So wurden im Dezember 2020 in England die Trainings zu unbewussten Vorurteilen für Beamte ausgesetzt, da das Gleichstellungsbüro der Regierung feststellte, dass diese nicht nachweislich zu einer Reduzierung von Diskriminierungen und Vorurteilen beitrugen.

Wie Misstrauen erzeugt wird

Das Problem mit diesen Diversity-Trainings, Schutzräume und so weiter ist nicht nur, dass sie nicht helfen, sie können auch schaden.

Eine Studie zeigt, dass solche Trainings dazu führen können, dass mehrdeutige Situationen als schädlich wahrgenommen werden.[15] Zum Beispiel wird die Frage „Woher kommst du?" nach einem Diversity-Training eher als verletzend empfunden. Man könnte sagen, dass dies ein gewünschter Effekt ist. Aber ist er wirklich erstrebenswert?

Andere Studien weisen darauf hin, dass selbst ein kurzer Hinweis darauf, dass Menschen oft Dinge sagen, die schädlich sind, dazu führt, dass mehrdeutige Aussagen als schädlich wahrgenommen werden.[16] Ein solches übertriebenes Misstrauen kann das soziale Leben erheblich beeinträchtigen. Ein Blick auf das, was in solchen Trainings vermittelt wird, macht dies deutlich.

Das Virtual-Reality-Programm „DEBUG“ basiert auf dem Buch *exit RACISM: rassismuskritisch denken lernen* von Tupoka Ogette.[17] Sie bezeichnet sich selbst als Expertin für Antirassismus und ist im deutschsprachigen Raum bekannt, wo sie Unternehmen, Organisationen und Vereine durch Antirassismus-Workshops führt.

In ihrem Buch beschreibt sie, was sie den Teilnehmenden beibringt; und die Botschaft scheint klar: Du bist rassistisch, und wenn du daran zweifelst, bist du es erst recht.

Das Ziel von Ogette ist es, vor allem weiße Menschen dazu zu bringen, sich ihrer vermeintlichen rassistischen Prägung bewusst zu werden, bis sie sich schämen, schuldig fühlen und bereit sind, daran zu arbeiten. Ähnlich wie im Film *Matrix* zielt Ogette darauf ab, ihre Teilnehmenden aus dem „Happyland“ zu befreien – einem Zustand, in dem sie all dies noch nicht verstanden haben.

In *Exit Racism* beschreibt sie die Phasen, die die Teilnehmenden in ihren Workshops durchlaufen:[18]

- **Phase 1:** Du negierst Rassismus.
- **Phase 2:** Du hast das Bedürfnis, selbst eine Ausnahme zu sein, und wirst wütend und defensiv, wenn jemand dir suggeriert, du hättest etwas Rassistisches gesagt oder getan.
- **Phase 3:** Du schämst dich dafür, *weiß* zu sein. Du hast ein schlechtes Gewissen, weil du erkennst, dass du bestimmte Situationen, Zustände, Dinge nicht mitbekommen hast.
- **Phase 4:** Du fühlst dich schuldig dafür, *weiß* zu sein. Du erinnerst dich an Momente und Situationen, in denen du rassistisch agiert hast oder Rassismus nicht sehen wolltest.
- **Phase 5:** Du verstehst, dass du rassistisch sozialisiert bist. Du hast ein strukturelles Verständnis über Rassismus und seine Wirkungsformen.

Ihre Methoden scheinen zu wirken. So veröffentlicht die Autorin in ihrem Buch Aussagen von Studierenden, die ihre Gefühle während einer Vorlesung von Ogette in einem „Logbuch“ festgehalten haben. Eine Teilnehmerin schreibt:

> Ich konnte am Sonntag nicht einschlafen und habe die ganze Zeit an rassistische Äußerungen von meiner Zweitfamilie gedacht, dann noch über die Anschuldigungen von meiner Freundin und dann im Allgemeinen, wie unaufgeklärt und borniert die meisten doch sind. Ich habe angefangen zu weinen. Ich dachte mir, dass es viel einfacher war, als ich noch nicht so viel wusste. Aber das ist ja genau das ‚Happyland', das Frau Ogette beschreibt. Ich habe Angst, dass ich mit vielen Menschen nicht mehr klarkomme aufgrund ihrer rassistischen Äußerungen. Jedes Mal, wenn ich eine höre, tut es mir weh. Ich finde das sonderbar, da sie ja nicht mich beleidigen. Aber ich fühle mich plötzlich angegriffen.

Diese Person ist selbst weiß, nimmt aber stellvertretend die Opferrolle an. Eine andere Teilnehmerin wollte ihren Bruder dazu bewegen, sich die Dokumentationen anzuschauen und hat ihm Links geschickt. Weil er sie sich nicht angeschaut hat, hat sie sich dann bestätigt gefühlt in dem, was sie im Workshop gelernt hat: „Wie schwierig es für weiße Männer zwischen 25 und 45 Jahren ist, sich mit dem Thema Diskriminierung auseinanderzusetzen."

Ein anderer Teilnehmer stellte für sich fest, dass der „Mensch wohl doch das grausamste Tier von allen ist" und er mit „Wut und Traurigkeit" zu kämpfen hatte. Ein anderer zeigt sich reumütig und schreibt, er sei ein „Mann und habe noch dazu blaue Augen und habe wohl somit die besten Chancen", aber er betont, dass er auch ein „wirklich sensibler und einfühlsamer Mensch" ist.

Die Rhetorik vom ewigen Opfer

Viele Aktivisten scheinen zu wollen, dass die Menschen misstrauisch und wütend sind.

Sie haben sich fest an die beiden Dogmen geklammert und verachten Hierarchien und Konventionen.

Sie wollen sich nicht mit der Frage auseinandersetzen, ob manche Ungleichheiten vielleicht nicht das Ergebnis freier Entscheidungen sind oder ob es Stereotype gibt, die vielleicht einfach wahr sind und die man akzeptieren lernen kann.

Der Versuch, die Dinge differenzierter zu betrachten, wird als Hindernis im Kampf gegen das System gesehen.

Emilia Roig zum Beispiel sagt in ihrem Buch, dass es eine Form von Gaslighting ist, wenn Therapeuten ihre Patienten ermutigen, nicht alles ungeprüft zu glauben und ihre Gedanken zu hinterfragen.[19] Sie sieht also in der gängigen therapeutischen Praxis eine Taktik, die Wahrnehmung der Patienten durch Lügen, Leugnen und Manipulation zu verunsichern.

> Das Ego der dominanten Gruppe der Weißen fühlt sich von der Feststellung, es gebe Rassismus in ihrem Land, verletzt. Daraus entsteht dann häufig die Verleugnung der Realität, Gaslighting und eine Pathologisierung der anderen Person: »Das haben Sie bestimmt falsch interpretiert«, »es war sicherlich nicht so gemeint«, »es hätte mir auch passieren können«, »nicht alle weiße Menschen …« sind Sätze, die sich Schwarze Menschen und People of Color ständig anhören müssen, wenn sie versuchen, über ihre Rassismuserfahrungen zu sprechen.

Es wird alles dafür getan, um den Opferstatus zu betonen. Und das hat Konsequenzen.

Eine Studie hat sich mit der Verbreitung und den Auswirkungen dieser Opfermentalität in den USA beschäftigt.[20] Sie schauten sich an, ob Personen glauben, Opfer eines manipulativen Systems zu sein, die die Ursache ihres Leidens in strukturellen Problemen sehen und „der Welt", „dem System" oder „den Mächtigen" die Schuld an ihrer Situation geben. Und ob Personen glauben, persönlich benachteiligt zu sein und weniger zu erhalten, als sie verdienen. Ebenfalls untersucht wurde, ob sie ihr Leben als besonders hart und ungerecht einstufen, weil sie meinen, nie eine faire Chance zu bekommen und sich immer mit weniger zufriedengeben zu müssen.

Die Studie stellte fest, dass das Gefühl, ein Opfer zu sein, quer durch die politischen Lager existiert – Liberale und Konservative,

Demokraten und Republikaner fühlen sich gleichermaßen in diese Rolle gedrängt. Dieses Phänomen lässt sich wahrscheinlich auch auf Deutschland übertragen.

Könnte die gegenwärtige Rhetorik Menschen in die Rolle des Opfers drängen?

Tatsächlich liefert die Studie Hinweise darauf. Sie untersuchte auch, ob die Erzählungen in den Medien und die Reden politischer Führungskräfte uns dazu verleiten, uns stärker als Opfer zu sehen.

Es wurden zwei Gruppen gebildet: Die erste Gruppe sollte über einen Moment in ihrem Leben schreiben, in dem sie sich politisch benachteiligt oder als Opfer sahen. Die zweite Gruppe las einen fiktiven Text, in dem Donald Trump oder Joe Biden zitiert wurden, wie sie auf einer Wahlkampfveranstaltung das Wort ergriffen und sagten:

> Ihr, die Mittelschicht und arbeitenden Menschen, seid so viel Opfer geworden. Ihr scheint nie eine Chance zu bekommen und zahlt immer den höchsten Preis. Es ist traurig, wirklich. Und ich werde weiter für euch kämpfen, egal was passiert.

Je nach politischer Ausrichtung lasen Republikaner die Trump-Version und Demokraten die Biden-Version. Abgesehen von den erwähnten Kandidaten waren die Inhalte identisch.

Nach der Lektüre füllten beide Gruppen einen Fragebogen zur Opferrolle aus, dessen Ergebnisse dann mit denen einer Kontrollgruppe verglichen wurden, die lediglich den Fragebogen ausgefüllt hatte, ohne zuvor etwas zu lesen oder zu schreiben.

Die Ergebnisse waren aufschlussreich: Sowohl die Gruppen, die über ihre Benachteiligung schrieben, als auch die, die die politischen Aussagen lasen, fühlten sich stärker als Opfer als die Kontrollgruppe.

Dies verdeutlicht die immense Kraft der Erzählungen und Worte, die an uns herangetragen werden und die wir uns selbst erzählen.

Der Wunsch nach Kontrolle

Warum halten manche Menschen so vehement an einer Sichtweise fest, die alles und jeden als unterdrückerisch darstellt?

Sie wünschen sich eine Welt, in der niemand etwas Stereotypes sagt und jeder zugibt, dass sie es schwer haben. Selbst kleine Äußerungen lösen bei diesen Menschen Frustration und Empörung aus. Was treibt sie dazu?

Diese Motivation wird klarer, wenn wir die tieferen Träume und Sehnsüchte betrachten, die die Vision speisen. Es gibt ein Lied von einem Newcomer, das sich „vom kurzen Social-Media-Clip zur bundesweiten Anti-AfD-Hymne" entwickelt hat, wie es die Verantwortlichen der Offiziellen Deutschen Charts beschreiben.[21] Es ist der Song „Für immer Frühling" von Sofie Aspacher, der es in so kurzer Zeit in die Charts geschafft hat.

Hier ist ein Ausschnitt:

> Ich hab neulich geträumt
> Von einem Land, in dem für immer Frühling ist
> Hier gibt es Kaviar und Hummer im Überfluss
> Keiner hier, der hungert, und niemandem ist kalt
> Vanilleeis zum Nachtisch, alle sterben alt
>
> In das Land, in dem für immer Frühling ist
> Darf jeder komm'n und jeder geh'n, denn es gibt immer ein'n Platz am Tisch
> Rot karierter Stoff, keine weißen Flaggen mehr
> Alle sind willkomm'n, kein Boot, das sinkt im Mittelmeer
>
> La-la-la, la-la-la-la-la-la-la
> La-la-la, la-la-la-la-la-la
>
> In dem Land, in dem die Winter nicht so trübe sind
> Ist der Himmel nur noch blau und rosarot
> Kinder an die Macht, keine hohen Mauern mehr
> Karmakonto voll, alle Waffenspeicher leer

> In dem Land, in dem die Sommer kühler sind
> Hab ich keine Angst zu sagen, was ich fühl (was ich fühl)
> Das Herz wohnt auf der Zunge, die Sonne auf der Haut
> Keiner ist im Soll, sag mir einfach, was du brauchst

Die Tatsache, dass dieses Lied so viel Resonanz gefunden hat, zeigt, dass es etwas anspricht, was viele junge Menschen bewegt.

Wer würde sich nicht eine Welt wünschen, in der es im Winter nicht so kalt und trüb ist? Auch der Frühling ist meine Lieblingsjahreszeit.

Ich denke jedoch, dass das Lied einen viel weiter reichenden Wunsch ausdrückt. Man kann dieses Lied als Sehnsucht danach interpretieren, nicht nur eine Welt zu haben, in der es nicht kalt ist. Sondern die auch frei ist von dem Druck, der von der Gesellschaft ausgeübt wird. Ohne den Leistungsdruck, einen Job haben zu müssen, und wo man jeden Tag ohne schlechtes Gewissen Vanilleeis essen kann.

Doch die Realität, mit der wir konfrontiert sind, ist oft eine andere:

- Niemand garantiert dir, dass du für immer Menschen an deiner Seite hast.
- Es gibt Hierarchien und wenn du weniger Status hast, bekommst du weniger Zuwendung.
- Als Frau wird man oft nach dem Aussehen beurteilt.
- Um Wohlstand zu erlangen, musst du arbeiten und niemand garantiert, dass dein Lebensstandard auf Dauer bleibt.
- Als Mann wird man oft nach Kompetenz und Prestige beurteilt.
- Migration bringt auch Herausforderungen mit sich.
- Wenn du übergewichtig bist, hat das gesundheitliche Konsequenzen.
- Als Frau besteht das Risiko sexueller Übergriffe.
- Du wirst irgendwann sterben.

Einige dieser Punkte können wir als Gesellschaft angehen, andere sind schlichtweg Teil der menschlichen Existenz. Bei all diesen Problemen ist klar, dass es keine einfachen Lösungen gibt.

Ob wir es wollen oder nicht, es gibt auch angeborene Tendenzen, die wir einfach nicht beseitigen können. Jeden Tag Vanilleeis zu essen, hat gesundheitliche Konsequenzen. Damit es Kaviar im Überfluss gibt, muss auch jemand dafür arbeiten.

Statt jedoch dazu zu ermutigen, sich dieser Realität zu stellen, verbreitet Wokeness den Glaubenssatz „Ich komme zu kurz". Der Gedanke dahinter ist: Wenn ich leide und unglücklich bin, dann liegt das an dem System, das mich unfair behandelt.

Nicht die Realität wird als Ursache für die Anforderungen des Lebens gesehen, sondern das Sprechen über diese Anforderungen macht sie vermeintlich real.

Es sind dann die Menschen, die mit Aussagen wie „Männer müssen kompetent sein" oder „Schönheit ist etwas Angeborenes" dafür sorgen, dass es diese Anforderungen gibt. Dadurch entsteht Frustration und Verachtung für jeden, der sich nicht an dem Kampf beteiligt, solche Annahmen zu dekonstruieren.

Was bringt Menschen dazu, so negativ über die Welt zu denken?

Ich selbst konnte diese Frage lange Zeit nicht beantworten. Ich sah die Welt zwar selbst so, konnte aber nicht verstehen, warum mir diese Sichtweise attraktiv erschien.

Schließlich habe ich eine Erklärung gefunden: Was ich über Wokeness in meiner Recherche herausgefunden habe, ähnelt den Motiven von Verschwörungstheorien. Es wird versucht, komplexe Zusammenhänge zu vereinfachen und das System für Probleme verantwortlich zu machen.

Als sich die Terroranschläge vom 11. September 2001 ereigneten, glaubten einige, es handele sich um einen „Inside Job" der Regierung. Warum sollte man glauben, dass die eigene Regierung für so etwas Schreckliches verantwortlich ist?

Der Grund dafür könnte sein, dass es beängstigend ist, dass es irgendwo Extremisten gibt, die ohne Vorwarnung zu solch bestialischen Morden fähig sind. Das erzeugt Ohnmacht. Verschwörungstheorien bieten eine alternative Perspektive. Statt der Vorstellung, dass unkontrollierte Terroristen eine Gefahr darstellen, entsteht ein Gefühl der Kontrolle, wenn man glaubt, dass es die eigene Regierung ist und man durch die Wahl der richtigen Politiker solche Vorfälle leicht verhindern könnte.[22]

Als Menschen streben wir nach Sicherheit und Kontrolle über unser Leben. Untersuchungen zeigen, dass Personen, die sich durch Mikroaggressionen angegriffen fühlen oder ambivalente Aussagen als feindselig wahrnehmen, zu verstärkter negativer Emotionalität neigen und einen höheren Neurotizismus aufweisen.[23, 24]

Sie empfinden häufiger und intensiver als andere negative Gefühle wie Angst, Traurigkeit, Irritation und Wut und neigen zu emotionaler Instabilität und Stimmungsschwankungen. Dadurch kann möglicherweise ein Gefühl der Ohnmacht gegenüber der Gesellschaft entstehen.

Wenn Menschen das Gefühl haben, keinen direkten Einfluss auf ihre Umwelt oder auf Geschehnisse in ihrem Leben ausüben zu können, suchen sie oft nach alternativen Wegen, um dieses Kontrollgefühl wiederzuerlangen. Wenn man denkt, dass Rollenerwartungen, Leistungsdruck und Schönheitsideale von privilegierten, weißen Männern stammen, besteht die Möglichkeit, etwas daran zu ändern.

Man klammert sich an den Glauben, dass man mit den richtigen Worten und Protesten eine Welt schaffen kann, in der alle unbequemen Anforderungen nicht mehr existieren und alles zu einer Wohlfühlblase wird. Wokeness verspricht Sicherheit, indem es die vermeintlich Schuldigen an diesem ungerechten Status quo ausmacht und damit die gefühlte Bedrohung bekämpft.

Doch diese Sicherheit ist eine Einbildung. Ich habe nichts dagegen, zu träumen und darüber nachzudenken, wie wir die Welt verbessern können. Es ist jedoch unrealistisch zu denken, dass wir alle Probleme mit genügend politischer Korrektheit lösen können. Es ist falsch, das Nennen von Fakten für die Herausforderungen im Leben verantwortlich zu machen. Die Forderung, dass man statt von „Übergewicht“ von „Mehrgewicht“ sprechen sollte, um es weniger negativ klingen zu lassen, leugnet die gesundheitlichen Probleme, die Übergewicht zur Folge hat. Übergewicht ist kein Problem, weil das weiße Männer entschieden haben.

Wenn man nach der Herkunft fragt, sollte man sich nicht verunsichern lassen. Es ist möglich, dass aufgrund der Hautfarbe bestimmte Erwartungen und Stereotype bestehen, die statistisch gesehen Sinn ergeben.

Die meisten Menschen mit nicht weißer Hautfarbe haben einen Migrationshintergrund, der nicht allzu weit zurückliegt. Dies ist eine Realität, die unser Gehirn wahrnimmt, und keine „weiße Perspektive". Auch wenn niemand mehr danach fragt, woher man kommt, erkennt man anhand bestimmter Merkmale, ob jemand einen Migrationshintergrund hat.

Wenn jemand damit ein Problem hat, liegt dies möglicherweise an ihm selbst und nicht am System.

Früher glaubte man, dass Gott einem in unsicheren Zeiten beisteht und dass die Herausforderungen des Lebens Prüfungen Gottes sind, die einen Sinn haben. Heute glauben manche Menschen, dass das Paradies ihnen zusteht und dass sie von einem System privilegierter weißer Männer unterdrückt und benachteiligt werden.

Eine solche negative Sichtweise hat Folgen.

Wokeness macht zynisch

Wokeness scheint mir eine Form der Überbehütung für Personen zu sein, die eher zu negativen Emotionen neigen und neurotischer sind.

Diese Personen tendieren dazu, selbst in alltäglichen oder mehrdeutigen Aussagen potenzielle Bedrohungen zu erkennen. Getrieben von dem Verlangen, sämtliche Unannehmlichkeiten – seien es Leistungsdruck oder gesellschaftliche Rollenerwartungen – zu eliminieren, streben sie danach, eine Wohlfühlblase in der Gesellschaft zu schaffen und mit den richtigen Worten das bestehende System zu dekonstruieren.

Doch solch ein Vorgehen bleibt nicht ohne Konsequenzen. Ähnlich wie überbehütende Eltern verbreiten solche Maßnahmen die Botschaft, dass die Welt ein gefährlicher Ort ist und dass der Einzelne nicht in der Lage ist, selbstständig mit Schwierigkeiten umzugehen, was die eigene Ängstlichkeit nur verstärkt.

Margarete Stokowski schreibt in ihrem Buch: „Eine Frau oder ein Mann zu sein, bedeutet Arbeit."[25]

Dem stimme ich zu. Aber die Herausforderungen verschwinden nicht einfach dadurch, dass man nicht mehr über die biologischen Unterschiede zwischen den Geschlechtern spricht und so tut, als ob man im menschlichen Zusammenleben nichts bieten muss, wenn man etwas von den anderen haben will.

Versteh mich nicht falsch: Auch ich sehne mich nach einer Welt ohne oberflächliche Erwartungen, und es gibt durchaus Worte und Aussagen, vor denen Menschen geschützt werden sollten. Beleidigungen und Mobbing sind schädlich und dürfen nicht toleriert werden. Es ist kontraproduktiv, einen Mann wegen seines Einkommens als Versager zu bezeichnen oder eine Frau wegen ihres Aussehens als hässlich abzustempeln. Wie ich in Kapitel 14 darlegen werde, gibt es Dinge, die wir nicht ändern können.

Aber es ist wichtig, realistische Annahmen über die Welt zu haben. Ich befürchte, dass die Verleugnung der Tatsache, dass Status für Männer eine Rolle spielt, sie unvorbereitet auf das Leben macht. Sie könnten sich vom Wettbewerb auf dem Arbeitsmarkt und bei der Partnersuche überfordert fühlen, wo ihre unrealistischen Erwartungen zum Scheitern verurteilt sind.

Wie ich später im Buch zeigen werde, ist es Teil der menschlichen Natur, dass Status für Männer eine Rolle spielt, und es ist unwahrscheinlich, dass sich dies durch Aktivismus ändern wird.

Der Versuch, die Welt in eine Wohlfühlblase zu verwandeln, ist letztlich eine Flucht vor den Herausforderungen des Lebens in einer Gesellschaft. Maßnahmen wie Schutzräume und Diversity-Trainings fördern eine Opfermentalität, die davon ausgeht, dass Lösungen immer von außen kommen müssen, während das, was in den eigenen Händen liegt, ignoriert wird. Dies führt zu einer Verachtung des Status quo und dazu, dass sich Menschen von allem getriggert fühlen.

Ein Klassiker in der linken Szene, der diese Verachtung ausdrückt, ist das Lied „Hurra, die Welt geht unter" von K.I.Z.

Darin wird auf ironisch-sarkastische Weise das Weltuntergangsszenario beschrieben, in dem wir fröhlich miteinander „beim Barbecue in den Ruinen der deutschen Bank“ leben, in dem gilt: „Wir stehen auf, wann wir wollen, fahren weg, wann wir wollen“, und in dem man sich „an einer brennenden Deutschlandfahne wärmen“ kann.

Es geht mir nicht darum, zu sagen, dass es nichts gibt, was wir als Gesellschaft verbessern sollten. Das denke ich auch. Ich habe aber ein Problem mit der Annahme, dass alles besser ist als das, was wir jetzt haben. Ich bin nicht davon überzeugt, dass wir alles über den Haufen werfen und hoffen sollten, dass alles irgendwie gut wird.

Die Aktivistin Emilia Roig entwirft in ihrem Werk eine Gesellschaft ohne Institutionen wie Ehe, Polizei und Kapitalismus.

Doch wie sollen dann die Herausforderungen und Probleme gelöst werden, für die diese Institutionen heute zuständig sind?

Sie schreibt in ihrem Buch:[26]

> Dieses Kapitel ist kein Ratgeber und erhebt nicht den Anspruch darauf, Leser*innen eine magische Formel für die Überwindung der Unterdrückung bereitzustellen, samt konkreten Handlungsempfehlungen. Vielmehr nimmt das Buch am Ende eine aus meiner Sicht unerlässliche spirituelle Wendung. Wir können uns der Unterdrückung und den Hierarchien, auf denen sie basiert, nur mit einem tiefen kollektiven Bewusstseinswandel entziehen. Spiritualität hat in diesem Zusammenhang wenig mit Religion zu tun (ich bin selber nicht religiös); es geht vielmehr um die Suche nach und Kultivierung einer Verbindung zwischen allen Lebewesen. Die Veränderung geht mit einer spirituellen Öffnung einher.

Brauchen wir also eine spirituelle Wende? Ich glaube, dass Spiritualität eine psychologische Ressource für die Menschen sein kann. Aber gibt es Belege dafür, dass eine Gesellschaft ohne Kapitalismus, Ehe und Polizei ein besseres Leben ermöglichen würde, ohne uns in mittelalterliche Zustände zurückzuwerfen?

Wenn es keine eindeutigen Beweise dafür gibt, sollte man sich nicht wundern, wenn die Menschen nicht mitmachen wollen und versuchen, sich lieber mit den Anforderungen der Realität zu arrangieren.

Einfach alles zu verspotten, ohne ernsthaft nach einer besseren Lösung zu suchen, ist nur zynisch.

Damit sind wir mit dem zweiten Teil vom Buch durch. In diesem Teil haben wir uns mit der ersten Ursache beschäftigt, warum Wokeness zur Opferrolle beiträgt: Überbehütung. Sie hat ihre Wurzeln nicht nur in der Kindheit, sondern auch im Handeln der Aktivisten. Anstatt sich den Unsicherheiten des Lebens zu stellen, vermittelt Wokeness durch politische Korrektheit ein falsches Gefühl der Hoffnung, dass alle Anforderungen beseitigt werden können. Das führt zu einer Überempfindlichkeit und Unfähigkeit, mit den Herausforderungen des Lebens umzugehen.

Vielleicht bist du immer noch skeptisch. Ist die Gesellschaft nicht ungerecht und unterdrückend? Ich habe diese Frage bisher noch nicht wirklich gestellt.

Im nächsten Teil tauchen wir tiefer in die Denkweise von Wokeness ein. Wir schauen uns Studien an, die zeigen, dass die Annahme einer strukturellen Diskriminierung tatsächlich übertrieben ist. Dabei wird die zweite Ursache deutlich, warum Menschen in eine solche Opfermentalität geraten.

Teil III

Die Selbsttäuschung

KAPITEL 6

Der Mythos vom Patriarchat

Vor einigen Jahren nahm ich regelmäßig an feministischen Demonstrationen und Veranstaltungen teil.

In dieser Zeit gab es mal eine feministische Aktionswoche, bei der in der gesamten Stadt verschiedene Veranstaltungen organisiert wurden. Gemeinsam mit meinen Freunden besuchte ich einen feministischen Filmabend, gefolgt von einer Diskussionsrunde mit der Regisseurin.

An diesem Abend wurde mir eine Erkenntnis offenbart, die bis heute einen bleibenden Eindruck auf mich hinterlassen hat.

Die Dokumentation beleuchtete die Rolle des Mutterseins und porträtierte Menschen in vielfältigen Lebensgemeinschaften: Polyamorie, homosexuelle Elternschaft und Leihmutterschaft.

Ich fand es interessant, da ich selbst einmal eine offene und polyamore Beziehung geführt hatte. Diese verlief am Ende sehr unglücklich, aber das ist eine andere Geschichte. Jedenfalls fand ich damals gut, Sichtbarkeit zu schaffen und Stigmatisierung abzubauen.

Neben den Aufnahmen vom Leben der Personen kam eine Soziologin zu Wort. Sie sprach darüber, warum Frauen oft in einer schlechteren Position sind.

Die Soziologin zog die Schlussfolgerung, dass Frauen zu „Komplizen des Patriarchats“ werden, wenn sie sich entscheiden, ihren Kindern Vorrang einzuräumen.

In diesem Moment begannen Zweifel in mir aufzukeimen.

Das passt nicht zu der Aussage von Feministen, dass Frauen alles selbst entscheiden sollen. Die Aussage der Soziologin erschien mir sehr – wie soll man sagen? – stigmatisierend. Ich schaute mich im Raum um und sah, wie die Leute diese Aussage aufnahmen und als Aussage einer Wissenschaftlerin abspeicherten.

Bei der anschließenden Diskussion lobten viele die Darstellung der Personen im Film. Dann meldete sich ein älterer Herr zu Wort und bezog sich auf die Aussage der Soziologin. Vorsichtig formulierte er seine Frage: „Ist die Entscheidung von Frauen, sich weniger für eine Karriere zu entscheiden, nicht vielleicht eine eigene freie Entscheidung?"

Die Regisseurin überlegte kurz und gab eine Antwort, die mich zu diesem Zeitpunkt eigentlich nicht hätte überraschen sollen: „Das hat sicher etwas mit Macht zu tun."

Diese Antwort spiegelte eine weitverbreitete Annahme wider: Wir leben in einem Patriarchat, in dem Frauen Opfer sind.[1]

Die Soziologin Maria Mies beschreibt den Begriff folgendermaßen:[2]

> Patriarchat bedeutet wörtlich die Herrschaft von Vätern. Aber heute geht männliche Dominanz über die Herrschaft der Väter hinaus und schließt die Herrschaft von Ehemännern, von männlichen Vorgesetzten, von leitenden Männern in den meisten gesellschaftlichen Institutionen in Politik und Wirtschaft mit ein [...]. Das Konzept Patriarchat wurde durch die neue feministische Bewegung als ein Kampfbegriff wiederentdeckt, weil die Bewegung eine Bezeichnung brauchte, durch welche die Gesamtheit von bedrückenden und ausbeuterischen Beziehungen, die Frauen betreffen, sowie ihr systematischer Charakter ausgedrückt werden konnte.

Aber stimmt das? Werden Frauen systematisch unterdrückt?

Lange Zeit habe ich das geglaubt, bis ich auf Fakten gestoßen bin, die mein Weltbild grundlegend infrage gestellt haben. In diesem Kapitel werde ich diese Fakten beleuchten und zeigen, dass bei genauerem Hinsehen alles nicht so einfach ist.

Gender-Pay-Gap

Aus der Psychologie wissen wir, dass man einem Satz umso mehr Glauben schenkt, je öfter man ihn hört.

Einer dieser Sätze könnte sein: Frauen verdienen weniger als Männer. Konkreter: Frauen verdienen 18 Prozent weniger von jedem Euro, den ein Mann verdient.

Dies wird als „Gender-Pay-Gap" bezeichnet. Die Annahme „Ungleichheit ist Ungerechtigkeit" scheint belegt.

Doch was sagen diese Zahlen wirklich aus? Ich bin inzwischen zutiefst verwundert, wenn diese Zahl als unwiderlegbarer Beweis für Diskriminierung präsentiert wird. Umso erstaunter bin ich, dass auch ich diese Zahl lange Zeit als eindeutigen Beweis akzeptiert habe.

Was diese Zahl jedoch wirklich ausdrückt, ist der Unterschied im durchschnittlichen Bruttoverdienst zwischen Frauen und Männern.[3,4] Diese Zahl allein sagt aber noch nichts über die Ursachen der Ungleichheit aus. Ein genauerer Blick auf die Daten zeigt schnell, dass hier Äpfel mit Birnen verglichen werden.

Es gibt verschiedene Faktoren, die den Verdienst bestimmen:

- **Tätigkeit:** Frauen arbeiten oft in schlechter bezahlten Branchen.[5]
- **Qualifikationen:** Frauen haben im Durchschnitt geringere Qualifikationen und weniger Berufserfahrung.
- **Teilzeit/Vollzeit:** Zusätzlich arbeiten Frauen häufiger in Teilzeit und seltener in höheren Führungspositionen.

Es gibt Studien, die zeigen, dass sich der Gender-Pay-Gap verringert oder sogar verschwindet, wenn diese Faktoren berücksichtigt werden. Der Unterschied liegt dann bei 6 Prozent. Man spricht vom bereinigten Gender-Pay-Gap.

Der bereinigte Rest ist jedoch immer noch kein Beleg für Diskriminierung. Bei diesem Rest lässt sich die Ursache nicht eindeutig festmachen. Es könnte sich um Diskriminierung handeln, es könnte aber beispielsweise auch daran liegen, dass Frauen seltener nach einer Gehaltserhöhung fragen.[6]

Das Statistische Bundesamt schreibt explizit:[7]

> Zu berücksichtigen ist hier, dass nicht über alle lohnrelevanten Einflussfaktoren Informationen zur Verfügung stehen. Beispielsweise fehlen Angaben zu Erwerbsunterbrechungen (zum Beispiel durch Elternzeit), mit denen der bereinigte Gender Pay Gap geringer ausgefallen wäre.

Für Aktivisten ist der unbereinigte Pay-Gap bereits Ausdruck struktureller Diskriminierung. Die Annahmen sind folgende: Frauen werden von MINT-Berufen abgehalten und in soziale Berufe und die Kinderbetreuung gedrängt. Wenn sie Karriere machen, werden sie weniger ernst genommen und bei Beförderungen diskriminiert.

All dies sind Aussagen über die Welt, die sich nicht allein durch Intuition und Anekdoten rechtfertigen lassen. Es handelt sich um Hypothesen, die man testen kann – und die seit Anfang der 2000er Jahre in zahlreichen Studien untersucht wurden.

Werfen wir also einen Blick auf die Wissenschaft.

Keine Evidenz für gläserne Decke

Ein Team von Forschern versandte Bewerbungen auf akademische Stellen an verschiedene Hochschulen. Die Bewerbungen waren bis auf den Namen, der mal männlich, mal weiblich klang, identisch.

Das Ergebnis? Männer wurden bevorzugt ausgewählt.[8]

In einem anderen Experiment erhielten Dozentinnen für denselben Online-Kurs schlechtere Bewertungen als ihre männlichen Kollegen, und wissenschaftliche Arbeiten von Frauen fanden weniger Beachtung.[9] Klingt erst mal nach klaren Fällen von Diskriminierung, oder?

Aber die Sache ist komplizierter. Forschung ist ein komplexes Unterfangen, und es ist alles andere als einfach, alles statistisch und vom experimentellen Design her sauber zu halten. In einem Versuch, die Ergebnisse mit den Bewerbungen zu replizieren, wurden erneut Bewerbungen für Fakultätsstellen verschickt – diesmal jedoch mit deutlich mehr Probanden.

Das Ergebnis überraschte: Frauen wurden im Verhältnis 2:1 bevorzugt.[10]

Andere Studien kommen zu ähnlichen Schlüssen: Frauen scheinen es in bestimmten Bereichen leichter zu haben.

- Eine Untersuchung zeigt, dass Wissenschaftlerinnen 23 - 44 Prozent weniger publizieren müssen, um ihre erste Professur in der Soziologie zu erhalten.[11]
- In der IT werden Frauen eher befördert.[12]
- Studien weisen darauf hin, dass weibliche Lehrende besser bewertet werden,[13] und Mädchen erhalten bessere Noten, wenn ihre Namen sichtbar sind.[14, 15]
- Auch umfangreichere Studien zeigen keinerlei Anzeichen von Diskriminierung in der Forschung.[16, 17, 18, 19, 20, 21]

Nun könnte man meinen, dass ich mir hier nur die Studien herauspicke, die meine eigenen Ansichten bestätigen. Wie soll man bei so widersprüchlichen Ergebnissen überhaupt wissen, was richtig ist?

Zum Glück schafft eine umfassende Meta-Analyse endlich Klarheit.[22] Sie umfasst mehr als 360.000 Bewerbungen und wurde präregistriert, das heißt, es wurde vorher festgelegt, wie die Daten analysiert werden sollen. Aber das ist noch nicht alles. Um wirklich sicherzugehen, dass alles sauber untersucht wird, wurde ein unabhängiges Expertenteam aus Statistikern und Genderforschern einberufen, das am Analyseplan mitgearbeitet hat.

Die Ergebnisse sind aufschlussreich. Bis 2009 gab es keine nachweisbare Diskriminierung in Berufen, in denen das Geschlechterverhältnis ausgeglichen war. Frauen wurden in typischen Männerberufen und Männer in typischen Frauenberufen benachteiligt. Seit 2009 hat sich die Lage geändert. In den Berufen, in denen Männer und Frauen gleichermaßen vertreten sind, gibt es eine leichte Benachteiligung der Männer. In den Männerberufen gibt es keine Diskriminierung und in den Frauenberufen weiterhin eine Benachteiligung der Männer.

Die Studie zeigt uns also: Wenn es Diskriminierung gibt, betrifft sie eher Männer. Es muss also andere Gründe für diese Ungleichheit geben.

Männer und Frauen wollen Unterschiedliches

Statistiken zeigen, dass Frauen tendenziell weniger Interesse an MINT-Berufen haben.[23, 24, 25] Nach der Schule entscheiden sich Frauen eher für soziale Studiengänge oder Ausbildungsberufe.[26]

Abbildung 6.1 *Der Unterschied im Interesse von Männern und Frauen an Menschen oder Dingen, Quelle: eigene Abbildung.*

Dies scheint einen grundlegenden Unterschied in den Interessen von Männern und Frauen widerzuspiegeln. Studien zeigen deutliche Unterschiede, wobei Frauen sich eher für Menschen als für Dinge interessieren.[27, 28]

Das ist ein riesiger Unterschied. Es handelt sich um Effektgrößen, die man in dieser Größenordnung in der Psychologie selten findet. Ich habe das hier mal visualisiert.

Es gibt schon gewisse Überschneidungen, aber wenn man zufällig eine Frau nimmt, liegt die Wahrscheinlichkeit bei 79,8 Prozent, dass sie sich für Soziales interessiert.

Das wirkt sich auf die Berufswahl aus. Eine Forschergruppe aus der Schweiz und Deutschland hat herausgefunden, dass diese Unterschiede im Interesse an Menschen statt an Dingen am besten erklären können, warum wir diese ungleichen Frauenanteile in den Branchen finden.[29]

Ein ähnliches Bild zeigt sich in der Politik. Frauen sind zwar weniger in den Parlamenten vertreten, interessieren sich im Durchschnitt aber auch weniger für Politik.[30,31] Selbst bei den Grünen sind rund 60 Prozent der Aktiven Männer. Männer beschäftigen sich häufiger in ihrer Freizeit mit Politik, während Frauen sich häufig im schulischen Umfeld ihrer Kinder oder im sozialen Bereich engagieren.

Doch warum werden soziale Berufe schlechter bezahlt?

Das ist ein Einwand, der an dieser Stelle oft zum Einsatz kommt. Natürlich wäre es wünschenswert, wenn soziale Berufe besser bezahlt würden. Aber es gibt keinen Beweis dafür, dass soziale Berufe schlechter bezahlt werden, *weil* Frauen dort arbeiten.

Die Sektoren, in denen Männer arbeiten, haben oft andere Nachteile. In der Wissenschaft zum Beispiel ist die Konkurrenz groß. Nur wenige erreichen eine Professur und unbefristete Stellen sind rar. Gleichzeitig eine Familie zu haben, ist schwierig. Das bringt zwar mehr Geld, ist aber ein riskanter Weg, der viele Opfer fordert. In der freien Wirtschaft sieht es ähnlich aus.

Aber werden Frauen nicht entmutigt?

In einer umfassenderen Studie konnte gezeigt werden, dass Frauen ebenso wie Männer davon überzeugt sind, erfolgreich sein zu können. Sie halten es nur nicht für so erstrebenswert.[32] Frauen scheinen andere Prioritäten im Leben zu setzen. Sie geben häufiger als Männer an, dass Zeit mit der Familie wichtiger ist als die Karriere.[33,34]

Ehe als goldener Käfig

Nach der Geburt des ersten Kindes entscheiden sich Frauen häufiger für eine Teilzeitbeschäftigung und investieren gleichzeitig mehr Zeit in unbezahlte Arbeit, die oft als „Care-Arbeit" bezeichnet wird.[35]

Diese Entscheidungen haben ihren Preis. Durch die Zeit, die sie zu Hause verbringen, sammeln sie weniger Berufserfahrung.

Frauen ohne Kinder sind dagegen genauso erfolgreich wie ihre männlichen Kollegen.[36] Manche sprechen deshalb von einer „Motherhood Penalty".

An der Stelle schreien viele Feministen auf: Warum müssen Frauen zu Hause bleiben? Frauen kümmern sich mehr um den Haushalt und die Kinder. Das ist doch ungerecht!

Es stimmt, dass Frauen mehr Zeit mit Hausarbeit verbringen. Aber Männer verbringen auch mehr Zeit mit Erwerbsarbeit. Wenn beide viel arbeiten und der Mann sich nicht angemessen beteiligt, kann ich den Frust und die Empörung verstehen. Niemand will mit einem Trittbrettfahrer zusammenleben.

Allerdings gilt das auch für Frauen, die weniger beitragen. Ich habe keine eindeutigen Belege dafür gefunden, dass Männer in unserer Gesellschaft mehrheitlich Trittbrettfahrer sind. Eine solche Pauschalisierung ist vermutlich nicht möglich.

Dass Frauen häufig in solchen traditionellen Verhältnissen leben, ist nicht überraschend, wenn man bedenkt, was wir über Geschlechterunterschiede wissen.

Frauen interessieren sich mehr für Soziales und Familie. Gleichzeitig bevorzugen Frauen im Durchschnitt Männer, die älter sind, mehr verdienen und eine höhere Position innehaben.[37] Dies zeigt sich in vielen Ländern, auch unter Berücksichtigung des Gender-Equality-Index. Wenn sich ein Paar dann für eine eher traditionelle Arbeitsteilung entscheidet, kann das meiner Meinung nach auch in Ordnung sein, wenn beide damit zufrieden sind.

Das heißt natürlich nicht, dass wir die Rahmenbedingungen nicht verbessern können. Es fehlt an Krippen, Kindergärten und Schulen. Aber darum geht es einigen nicht. Die Aktivistin Emilia Roig schreibt in ihrem Buch:[38]

> Die Mehrheit der politischen Maßnahmen, die meist unter der Überschrift Vereinbarkeit von Familie und Beruf stehen, vergrößert das Problem. Anstatt Männer in die Pflicht zu nehmen, sorgen sie dafür, dass andere Frauen diese Aufgaben erledigen.

Es geht nicht darum, dass jeder frei entscheiden kann, ob er einem sozialen Job nachgehen will oder nicht und dass Paare ihre Zeit fair aufteilen, wie sie es für richtig halten. Es geht vielmehr darum, dass am Ende aus Prinzip alles 50/50 aufgeteilt wird.

Es geht also nicht um Chancengleichheit, sondern um Ergebnisgleichheit. Dies würde erklären, warum manche von einer „Komplizenschaft mit dem Patriarchat" sprechen oder davon, dass die Ehe „als Spiegelbild des Patriarchats fungiert".

Der Einfluss von Gender Studies

Einige mögen denken, dass ich den Elefanten im Raum nicht benannt habe: Sozialisierung.

Maßgeblich für diese Idee war die US-Amerikanerin Betty Friedan, die mit ihrem Buch *Der Weiblichkeitswahn* die Frauenbewegung prägte.[39]

Darin kritisierte sie die idealisierte Darstellung der Hausfrau und Mutter in den Medien und forderte Frauen auf, ein selbstbestimmtes Leben zu führen. Friedan argumentierte, dass Frauen nicht wirklich frei entscheiden können, sondern von der Gesellschaft in die Rolle der Hausfrau gedrängt werden.

Heutzutage geht die Kritik noch weiter. Sogar die Kategorien Mann und Frau werden hinterfragt. Diese Entwicklung wurde von Judith Butler angestoßen, die mit ihrem Buch *Das Unbehagen der Geschlechter* die Disziplin der Gender Studies begründet hat.[40]

Butler argumentiert, dass die Unterscheidung zwischen Geschlechtsidentität (Gender) und biologischem Geschlecht (Sex) hinfällig ist. Das biologische Geschlecht ist vielmehr eine stilisierte Wiederholung von Akten, die sozialen Regeln folgt, und durch ihre ständige Wiederholung den Anschein von Substanz oder die Illusion von Stabilität erzeugt.

Diese Handlungen hätten jedoch keine biologische Grundlage:

> Geschlecht ist eine Art Nachahmung, für die es kein Original gibt; es ist vielmehr eine Nachahmung, die die Vorstellung vom Original als Effekt und Folge der Nachahmung selbst erzeugt.

Aktivisten haben dieses Denken übernommen. Darunter auch Emilia Roig. Sie schreibt:[41]

> Dass die Menschheit bisher ausschließlich anhand von Genitalien in der rigiden Dichotomie Mann/Frau eingeordnet wurde, ist genauso willkürlich wie die Entstehung der menschlichen Rassen.

Auch in einem Artikel des Missy Magazine hat so ein Denken Anklang gefunden:[42]

> Auf keinem Chromosom, Knochen, Estrogenschwabbel, Handrücken oder problematischen Pony steht „männlich" oder „weiblich". Nicht einmal auf Vulven steht das drauf. Hab eben bei meiner nachgeschaut.

Dabei ist es ihnen wichtig zu betonen, dass tatsächlich alles konstruiert ist:

> Sogenanntes biologisches Geschlecht ist ebenso sozial konstruiert wie soziales Geschlecht.

Die Konstruktion soll Auswirkungen auf das Leben von Menschen haben. In den Gender Studies wird untersucht, wie Geschlecht und Geschlechterverhältnisse in der Gesellschaft konstruiert werden und wie sie den Alltag beeinflussen. Grundlegend ist die Annahme, dass bestimmte Mechanismen existieren, die Ungleichheit sowohl erzeugen als auch fortbestehen lassen.

Einer der meistgelesenen Artikel im *Journal of Gender Studies* beschäftigt sich mit der Ungleichheit der Geschlechter in der Forschung.[43] Der Artikel beschreibt, dass diese Ungleichheit aus unterschiedlichen „normativen Zuweisungen" resultiert. Es werden Erfahrungen bei der Bekämpfung von Geschlechterungleichheit geäußert.

Hier sind einige Zitate aus dem Artikel, damit du dir einen Eindruck verschaffen kannst:

- „Gleichstellungspolitiken werden routinemäßig durch ein als geschlechtsneutral konzipiertes, aber im Wesentlichen maskulinistisches ‚Leistung'-System gefährdet."

- „Feministische und Geschlechterarbeit funktionieren unter dem Radar der Mainstream-Institutionellen Praxis im Widerspruch zu den erklärten institutionellen Verpflichtungen zur Geschlechtergerechtigkeit."
- „Sowohl Frauen als auch Männer sind von geschlechtsspezifischen Vorurteilen betroffen, die sie in traditionellen Geschlechterrollen halten, was die Integration von Männern in die Kinderbetreuungspraktiken erschwert und die mütterliche Mauer bei berufstätigen Frauen aufrechterhält."

Ist es wirklich nur eine neoliberale Ideologie, dass Arbeitgeber auf Leistung achten und nicht Frauen bevorzugen? Und sind es tatsächlich geschlechtsspezifische Vorurteile, die dazu führen, dass sich Frauen eher für die Familie interessieren?

Allerdings werden diese Fragen in Gender Studies nicht gestellt. Gender Studies beschäftigen sich nicht damit, *ob* Unterdrückung existiert, sondern nur damit, *wie* sie wirkt.

Korrelation ist nicht gleich Kausalität

Es gibt Psychologen, die den Einfluss der Sozialisation auf die Entwicklung untersucht haben.

Studien zeigen, dass wir bereits sehr früh lernen, was als männlich und was als weiblich gilt.[44,45,46] Schon im Alter von neun Jahren assoziieren Mädchen Mathematik eher mit Jungs und interessieren sich selbst mehr für Sprachen.[47] Eine Studie hat gezeigt, dass Eltern, die mit ihren Kindern ins Museum gehen, mit ihren Söhnen mehr über Wissenschaft sprechen als mit ihren Töchtern.[48]

Nun könnte man daraus schließen, dass Jungen und Mädchen unterschiedlich sind, weil sie unterschiedlich behandelt werden. Es gibt jedoch ein kleines Problem bei dieser Argumentation: Korrelation ist nicht gleich Kausalität.

Die Richtung des Zusammenhangs ist nicht eindeutig. Man kann nicht sagen, ob Männer und Frauen unterschiedlich sind, weil man sie unterschiedlich behandelt. Es ist möglich, dass sie aufgrund ihrer Unterschiede unterschiedlich behandelt werden.

Eine Anekdote macht es vielleicht klarer.

Im Jahr 2010 ermöglichte das Unternehmen Barbie, online darüber abzustimmen, welchen Beruf sie für die nächste Barbie gestalten sollten. Mädchen hatten die Auswahl aus fünf Berufen: Nachrichtensprecherin, Architektin, Chirurgin, Umweltschützerin und Computer-Ingenieurin.[49]

Weibliche Ingenieurinnen und Informatikerinnen haben davon erfahren und starteten Online-Kampagnen in den Tech-Communities, um mehr Stimmen für die Informatik-Barbie zu gewinnen. Mehr als eine halbe Million Nutzer beteiligten sich an diesem Aufruf.

Die Hoffnung dahinter war, dass zukünftige Generationen von Mädchen durch das Spielen mit der Informatik-Barbie dazu inspiriert werden könnten, eine Karriere in der Informatik oder im Ingenieurwesen anzustreben.

Nachdem die Abstimmung beendet war, kündigte das Unternehmen die Veröffentlichung von zwei der Barbies an: Informatikerin und Nachrichtensprecherin.

Obwohl die Informatik-Barbie die meisten Stimmen und somit die Abstimmung gewonnen hatte, zeigte eine Untersuchung vom Unternehmen, dass die Mädchen etwas anderes wollen. Sie stimmten eher für die Nachrichtensprecherin-Barbie.

Dieser Vorfall symbolisiert einen breiteren Trend in unserer Gesellschaft: Trotz Bemühungen, Mädchen für MINT-Berufe zu begeistern, wählen sie oft andere Felder.

Ich möchte nicht behaupten, dass Sozialisierung keine Rolle spielt; vermutlich tut sie das. Allerdings kann sie nicht die gesamte Erklärung liefern. Stereotype gab es auch in den Bereichen Jura und Medizin, die historisch von Männern dominiert waren. In diesen Bereichen gibt es heute jedoch viel mehr Frauen.

Es muss also noch eine andere Erklärung dafür geben, warum Frauen besonders am Ingenieurwesen oder an der Informatik weniger Interesse zeigen.

Gender-Gap als Zeichen von Freiheit?

Meine Eltern stammen aus Sri Lanka. Bei meinem letzten Besuch hatte ich ein Gespräch mit meiner Cousine. Ob sie meine „richtige" Cousine ist, weiß ich nicht so genau. Alle werden irgendwie Cousine, Bruder oder Tante genannt.

Jedenfalls kam sie zu mir, begeistert davon, dass ich Psychologie studiert habe, und erzählte mir, dass sie dasselbe gern studieren würde. In meinem gebrochenen Tamil fragte ich sie, ob sie plant, Psychologie zu studieren.

„Meine Eltern erlauben es mir nicht", sagte sie mit hängendem Kopf.

Mein erster Gedanke war, dass das albern sei und sie das doch selbst entscheiden sollte.

„Dafür soll ich Ingenieurwesen studieren", fügte sie schließlich hinzu.

Eindrücke aus früheren Gesprächen tauchten plötzlich auf. Vielleicht hatten ihre Eltern recht, dachte ich. In Sri Lanka ist der Druck viel höher, auf Geld zu achten, anstatt den eigenen Interessen zu folgen. Es wird gewählt, was finanziell die höchste Sicherheit bietet – egal, ob Mann oder Frau.

Was ich dort wiederfand, wird in der Forschung als *Gender-Equality-Paradox* bezeichnet. Wenn du meinen Kanal schaust, wird es dir vertraut vorkommen.

In den letzten Jahrzehnten gab es in westlichen Ländern feministische Bestrebungen, die dazu beigetragen haben, dass mehr Frauen in der Politik und der Wirtschaft sind. Wenn es stimmt, dass Geschlechterunterschiede zwischen Männern und Frauen sozial konstruiert sind, dann müssten sie in solchen Ländern abnehmen.

Was in mehreren ländervergleichenden Studien gefunden wurde, hatte niemand erwartet.

In Ländern wie Norwegen und Schweden, wo es mehr Gleichstellung gibt, sind die Unterschiede nicht kleiner, sondern größer.[50, 51, 52, 53, 54, 55] Frauen sind sozialer orientiert, weniger risikobereit und interessieren sich weniger für MINT-Berufe.

Menschen sind kein unbeschriebenes Blatt

Auch wenn es für viele abwegig erscheint: Wir sind Tiere mit einem evolutionären Hintergrund.

Es ist unbestritten, dass sich Männer und Frauen in physischen Merkmalen wie der Körpergröße unterscheiden. Aber auch die psychologischen Unterschiede haben eine biologische Grundlage:

- **Vergleich mit anderen Tieren:** An Rhesusaffen, die ohne menschliche Kultureinflüsse aufwachsen, lässt sich erkennen, dass sie Spielzeuge geschlechtsspezifisch bevorzugen: Männliche Affen neigen zu typisch männlichen Spielzeugen, während weibliche Affen das Gegenteil zeigen.[56]
- **Geschlechtshormone:** Forschungen zeigen, dass der Testosteronspiegel vor der Geburt geschlechtsspezifische Unterschiede im Spielverhalten vorhersagt. Auch Frauen, die pränatal höheren Mengen männlicher Sexualhormone ausgesetzt waren, zeigen später mehr Interesse an typisch „männlichen" Dingen.[57, 58, 59, 60]
- **Studien mit Babys:** Schon bei Neugeborenen kann man zeigen, dass sich Mädchen lieber Gesichter anschauen und Jungen Dinge.[61] Untersuchungen bei Kindern im Alter von neun bis siebzehn Monaten belegen deutliche Vorlieben für geschlechtstypisches Spielzeug.[62]
- **Hirnforschung:** Eine Meta-Analyse der menschlichen Gehirnstruktur ergab, dass Bereiche wie die Amygdala, der Hippocampus, der Insularkortex und andere bei Männern im Vergleich zu Frauen eine höhere Dichte an grauer Substanz aufweisen. Der linke frontale Pol weist bei Frauen hingegen eine höhere Dichte auf. Inzwischen können Forscher anhand der Hirnaktivität mit einer Wahrscheinlichkeit von über 90 Prozent feststellen, ob es sich um das Gehirn einer Frau oder eines Mannes handelt.[63]

Es gibt noch eine Sache. Ich weiß, dass das vielen besonders sauer aufstoßen wird, aber es wäre falsch, wenn ich es nicht erzählen würde. Es gibt auch Unterschiede in den Fähigkeiten.

Männer weisen über Länder hinweg bessere räumliche Fähigkeiten auf, und Frauen sind besser in sprachlichen Aufgaben.[64, 65]

Dass es solche Unterschiede gibt, ist der Wissenschaft seit Langem bekannt. Aber nicht alle sind davon überzeugt. Ein ehemaliger Professor erzählte dazu eine Anekdote. Seine Tochter ärgerte sich beim Abendessen darüber, dass es viele abwertende Stereotype über Frauen gäbe, dass z. B. Frauen angeblich schlechter einparken könnten. Mein Professor hat sich folgende Frage gestellt: Stimmt dieses Stereotyp vielleicht?

Wie es sich für einen Wissenschaftler gehört, hat er eine Studie konzipiert und Fahranfänger untersucht. Das Ergebnis: Frauen können am Anfang tatsächlich schlechter einparken. Das konnte mit der mentalen Rotationsfähigkeit erklärt werden.[66]

Ich will das noch mal klarstellen, um nicht missverstanden zu werden. Männer sind im Durchschnitt auch größer, und trotzdem gibt es viele Frauen, die größer sind als ich. Ich sage also nicht, dass alle Männer im räumlichen Denken besser sind oder Frauen nicht dazu in der Lage sind. Aber in den Extremen sind es tendenziell eher Männer, die Spitzenleistung zeigen.

Aber das ist nicht alles. Egal welche Eigenschaft man misst, sei es die Größe, das Gewicht oder auch die Denkleistung, es gibt eine größere Varianz bei den Männern.[67] Zum Beispiel sind Männer und Frauen im Durchschnitt gleich gut in Mathematik. Nur die Verteilung ist anders. Die Männer sammeln sich an den Extremen. Es gibt mehr extrem begabte Männer, aber auch mehr extrem unbegabte Männer als Frauen.

Die tragische Geschichte von David Reimer verdeutlicht eindringlich, dass Menschen nicht als unbeschriebene Blätter zur Welt kommen und allein durch Erziehung geformt werden können.[68]

Im Jahr 1966 brachten Janet und Ron Reimer ihre sieben Monate alten Zwillinge Bruce und Brian für eine Routinebeschneidung ins Krankenhaus. Bei Bruce missglückte der Eingriff jedoch, sodass sein Penis irreparabel beschädigt wurde.

Monate später trafen die verzweifelten Eltern in einer TV-Sendung auf den Psychologen John Money. Dieser vertrat radikale Ansichten über die Macht der Erziehung bei der Geschlechtsidentität.

„Er sagte, möglicherweise würden Babys als Neutren geboren, und man könne ihr Geschlecht verändern“, reflektierte Janet Reimer später.

Getrieben von Verzweiflung und Hoffnung, wandten sich Janet und Ron Reimer an Money, der behauptete, Bruce könne ohne Schwierigkeiten als Mädchen aufgezogen werden. Ausgehend von den identischen Genen der Zwillinge sah Money eine einzigartige Gelegenheit, zu beweisen, dass Geschlechtsunterschiede so flexibel sind, dass allein die Erziehung aus einem Jungen ein Mädchen machen kann.

Am 3. Juli 1967 nahm das Leben von Bruce Reimer eine entscheidende Wendung: Er wurde zu Brenda. In einem umstrittenen Eingriff wurde er kastriert und sein Körper chirurgisch verändert, um ihn weiblicher zu gestalten. Die Familie erhielt von Money klare Anweisungen, Brenda über ihre wahre Identität im Unklaren zu lassen.

Brenda und ihr Zwillingsbruder wurden unfreiwillig zu Schlüsselfiguren in einem langwierigen Experiment, das die Theorien von Money bestätigen sollte. Obwohl es anfangs positive Berichte gab, wehrte sich Brenda gegen die ihr aufgezwungene Identität.

Ihr Widerstand zeigte sich schon früh, als sie sich vehement gegen den Versuch wehrte, ihr ein Kleid anzuziehen. In der Schule wurde Brenda von Mitschülern angegriffen, weil sie sich nicht so verhielt, wie man es von ihr erwartete.

1980 erreichte die Situation einen Wendepunkt, als ihr Vater Ron Reimer ihr beim Besuch eines Eiscafés die ganze Wahrheit offenbarte. Kurz darauf entschied sich Brenda für eine Geschlechtsumwandlung und wählte den Namen David.

David Reimer sagte schließlich: „Ich würde fast alles dafür geben, zu einem Hypnotiseur zu gehen und meine ganze Vergangenheit auslöschen zu können. Es ist eine Qual.“

Doch auch sein neues Leben scheiterte, und er nahm sich schließlich das Leben.

Diese Geschichte verdeutlicht, dass unsere Persönlichkeit nicht ausschließlich durch die Umwelt geformt wird. Obwohl der Einfluss von Familie, Bildung und gesellschaftlichen Normen nicht zu leugnen ist, zeigt Davids Schicksal eindrücklich die Unausweichlichkeit biologischer Prägungen.

Es ist möglich, dass diese biologischen Unterschiede nicht allein für die Ungleichheit verantwortlich sind. Dafür sind die Belege nicht stichhaltig genug. Es kann aber auch nicht sicher belegt werden, dass Stereotype allein dafür verantwortlich sind, dass nicht mehr Frauen MINT-Berufe ergreifen.

Wahrscheinlich spielen jedoch beide Faktoren eine Rolle.

Es gibt keine Belege dafür, dass es Mädchen nicht möglich sein sollte, Informatikerin zu werden, wenn sie dies wollen.

Frauen geht es besser, als wir wahrhaben wollen

Angenommen, alle Unterschiede zwischen Männern und Frauen wären ausschließlich auf soziale Einflüsse zurückzuführen: Sind die gesellschaftlichen Erwartungen an Frauen nachteilig und ungerecht? Sollten Mädchen dazu erzogen werden, sich stärker für eine Karriere und andere Dinge zu interessieren?

Wenn Frauen, die Karriere machen und sich mit Maschinen beschäftigen, glücklicher wären als Frauen, die sich zu Hause um die Kinder kümmern, könnte es sinnvoll sein, Mädchen dieses Ideal zu vermitteln. Dies ist jedoch nicht der Fall.

Die Frage, was Frauen glücklich macht, lässt sich nicht eindeutig beantworten. Es gibt verschiedene Studien, die zeigen, dass Frauen, die Teilzeit arbeiten oder zu Hause bleiben, tendenziell glücklicher sind als Frauen, die Vollzeit arbeiten.[69, 70, 71] Dies hängt aber auch von anderen Faktoren ab. Diese Effekte treten eher bei Frauen auf, die verheiratet sind und Kinder haben. Es ist jedoch nicht von der Hand zu weisen, dass es Frauen gibt, die sehr wohl glücklich sein können, wenn sie Zeit mit ihrer Familie verbringen und auf eine Karriere verzichten.

Es gibt auch Frauen, die ohne Kinder glücklich sind. Sie sind tendenziell glücklicher, wenn sie mehr arbeiten.[72, 73] Die Frage, ob es gut ist, Kinder zu haben, kann nicht pauschal beantwortet werden. Es gibt keine eindeutigen Belege dafür, dass Menschen mit Kindern wesentlich glücklicher sind.

Bei den Männern ist das Bild klarer. Sie sind in Teilzeitjobs weniger glücklich, entwickeln eher Depressionen und begehen eher Selbstmord, selbst wenn sie eine Familie mit Kindern haben.[74,75,76] Für die meisten Männer ergibt es also Sinn, eine Karriere anzustreben.

Basierend auf den vorliegenden Daten ist unklar, welches Lebensmodell für Frauen besser ist. Daher ist es unnötig und potenziell belastend, Frauen zu vermitteln, dass sie Kinder haben müssen. Stereotype können schädlich sein, wenn sie dazu führen, dass Menschen andere verurteilen.

Wir sehen aber auch, dass viele Stereotype wahr sind. Es ist eine Tatsache, dass Frauen sozial interessierter sind und der Familie im Durchschnitt mehr Bedeutung beimessen als Männer. Es wird jedoch argumentiert, dass bereits das Benennen von Unterschieden zwischen Männern und Frauen gefährlich sein kann, im Sinne des Dogmas „Stereotype sind immer schädlich". Wenn Individuen befürchten, negative Stereotype über ihre soziale Gruppe zu bestätigen, soll sich diese Angst negativ auf ihre Leistung auswirken, was zu einer sich selbst erfüllenden Prophezeiung führen soll.

Eine bekannte Studie legt nahe, dass Frauen in Mathematik schlechter abschneiden, wenn ihnen zuvor gesagt wurde, dass Frauen schlechter in Mathematik sind.[77] Das klingt, als würden Stereotype Frauen davon abhalten, gut bezahlte Jobs zu bekommen. Das habe ich auch lange geglaubt, bis ich mir die Forschung genauer angesehen habe.

Der sogenannte Stereotyp-Threat ist eine Geschichte, die immer wieder erzählt wird. Aber die Studie von 1999 konnte seitdem nicht wirklich repliziert werden.[78,79,80,81]

Der Glaube, dass alle Stereotype Frauen unter Druck setzen und in eine Rolle drängen, in der sie unglücklich sind, ist ein Mythos, der wissenschaftlich nicht haltbar ist.

Das heißt nicht, dass ich es nicht problematisch finde, wenn Menschen sanktioniert und gemobbt werden, nur weil sie sich entscheiden, nicht dem Rollenbild zu entsprechen. Es ist wohl eine Errungenschaft des Feminismus, dass dies heute möglich ist. Aber wenn die Rolle der Hausfrau als „Komplizin des Patriarchats" bezeichnet wird, finde ich das auch stigmatisierend.

Frauen werden in unserer Gesellschaft als zerbrechliche Opfer dargestellt, was nicht nur stereotyp, sondern auch falsch ist.

Wenn wir uns die Lebenszufriedenheit von Männern und Frauen generell anschauen, dann gibt es keinen Grund anzunehmen, dass die Sozialisation von Frauen besonders schädlich für sie ist.

In den meisten Studien finden sich keine Unterschiede im Wohlbefinden zwischen Männern und Frauen.[82] In Deutschland sind die meisten Frauen und Männer mit ihrem Leben zufrieden.[83] Es scheint auch nicht so zu sein, dass Frauen in Ländern mit mehr Ungleichheit unglücklicher sind.[84,85]

Frauen in unserer Gesellschaft entscheiden sich eher für soziale Aktivitäten und Familie und sind damit zufrieden. Die Vorstellung, dass das Patriarchat mit der Sozialisation die Frauen ins Verderben stürzt, kann nicht bestätigt werden.

Aber Frauen erfahren mehr Gewalt?

Als ich das Video über das Patriarchat gemacht habe, gab es viele Einwände, dass solche Erzählungen für die Gewalt gegen Frauen verantwortlich sind. Wenn ich Ungleichheit rechtfertige, mache ich mich mitschuldig.

Das sagen nicht nur irgendwelche Leute im Internet, sondern es gibt einen Berg an feministischer Literatur, die patriarchale Strukturen und die Ungleichheit in der Familie und der Gesellschaft als Ursache für Gewalt betrachten.[86,87] Seit fast 50 Jahren wird argumentiert, dass sich Ungleichheit ändern muss, damit Gewalt abnimmt.

Die gängige Argumentation lautet:

1. Wenn Männer in den zentralen gesellschaftlichen Institutionen dominieren, neigen diese Strukturen dazu, Dominanz über Frauen auszuüben und zu rechtfertigen.

2. Gewalt wird in von Männern dominierten Institutionen als Mittel genutzt, um Frauen zu unterdrücken und Macht sowie Kontrolle zu bewahren.

Studien zeigen jedoch kaum Belege für einen direkten Zusammenhang zwischen Ungleichheit und Gewalt. Im Gegenteil: Länder wie Schweden oder Dänemark, in denen die Gleichstellung der Geschlechter stark gefördert wird, weisen einen vergleichsweise hohen Anteil an Erfahrungen mit körperlicher und sexueller Gewalt im Lebensverlauf auf. Dieses Phänomen wird in der Forschung als „nordisches Paradoxon" bezeichnet.[88]

In einer Langzeitstudie hat man Paare über Monate verfolgt und konnte zeigen, dass traditionelle Männlichkeitsvorstellungen kein Problem waren. Aber wenn sie einhergingen mit einer verharmlosenden Einstellung zur Gewalt gegen Frauen, waren diese Männer tatsächlich einige Monate später eher gewalttätig.[89]

Die Gründe, die Männer zur Rechtfertigung von Gewalt gegen Frauen anführen, sind vielfältig.[90] Eine Vorgeschichte von körperlicher oder sexueller Gewalt, ein niedriges Bildungsniveau, antisoziale Persönlichkeitsstörungen und exzessiver Alkoholkonsum gelten als signifikante Risikofaktoren.

Gewalt ist ein komplexes Problem mit einer Vielzahl von Faktoren. Die Vorstellung, dass das Patriarchat die Ursache und die Dekonstruktion von Geschlecht die Lösung sei, lenkt von anderen relevanten Faktoren ab.

Die Verzerrungen des Feminismus

Wenn man in der Welt Ungleichheiten zwischen Männern und Frauen beobachtet und dann denkt: „Das hat sicher etwas mit Macht zu tun"; dann ist das ein sehr einfaches und falsches Weltbild.

In Bezug auf die Rolle der Frau in modernen Gesellschaften wird das erste Dogma von Wokeness deutlich: Ungleichheit ist immer Ungerechtigkeit.

Es kann Situationen geben, in denen Frauen aufgrund ihres Geschlechts herabgesetzt oder diskriminiert werden. Allerdings ist dies nicht zwangsläufig ein Zeichen für ein unterdrückendes System, in dem Frauen immer die Leidtragenden sind. Das wäre eine Übergeneralisierung, vergleichbar mit dem Gedanken „Ich werde nie eine Stelle bekommen", nachdem man bei *einem* Bewerbungsgespräch abgelehnt wurde.

Entgegen der landläufigen Meinung kann eine Diskriminierung von Frauen bei der Arbeitssuche nicht eindeutig nachgewiesen werden. Es gibt Fälle, in denen Frauen bevorzugt werden.

Die Überbetonung der Probleme von Frauen lässt oft außer Acht, dass auch Männer mit spezifischen Schwierigkeiten zu kämpfen haben. Für jedes Beispiel, das die Benachteiligung von Frauen aufzeigt, gibt es entsprechend auch Situationen, in denen Männer benachteiligt werden:

- Frauen werden häufiger Opfer von sexualisierter Gewalt, während Männer generell einem höheren Risiko ausgesetzt sind, allgemein Gewalt zu erfahren.
- Frauen übernehmen tendenziell mehr Hausarbeit, während Männer häufiger erwerbstätig sind.
- Frauen sind nach einer Scheidung häufiger mit dem Problem der Altersarmut konfrontiert, während Männer seltener das Sorgerecht für ihre Kinder zugesprochen bekommen.
- Männer haben Jobs, die mehr Geld bringen, während Frauen Jobs haben, die sie als sinnstiftend empfinden.[91]
- Medizinische Studien konzentrieren sich überwiegend auf Männer, während Frauen häufiger in psychologischen Studien berücksichtigt werden.
- Frauen waren historisch vom Wahlrecht ausgeschlossen, während Männer in Kriegen kämpfen mussten.
- Frauen mit vielen Sexualpartnern werden stigmatisiert. Umgekehrt werden Männer mit wenigen Sexualpartnern stigmatisiert.

Die Vorstellung, dass unsere Gesellschaft so aufgebaut ist, dass sie Frauen systematisch benachteiligt, findet in der Wissenschaft keine Bestätigung. Man könnte argumentieren, dass das Patriarchat auch Männer in gewisser Weise einschränkt.

Warum also nicht eine Welt anstreben, in der niemand in Geschlechterrollen gezwungen wird? Sollten wir nicht aufhören, stereotype Vorstellungen über Männer und Frauen zu verbreiten?

Es ist wichtig zu betonen, dass ein zu starres Festhalten an Normen schädlich sein kann. Mobbing gegen Personen, die nicht den traditionellen Geschlechterrollen entsprechen, ist inakzeptabel. Frauen, die sich gegen Kinder entscheiden, dürfen nicht stigmatisiert werden. Die Rechtfertigung von Gewalt gegen Frauen ist gefährlich.

Derzeit wird jedoch oft dogmatisch davon ausgegangen, dass Stereotype *immer* schädlich sind. Diese Sichtweise ist zu einseitig und kann zu einer Katastrophisierung führen. Es ist vergleichbar mit der Verzerrung, bei Kopfschmerzen sofort einen Gehirntumor zu vermuten.

Obwohl es pauschalisierend klingen mag, dass Frauen sozialer sind, gibt es keine eindeutigen Belege dafür, dass Stereotype Frauen systematisch von Führungspositionen ausschließen oder zu Gewalt führen. Natürlich sind eindeutige Abwertungen von Frauen zu verurteilen. Im Fall von James Damore, der wegen „gefährlicher Stereotype" entlassen wurde, wäre es meiner Meinung nach angebracht, Beweise zu haben.

Es ist wichtig, diese Themen differenziert zu betrachten. Fundierte Fakten sind notwendig, um gute Entscheidungen zu treffen, auch wenn sie stereotyp wirken mögen. Es gibt unveränderliche Realitäten, denen wir uns stellen müssen, um nicht zu scheitern.

Der Raum für eine ehrliche Auseinandersetzung mit diesen Tatsachen scheint immer kleiner zu werden. Wer es dennoch wagt, muss mit Stigmatisierung und Verachtung rechnen.

KAPITEL 7

Was Antirassisten nicht hören wollen

Hast du schon einmal jemanden gefragt, woher er kommt? Hältst du „Indianer"-Kostüme für angemessen? Glaubst du, es gibt nur eine Rasse, die menschliche Rasse?

Nach Ansichten einiger Antirassismus-Aktivisten verhältst du dich damit bereits rassistisch.

Wenn du annimmst, dass Rassismus erst dann vorliegt, wenn Vorurteile vorhanden sind, dann hast du es laut den Aktivisten nicht verstanden.

Rassismus ist ihrer Meinung nach eine Machtstruktur, die sich in die Formel „Rassismus = Vorurteil + Macht" fassen lässt. Dass offener Rassismus wie die Morde des Nationalsozialistischen Untergrunds zu verurteilen ist, würden die meisten zustimmen. Für die Aktivisten ist es jedoch wichtig zu betonen, dass Rassismus nicht nur bei anderen, sondern auch in der Mitte der Gesellschaft zu finden ist. Jeder ist rassistisch, auch du.

Wer das infrage stellt, sei erst recht rassistisch. Dafür gibt es sogar einen eigenen Begriff: *White Fragility*, zu Deutsch Weiße Zerbrechlichkeit. Weiße Menschen seien nur schnell verletzt und angegriffen, weil die Strukturen ihrer Mehrheitsgesellschaft kritisiert werden. Es sei eine Abwehrhaltung gegen das Äußern von Emotionen wie Wut, Angst und Schuld.

Ist Rassismus wirklich so tief in die Struktur unserer Gesellschaft eingewoben?

Vielleicht fehlt mir als weiße Person einfach das Verständnis dafür, wie sich das anfühlt? Ach, warte, ich bin ja gar nicht weiß. Abgesehen von „Als Weiße Person weißt du nicht, wie das ist" gibt es kaum Belege in Büchern zu Antirassismus. Ich selbst habe auch in meinem Leben Rassismus erfahren und weiß, wie es ist, von anderen in eine Schublade gesteckt zu werden. Trotzdem kann ich vielen Aussagen aus ihren Büchern und Trainings nicht zustimmen.

Oft werden Anekdoten von Aktivisten erzählt. Aber wie repräsentativ sind diese Geschichten wirklich? Wie sehr hindern Stereotype jemanden daran, im Leben erfolgreich zu sein? Müssen alle Aussagen als verletzend interpretiert werden?

Zu sagen, man solle sich Betroffene anhören, hilft nicht weiter, denn wem soll man zuhören? Es gibt viele mit Migrationshintergrund, die Wokeness kritisieren. Darunter Achmed Mansour, Hamed Abdel-Samad, Ijoma Mangold - um nur ein paar Namen zu nennen. Anstatt sich ausschließlich auf Gefühle zu verlassen, sollten wir uns der Wissenschaft zuwenden, um objektive Erkenntnisse zu gewinnen.

In diesem Kapitel werden wir uns nüchtern mit den Fakten auseinandersetzen: Warum haben Weiße besser bezahlte Jobs und verdienen mehr Geld? Sind Mikroaggressionen wirklich so schädlich und gewaltvoll, wie behauptet wird? Ist unsere Gesellschaft strukturell rassistisch?

Diskriminierung ist ein reales Problem

Eine europaweite Umfrage über Rassismus hat in Deutschland für Schlagzeilen gesorgt.

Die Ergebnisse legen nahe, dass Menschen mit dunkler Hautfarbe hierzulande am häufigsten von Rassismus betroffen sind.[1] Deutschland steht mit 76 Prozent der Befragten, die über Rassismuserfahrungen berichten, an der Spitze dieser Erhebung. Im Kontrast dazu zeigt Polen mit 20 Prozent den niedrigsten Anteil im selben Zeitraum. Die Zahlen sind in Deutschland sogar in den letzten fünf Jahren gestiegen.

Ist dies nun ein Beweis dafür, dass Rassismus existiert?

Die Antwort ist nicht einfach. Das Gefühl, diskriminiert zu werden, ist kein Beleg dafür, dass tatsächlich eine objektive und nachweisbare Diskriminierung stattfindet. Um diese Frage zu beantworten, sind objektive Untersuchungen notwendig. Ich habe die aussagekräftigsten Studien herausgesucht, die ich finden konnte.

In Experimenten wurden nahezu identische Lebensläufe auf offene Stellen geschickt. Die Qualifikationen waren gleich, jedoch trug der eine Lebenslauf den Namen Greg, der andere Jamal. Es wurde gemessen, wie oft die Bewerber Rückmeldungen erhielten.

Eine Meta-Analyse von 97 solcher Feldexperimente, die insgesamt 200.000 Bewerbungen umfassten, zeigt statistisch signifikante Diskriminierungseffekte.[2,3] In einigen Ländern erhalten Bewerber mit nicht weißer Hautfarbe bis zu 80 Prozent weniger Rückmeldungen. In Deutschland gehört dieser Effekt mit 23 Prozent zu den geringsten im Vergleich.

Ähnliche Ergebnisse zeigen sich bei der Wohnungssuche. Studien, in denen E-Mails mit türkischen oder deutschen Namen verschickt wurden, offenbaren, dass Bewerber mit türkischen Namen rund 10 Prozent weniger Antworten erhielten.[4]

Allerdings gibt es in der Forschung ein Problem: Studien, die Diskriminierung nachweisen, werden oft von Gruppen durchgeführt, die Beweise für ihre Anliegen suchen. Dadurch können die Forschungsergebnisse verzerrt werden. Forscher können tatsächlich einen Publikationsbias nachweisen.[5] Meta-Analysen zeigen aber auch nach Korrektur dieses Bias einen signifikanten Effekt, wenn auch weniger ausgeprägt.

Obwohl es schwierig ist, das genaue Ausmaß der Diskriminierung zu bestimmen, ist es wahrscheinlich, dass sie stattfindet. Ist unsere Gesellschaft also *strukturell* rassistisch?

„Critical Whiteness" bestimmt unser Verständnis

Viele Menschen sprechen von strukturellem oder institutionellem Rassismus, ohne zu wissen, woher diese Idee stammt.

Die Vorstellung, dass Rassismus fest in der Struktur unserer Gesellschaft verankert ist, basiert auf postkolonialen Theorien. Diese wurden von Edward W. Said begründet, der die westlichen Vorstellungen des Orients untersuchte. Sein Werk *Orientalismus* ist bis heute umstritten.[6] Said möchte mithilfe der Diskursanalyse aufzeigen, wie der Westen das Bild des „Orients“ als „anderes“ kreiert hat und wie dieses Bild bis heute die Sichtweise und das politische Handeln verschiedener Mächte beeinflussen soll.

Später entstand *Critical Whiteness* als Ansatz, der die Vorherrschaft der weißen Kultur und die damit verbundenen Privilegien infrage stellt. Er zielt darauf ab, die unsichtbaren Normen, die das Leben von Weißen formen, zu beleuchten und Rassismus als ein strukturelles Problem anzuerkennen.

Im Zentrum steht hierbei eine Verschiebung des Blickwinkels: Anstatt „Schwarzsein“ als Problem zu betrachten, fokussiert sich der Diskurs auf die vermeintliche Normalität des „Weißseins“ und dessen Machtausübung, die es zu entlarven und zu dekonstruieren gilt.

Mit dem Buch *Being White, Being Good* von Barbara Applebaum wurde die Idee der „weißen Komplizenschaft“ in die Welt gebracht.[7] Die These besagt, dass alle weißen Menschen aufgrund ihrer Teilnahme an einem System von Macht und Privilegien in Rassismus verstrickt sind. Diese Idee geht über die Vorstellung hinaus, dass alle weißen Menschen Privilegien genießen. Es wird behauptet, dass alle weißen Menschen aktiv Komplizen des Rassismus sind.

> Weiße Studierende gehen oft davon aus, dass Verantwortung mit dem Bewusstsein über Privilegien beginnt und endet. Indem sie jedoch Privilegien zugeben oder eingestehen, können weiße Studierende tatsächlich vermeiden, ihre Mitschuld am systemischen Rassismus anzuerkennen.

Noah Sow hat mit ihrem Buch *Deutschland Schwarz Weiß* im Jahr 2008 viele dieser Gedanken in Deutschland bekannt gemacht.[8] Sie spricht über strukturelle Benachteiligung schwarzer Menschen, weist die Vorstellung von „Rassismus gegen Weiße“ zurück und plädiert für eine postkoloniale Bundesrepublik sowie rassismuskritische Weiterbildungen in allen gesellschaftlichen Institutionen.

Heutzutage ist die Idee des strukturellen Rassismus weit verbreitet und prägt unsere Sichtweise auf die Gesellschaft.

Wo liegen die Wurzeln von Diskriminierung?

Wirken koloniale Denkmuster immer noch nach und führen dazu, dass Schwarze immer noch systematisch benachteiligt werden?

Antirassisten werden nicht müde, Beispiele zu nennen, in denen „weiß" mit Positivem und „schwarz" mit Negativem assoziiert wird. Sie bringen immer wieder an, die Darstellung von schwarzen Personen entspreche immer einem abwertenden Bild. Aber führen diese Bilder dazu, dass weiße Personen Schwarze ablehnen und ausschließen? Wollen weiße Personen nichts mit Schwarzen zu tun haben?

In der wissenschaftlichen Forschung wird zwischen *präferenzbasierter* und *statistischer* Diskriminierung unterschieden.[9,10] Die präferenzbasierte Diskriminierung entspringt persönlichen Vorurteilen, etwa rassistischen Einstellungen. Ein Beispiel wäre ein weißer Arbeitgeber, der schwarze Bewerber aufgrund persönlicher Ablehnung nicht einstellt.

Statistische Diskriminierung hingegen basiert auf Annahmen über eine Gruppe, nicht auf individueller Abneigung. Ein Arbeitgeber könnte einen schwarzen Bewerber aufgrund von Stereotypen über die ethnische Gruppe, wie angenommene geringere Qualifikationen, ablehnen – ohne persönliche Vorbehalte.

Es gibt verschiede Studien, die belegen, dass es sich um eine statistische Diskriminierung handelt.

- In den USA wurden fast 9.000 fiktive Lebensläufe an Stellenanzeigen in großen Städten geschickt. Die Namen in den Lebensläufen deuteten auf verschiedene ethnische Gruppen hin, aber es gab keine Hinweise auf den sozialen oder wirtschaftlichen Hintergrund. Diese Untersuchung fand keine Benachteiligung aufgrund der Herkunft.[11]
- Auch in Deutschland hat man Ähnliches auf dem Wohnungsmarkt festgestellt. Es zeigte sich, dass Leute, die in ihrer Bewerbung für eine Wohnung einen hohen beruflichen Status angegeben haben, weniger wahrscheinlich diskriminiert wurden.[12]

- In einer weiteren Studie wurden Anrufe bei Wohnungsbesichtigungen untersucht. Es wurde festgestellt, dass Anrufer mit türkischem Namen und Akzent diskriminiert wurden. Allerdings wurden diese Nachteile durch vorteilhafte Berufsangaben ausgeglichen. Bewerber mit türkischem Namen, die jedoch ohne Akzent sprachen, wurden nicht benachteiligt.[13]

Die Forschung legt also nahe, dass Diskriminierung von Schwarzen nicht auf rassistischen Abneigungen, sondern auf statistischen Verallgemeinerungen beruht. Es handelt sich um eine rationale Entscheidungsfindung, die sich aufgrund mangelnder Informationen auf Annahmen über Gruppen stützt.

Diese Unterschiede mögen spitzfindig sein, doch falsche Analysen führen zu falschen Lösungen.

Das folgende Beispiel verdeutlicht dies: In den Vereinigten Staaten wurde heftig darüber diskutiert, ob Arbeitgeber nach einer kriminellen Vergangenheit fragen dürfen.[14] Diese Debatte führte schließlich zu Reformen, die Arbeitgebern untersagten, solche Fragen als Checkbox in Bewerbungsunterlagen einzubauen. Das Ziel war es, insbesondere schwarze Bewerber vor Diskriminierung zu schützen.

Allerdings hatte die Maßnahme eine unerwartete Konsequenz: Schwarze Bewerber erhielten *weniger* Rückmeldungen.

Ohne die Information aus der Checkbox haben sie sich wohl mehr auf Vorurteile verlassen. Sie haben sich vielleicht mehr am Namen orientiert und auf Basis dessen statische Schlüsse gezogen, die aber falsch waren. Arbeitgeber diskriminieren also nicht wegen der ethnischen Herkunft an sich, sondern weil sie verzerrte Annahmen über die Kriminalität schwarzer Bewerber haben. Die Checkbox scheint den Arbeitgebern dabei geholfen zu haben, fundiertere Urteile zu fällen.

Die Ergebnisse zeigen, dass es feine Unterschiede in der Diskussion über Diskriminierung gibt. Diskriminierung hat nicht unbedingt etwas mit „kolonialen Denkmustern" zu tun. Sie entsteht nicht in erster Linie dadurch, dass Weiße nichts mit Schwarzen zu tun haben wollen. Diskriminierung entsteht vielmehr, wenn Informationen fehlen und Entscheidungen auf statistischen Annahmen über die sozioökonomische Zugehörigkeit beruhen.

Diskriminierung kann potenziell reduziert werden, wenn man seine Qualifikationen betont und auf Hochdeutsch kommuniziert. Stereotype und Pauschalisierungen, die zu einem negativen Bild führen, können korrigiert werden.

Nichtsdestotrotz ist statistische Diskriminierung immer noch Diskriminierung. Es ist jedoch zweifelhaft, ob dies die alleinige Erklärung dafür ist, dass Personen mit Migrationshintergrund in unserer Gesellschaft schlechter gestellt sind.

Die Rede von strukturellem Rassismus ist zu vereinfacht

Personen mit Migrationshintergrund stoßen oft auf Bildungs- und Karrierehürden, und es ist verlockend, hier sofort strukturellen Rassismus als Ursache zu sehen.

Die Daten zeigen, dass nicht die kulturelle Herkunft per se, sondern vielmehr der sozioökonomische Status der Eltern ein entscheidender Faktor für den Bildungserfolg ist.

Kinder aus Migrantenfamilien, die aus einem höheren sozioökonomischen Umfeld stammen, besuchen beispielsweise genauso häufig Gymnasien wie ihre Altersgenossen ohne Migrationshintergrund, wie in Abbildung 7.1 zu sehen ist.[15] Dies zeigt, dass der Bildungserfolg weniger eine Frage der Ethnizität als vielmehr eine der verfügbaren Ressourcen und der Unterstützung ist.

Ein wichtiger Aspekt ist dabei die Sprachkompetenz. Die PISA-Studie zeigt, dass Kinder, die zu Hause nicht Deutsch sprechen, häufig in ihrer Lesekompetenz hinter ihren Altersgenossen zurückbleiben.[16] Dies wirkt sich direkt auf ihren Bildungsweg und ihre späteren Berufschancen aus.

Die Integration in den Arbeitsmarkt ist eine weitere große Herausforderung für Migrantenkinder.[17]

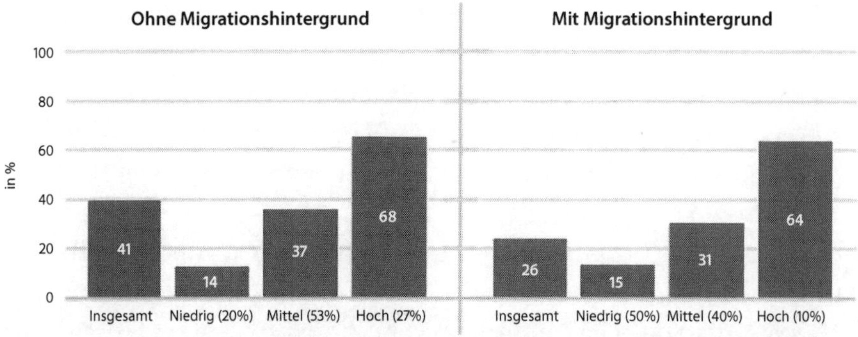

Abbildung 7.1 *Schulbesuch von Jugendlichen mit und ohne Migrationshintergrund nach Sozialstatus, Quelle: Autorengruppe Bildungsberichterstattung, 2016.*

Selbst bei guten schulischen Leistungen stoßen viele auf Schwierigkeiten beim Übergang in die Berufswelt. Eine Studie des Bundesinstituts für Berufsbildung deutet darauf hin, dass Migrantenkinder in Deutschland weniger Unterstützung aus ihrem sozialen Umfeld erhalten, insbesondere bei der Bewerbung um Lehrstellen. Das Fehlen von Netzwerken und ein mangelndes Verständnis für den Arbeitsmarkt erschweren ihre Integration.

Diese Beobachtungen legen nahe, dass die Probleme weniger eine Frage der Hautfarbe, sondern vielmehr des familiären und sozialen Hintergrunds sind. Um effektiv zu helfen, sollten Maßnahmen darauf abzielen, Defizite auszugleichen, die sich aus einem Mangel an familiärer Unterstützung und Kenntnissen über den Arbeitsmarkt ergeben.

Der Fokus auf strukturellen Rassismus kann von den tiefer liegenden Problemen ablenken, dass Menschen mit Migrationshintergrund mit einem Mangel an Wissen und an familiärer Unterstützung zu kämpfen haben, der dazu führt, dass sie im Leben weniger erfolgreich sind.

Es ist ein Irrtum zu glauben, dass Ungleichheit immer ein Zeichen von Unterdrückung und rassistischen Stereotypen ist. Bildung und Qualifikation sind entscheidend für den sozialen Aufstieg. Diese Faktoren sind bei Menschen mit Migrationshintergrund oft weniger ausgeprägt.

Ich möchte hier verdeutlichen, dass es nicht so einfach ist, wie es manchmal dargestellt wird. Weder Verharmlosung noch Verteufelung helfen weiter.

Rassismus = Realität + Vorurteile

Stereotype haben ein sehr schlechtes Image. Aber das ist nicht ganz fair, denn manchmal entsprechen sie einfach der Wahrheit.

Schauen wir uns folgendes Beispiel an:[18]

> So kommen schwarze Menschen und People of Color oft in Texten zu Armut, Kriminalität und ›Traditionalität‹ vor.

Die selbsternannte Antirassismus-Expertin Ogette sieht darin eine rassistische Perspektive, in der Weiße sich als überlegen darstellen wollen.

Es ist jedoch eine Tatsache, dass schwarze Menschen häufiger in Armut leben. Das sollte auch als Problem betrachtet werden, oder? Es wäre schlecht, wenn schwarze Menschen immer als wohlhabend dargestellt werden und keinen Fokus auf die Kinder gelegt wird, die in schlechteren Gegenden aufwachsen.

Aber den Aktivisten geht es nicht darum, ob das wahr ist oder nicht, sondern darum, ein Narrativ zu verbreiten, das ihren Wünschen entspricht. Versteh mich nicht falsch. Ich glaube, dass es Fälle gibt, in denen Vorurteile zum Vorschein kommen. Ich selbst kenne auch solche Situationen.

Bei der Übergabe der Bachelorzeugnisse gab es zum Beispiel einen Vorfall. Dort hatte ich die Gelegenheit, die Familien meiner Freunde kennenzulernen. Außer bei einem Freund. Als ich zu ihm und seiner Familie gegangen bin, hat sich der Vater beim Anblick von mir umgedreht. Mein Freund hat mir später erzählt, dass sein Vater rechts ist, keine Ausländer mag und nicht mit ihnen reden möchte. Solche Vorurteile finde ich bedenklich.

Vorurteile sind aber ein universelles menschliches Problem. Die Behauptung, es gäbe keinen Rassismus gegen Weiße, weil die Machtkomponente fehle, ist zu einfach und ein Versuch, die Welt in Gut und Böse einzuteilen. In allen Kulturen gibt es Vorurteile und Diskriminierung.

Für mich war es nie schwierig, von deutschen Familien akzeptiert zu werden. Umgekehrt gab es schon Probleme. Lange Zeit wurde in meiner erweiterten Familie verschwiegen, dass ich Beziehungen zu deutschen Frauen hatte. Inzwischen unterstützen meine Eltern meinen Lebensstil.

Als ich das letzte Mal in Sri Lanka war, habe ich mir einen Spaß daraus gemacht, Leuten, die mich fragten, ob ich eine arrangierte Ehe wolle, zu erzählen, dass ich eine deutsche Freundin habe. Die Gesichter waren schockiert. Einige beruhigten sich, als ich erzählte, dass meine Eltern das unterstützen, andere nicht. Sie haben Vorbehalte gegenüber weißen Personen.

Rassismus als etwas zu sehen, das sich nur gegen Schwarze richtet, blendet vieles aus. Negative Stereotype existieren gegenüber den meisten Gruppen.

Es sollte jedoch vermieden werden, den Trugschluss zu ziehen, dass *alle* Stereotype schädlich sein müssen. Anders als häufig behauptet, gibt es keinen Grund, Mikroaggressionen und subtile stereotype Äußerungen als schädlich anzusehen.[19,20]

Der Zusammenhang mit dem psychischen Wohlbefinden scheint eher gering zu sein. Wie wir schon in Kapitel 5 festgestellt haben, neigen vor allem Personen mit einer Tendenz zum Neurotizismus dazu, alltägliche Ereignisse als Mikroaggressionen und Bedrohungen zu interpretieren. Auch wenn Aktivisten behaupten, eine Aussage sei für alle People of Color rassistisch, fehlt es oft an Belegen für solche Aussagen. Ich würde sogar Geld darauf verwetten, dass die meisten Menschen mit Migrationshintergrund es nicht als rassistisch empfinden, nach ihrer Herkunft gefragt zu werden.

Ich möchte noch einmal betonen: Es gibt negative Stereotype, die negative Folgen haben können – zum Beispiel bei der Wohnungssuche oder im Berufsleben. Ich glaube, die meisten Menschen würden das als Problem anerkennen. Genauso wie die Beleidigung von Menschen aufgrund ihrer Hautfarbe mit Begriffen wie „Schwarzkopf".

Das gilt in Deutschland als Verletzung des allgemeinen Persönlichkeitsrechts und ist strafbar.

Als demütigend kann es auch empfunden werden, wenn jemand sein Portemonnaie versteckt, wenn man als Schwarzer vorbeigeht, oder wenn Menschen die Straßenseite wechseln, weil sie sich von Schwarzen schnell bedroht fühlen. Es kann schwierig sein, solche Handlungen anders zu interpretieren.

Es ist mir aber wichtig, deutlich zu machen, dass es sich dabei nicht immer um „koloniale Denkmuster" aus einem strukturell rassistischen System handelt, sondern manchmal um verallgemeinernde Schlussfolgerungen aufgrund fehlender Informationen.

Auch ohne die koloniale Vergangenheit Deutschlands gäbe es ähnliche Probleme. Viele Herkunftsländer von Migranten wären immer noch ärmer. Migranten, die mit geringen Deutschkenntnissen und Bildungsabschlüssen nach Deutschland kommen, sowie deren Kinder, die mit weniger Unterstützung aufwachsen und eher in die Kriminalität abrutschen, könnten von der Mehrheitsgesellschaft pauschal als weniger qualifiziert angesehen werden. Dies kann wiederum zu einer statistischen Diskriminierung führen.

Dies unterstreicht, dass die Annahme von Machtstrukturen oder rassistischer Sozialisation nicht immer notwendig ist, um Diskriminierung zu erklären.

Die Verzerrungen von Antirassismus

Zwischen der Feststellung, dass Diskriminierung ein Problem ist, und der Forderung, dass bestimmte Frisuren wie Dreadlocks von Weißen nicht getragen werden dürfen, scheint irgendwo ein Fehler passiert zu sein.

Der grundlegende Irrtum liegt meiner Ansicht nach in der Annahme eines allumfassenden strukturellen Rassismus, der angeblich darauf ausgelegt ist, Schwarze systematisch zu unterdrücken. Diese Sichtweise führt dazu, dass jegliches Verhalten als Ausdruck von Rassismus gedeutet wird.

Diese Sichtweise erinnert stark an die überzogene Vorstellung eines allbeherrschenden Patriarchats, bei der jede Form von Ungleichheit vorschnell als Ungerechtigkeit gebrandmarkt wird. Sicher, ein Teil lässt sich durch Diskriminierung erklären, aber der Einfluss ist bei Weitem nicht so allumfassend und bezieht sich eher auf die Diskriminierung aufgrund des sozioökonomischen Status.

Es fehlen stichhaltige Beweise für die Annahme, dass eine weiße Dominanz jegliche Form von Ungleichheit erklärt.

Hinzu kommt eine Tendenz zur Katastrophisierung. Selbst bei der Veröffentlichung von realem Videomaterial wie *10 Hours of Walking in NYC as a Woman*, das Übergriffe und Schwarze zeigt, wird unterstellt, dass dies rassistische Stereotype und koloniale Muster verstärke, was wiederum zu mehr Rassismus führe. Hier zeigt sich das Dogma, dass Stereotype immer schädlich sind.

Der Versuch, Stereotype zu bekämpfen, die aus der Realität entspringen, gleicht dem Kapitän auf einem Kriegsschiff, der sich beleidigt fühlt, weil sein Gegenüber sich nicht bewegt. Aber wenn dieses Gegenüber ein Leuchtturm ist, muss man eben darum herum navigieren. Ähnlich kann man sich auch um stereotype Bilder herummanövrieren, da sie sich nicht ändern lassen, wenn sie in der Realität verwurzelt sind. Die Forderung, die weiße Perspektive zu dekonstruieren, scheitert an dieser Realität.

Ich will das noch einmal deutlich sagen, und es tut mir leid, wenn ich mich hier wiederhole, aber das ist vermutlich nötig: Es geht mir nicht darum, abzustreiten, dass es rassistische Diskriminierung und Gewalt gibt, sondern ich stelle infrage, ob es sich um ein strukturelles Problem handelt, das durch Sprache und Narrative konstruiert wird.

Selbstverständlich sind rassistische Verallgemeinerungen zu verurteilen. Die Ansicht, dass unsere Gesellschaft durchgängig Rassismus und Unterdrückung reproduziert und das System an allem schuld ist, ist jedoch eine Pauschalisierung und wird der Komplexität der Situation nicht gerecht.

KAPITEL 8

Die Erklärung für alles

Ein Schriftsteller, der sagt, es gäbe keine Wahrheiten, oder dass alle Wahrheit ‚nur relativ' ist, bittet Sie, ihm nicht zu glauben. Also tun Sie das auch nicht.

Roger Scruton

Gender Studies, Critical Whiteness und andere Ausrichtungen der „Critical Studies" werden inzwischen auch an deutschen Universitäten gelehrt.

Doch wie wissenschaftlich sind diese Disziplinen?

Diese Frage stellten sich auch Helen Pluckrose, James Lindsay und Peter Boghossian. Ihre Neugier führte sie zur *Grievance Studies Affair*, einem Experiment, mit dem sie die Seriosität dieser Disziplinen auf die Probe stellen wollten.[1]

Sie verfassten etwa zwanzig Artikel und reichten sie bei Fachzeitschriften in Bereichen wie Gender Studies, Fat Studies und Postcolonial Studies ein.

Der Clou dieser Aktion: Jeder eingereichte Artikel war eine bewusste Fälschung.

Die Artikel, die sie einreichten, waren absurd:

- Eine dieser „Studien" behandelte zum Beispiel eine angebliche Vergewaltigungskultur bei Hunden, um daraus zu folgern, dass Männer ähnlich wie Hunde behandelt werden sollten.
- Ein weiterer Artikel mit dem Titel *Going in Through the Back Door* schlug vor, dass Männer durch anale Penetration Homophobie abbauen und feministischer werden könnten.

- In einem anderen Beitrag wurde Übergewicht als Form des Bodybuildings dargestellt.
- In wiederum einem anderen wurden Teile von Hitlers *Mein Kampf* in einem feministischen Kontext umgeschrieben.

Und das Ergebnis?

Einige Gutachter der Zeitschriften lobten diese Artikel mit den Worten „This is a wonderful paper" und „Thank you for the opportunity to review a really interesting paper".

Sieben der eingereichten Beiträge wurden tatsächlich veröffentlicht, und viele andere standen kurz vor der Veröffentlichung. Der Artikel über die Vergewaltigungskultur unter Hunden hat von einer Zeitschrift sogar eine besondere Anerkennung für Exzellenz erhalten.

Diese Ergebnisse verdeutlichen, dass es im akademischen Bereich Felder gibt, in denen Ideologie und Aktivismus die wissenschaftliche Strenge und Objektivität zu überlagern scheinen.

Das Peer-Review-Verfahren, bei dem andere Wissenschaftler den eingereichten Artikel begutachten, ist in der Regel ein anspruchsvoller und langwieriger Prozess. Jeder, der versucht, eine Studie in einer etablierten Zeitschrift zu veröffentlichen, weiß, wovon ich spreche. Die meisten Forscher wollen ihre Artikel in guten Zeitschriften veröffentlichen, aber die meisten werden abgelehnt. Die strenge Begutachtung durch unabhängige Wissenschaftler soll eine hohe wissenschaftliche Qualität garantieren. Bei den „Critical Studies" scheint dies jedoch nicht zu funktionieren.

Die drei begründeten ihre Aktion folgendermaßen:

> In der Universität läuft etwas schief – vor allem in bestimmten geisteswissenschaftlichen Fächern. In diesen Bereichen hat sich eine Wissenschaft etabliert, die weniger auf Wahrheitsfindung als vielmehr auf die Beseitigung sozialer Missstände ausgerichtet ist, und ihre Wissenschaftler zwingen Studenten, Verwaltungsangestellte und andere Abteilungen zunehmend, sich ihrer Weltanschauung anzuschließen. Diese Weltanschauung ist nicht wissenschaftlich, und sie ist nicht rigoros.

In meinen jungen Jahren war ich selbst tief in dieser Weltanschauung gefangen, das von dem Mantra „Sprache schafft Wirklichkeit" geprägt war.

Ich selbst habe für die Grüne Jugend Workshops organisiert, in denen über die soziale Konstruktion von Geschlecht diskutiert wurde. Es gab eine Abneigung, natürliche Gegebenheiten anzuerkennen, und für alles gab es eine einfache Erklärung.

Diese Denkweise ist für Außenstehende schwer zu verstehen. Ein rationaler Diskurs ist mit Menschen, die ein solches Weltbild haben, oft nicht möglich, da sie die Möglichkeit objektiver Erkenntnis grundsätzlich infrage stellen. In diesem Weltbild stehen nur die Gefühle der Betroffenen im Vordergrund und das System wird immer für alles verantwortlich gemacht.

In diesem Kapitel werde ich versuchen, diese Sichtweise, die nicht nur die Debatten über Rassismus und Patriarchat beeinflusst, sondern auch unseren Zeitgeist prägt, verständlich zu machen und das dahinterstehende psychologische Bedürfnis aufzudecken.

Das postmoderne Denken

Verfolgt man die Spuren dieses Denkens zurück, so stößt man früher oder später auf den Postmodernismus oder Poststrukturalismus.

In den 1960er Jahren, einer Zeit des Umbruchs und der Neudefinition, hat sich das menschliche Denken grundlegend gewandelt. Dieser Wandel ist eng mit dem Werk einiger französischer Theoretiker wie Michel Foucault, Jacques Derrida und Jean-François Lyotard verbunden. Ihre revolutionären Perspektiven auf die Welt und unser Verhältnis zu ihr haben nicht nur das philosophische Denken, sondern möglicherweise die gesamte gesellschaftliche Landschaft nachhaltig geprägt.[2,3]

Jean-François Lyotard verabschiedet sich in seinem prägenden Werk *Das postmoderne Wissen* von den großen, alles umspannenden Erzählungen der Moderne. Der Glaube an den Fortschritt durch die Aufklärung ist verloren gegangen. Die Ereignisse in der Sowjetunion haben die Hoffnung auf Klassenkampf vergraben und der Nationalismus seine Schattenseiten gezeigt. Lyotard glaubt, dass alle Narrative an Legitimation verloren haben.

Auch die Wissenschaft ist für ihn nur ein Narrativ unter vielen. Denn ihre Gültigkeit beruhe auf dem Konsens der Experten und nicht auf einer objektiven Wahrheit. Den Konsens über wissenschaftliche Regeln lehnt Lyotard ab. An ihre Stelle sollen gleichberechtigte Narrative treten.[4]

Michel Foucault, ein weiterer zentraler Denker dieser Ära, konzentrierte sich auf die Machtstrukturen innerhalb der Gesellschaft und entwickelte die Diskurstheorie. Er betont die untrennbare Verbindung von Wissen und Macht und zeigt auf, wie Sprache und Diskurse Machtverhältnisse formen und perpetuieren. Macht ist für Foucault nicht einfach ein Besitztum, sondern ein durchdringendes Kräfteverhältnis, dessen Wirksamkeit darin liegt, dass es seine eigenen Mechanismen verbirgt.

Jacques Derrida, ein dritter prominenter Vertreter, führte den Begriff der Dekonstruktion ein. Diese Methode zielt darauf ab, Texte zu „dekonstruieren", indem sie die ihnen zugrunde liegenden Annahmen und Widersprüche aufdeckt. Für Derrida existiert nichts außerhalb des Textes. Alle Bedeutungen sind eingebettet in und abhängig von sprachlichen Strukturen und Kontexten.

Die hier umrissenen Perspektiven offenbaren eine tief verwurzelte Skepsis gegenüber den universellen Idealen der Aufklärung – eine Haltung, die sich vor allem gegen die Prinzipien der Universalität, Objektivität und Neutralität wendet.

Pluckrose und Lindsay identifizieren das postmoderne Denken als Kern dieser Sichtweise, welches sich im Wesentlichen auf zwei zentrale Prinzipien stützt:[5]

- **Man kann nichts wissen:** Radikaler Skeptizismus darüber, ob objektives Wissen oder Wahrheit erreichbar sind, und die Betonung von kulturellem Konstruktivismus.

- **Alles ist Macht:** Der Glaube, dass die Gesellschaft aus Systemen der Macht und Hierarchien besteht, welche bestimmen, was gewusst werden kann und wie.

Das erste Prinzip postmodernen Denkens ist durch eine radikale Skepsis gegenüber der Zugänglichkeit objektiver Wahrheit gekennzeichnet. Anstatt objektive Wahrheit als etwas zu betrachten, das existiert und durch Prozesse wie Experimentieren und Falsifizieren vorläufig erkannt oder angenähert werden kann, wie es die Aufklärung vorsah, betrachtet postmodernes Denken unsere Fähigkeit als begrenzt. Da sich Wissen in Sprache, Begriffen und Kategorien ausdrückt, sind Wahrheitsansprüche nur noch wertgeladene Konstrukte der Kultur.

Das zweite Prinzip legt einen starken Fokus auf die Macht als leitende und strukturierende Kraft in der Gesellschaft. Dieser Fokus hängt von der Ablehnung objektiven Wissens ab. Macht und Wissen werden als untrennbar miteinander verwoben betrachtet.

Diese postmodernen Ideen haben die gesellschaftliche und politische Diskussion beeinflusst. In den USA führte dies zur Entwicklung der *Critical Studies*, die auch in Deutschland auf Resonanz stießen. Diese Ideen finden sich in Büchern, Zeitungsartikeln und Fernsehsendungen wieder.

Ein anschauliches Beispiel ist die 13-Fragen-Episode zum Thema Body Positivity.[6] Nachdem der Arzt die Tatsache erwähnt hatte, dass Fettleibigkeit mit psychischen Störungen zusammenhängt, reagierte eine Person wie folgt: Sie sagte, dass man das nicht mit Sicherheit wissen kann und dass das Narrativ, das der Arzt aufmacht, gefährlich ist.

Keine Aufklärung ist auch keine Lösung

Ein grundlegendes Problem des Relativismus ist seine eigene Widersprüchlichkeit.

Wenn alles relativ und eine Perspektive ist, wie kann man dann sicher sein, dass das woke Narrativ richtig ist?

Die Ironie liegt darin, dass Wokeness zwar Neutralität und objektives Wissen infrage stellt, gleichzeitig aber ihre eigenen Erfahrungen als unumstößliche Wahrheiten präsentiert. Sie stützt sich auf persönliche Gefühle und Anekdoten, während sie empirische Belege und rationale Argumente anderer Sichtweisen entwertet.

Pluckrose und Lindsay schreiben Folgendes in ihrem Buch:

> Der angewandte Postmodernismus hat sich etabliert, wurde reifiziert – als real, als *Die Wahrheit* gemäß der sozialen Gerechtigkeit angesehen – und durch Aktivisten weit verbreitet und (ironischerweise) zu einer dominanten eigenen Erzählung gemacht.

Aber wenn alles eine Frage der Perspektive ist, warum sollte dann ausgerechnet die woke Perspektive als korrekt angesehen werden?

Die Aktivisten zweifeln an der Möglichkeit wissenschaftlicher Erkenntnis, sind aber gleichzeitig von der Wahrhaftigkeit ihrer eigenen Erfahrungen überzeugt. Sie vertrauen ihren Gefühlen, während anekdotische Beweise, die andere Sichtweisen stützen, ignoriert werden. Es ist kein Geheimnis, dass die Vertreter dieser Sichtweise wenig Wert darauf legen, die eigenen Annahmen wissenschaftlich zu überprüfen.

Emilia Roig macht in ihrem Buch deutlich, dass sie andere Formen des Wissens für wichtig hält. Sie schreibt in ihrem Buch:[7]

> Der Kolonialismus hat jegliche Art von autochthonem Wissen herabgesetzt und versucht, es zu vernichten. In meiner Familie aus Martinique sind Geister, Spiritismus und Voodoo sehr präsent. Meine Onkel und Tanten erzählten regelmäßig von übersinnlichen Erfahrungen, die sie gemacht hatten.

Wissen ist nicht mehr als etwas, das sich nach den Regeln der Wissenschaft richten muss. Sie wollen, dass ihre eigenen subjektiven Erfahrungen eine größere Rolle spielen. Das hat aber ein offensichtliches Problem: Wir können nicht immer unserer Intuition vertrauen.

Unsere intuitiven Einschätzungen und Wahrnehmungen neigen dazu, fehlerhaft und verzerrt zu sein. Eine Skala für kognitive Verzerrungen identifiziert zehn solcher Verzerrungen, die im zwischenmenschlichen Bereich auftreten können:

1. **Gedankenlesen:** Manchmal nehmen Menschen an, dass andere negativ über sie denken, selbst wenn nichts Negatives gesagt wurde.
2. **Katastrophisieren:** Die Tendenz, immer das schlimmstmögliche Szenario zu erwarten.
3. **Alles-oder-nichts-Denken:** Bei Bewertungen neigen Menschen dazu, Dinge als Entweder-Oder zu sehen, anstatt Graustufen zu erkennen.
4. **Emotionales Denken:** Menschen glauben, etwas sei wahr, weil es sich so *anfühlt*.
5. **Etikettieren:** Sich selbst oder andere aufgrund von Fehlern oder angenommenen Schwächen negativ kennzeichnen.
6. **Mentaler Filter:** Sich auf negative Details konzentrieren und positive übersehen.
7. **Übergeneralisierung:** Nach einem negativen Ereignis nehmen Menschen an, dass weitere schlechte Dinge passieren werden, und sehen darin ein Muster.
8. **Personalisierung:** Sich selbst für externe Ereignisse verantwortlich machen.
9. **Sollte-Aussagen:** Manchmal denken Menschen, dass Dinge eine bestimmte Beschaffenheit haben sollten oder müssen.
10. **Das Positive minimieren:** Positive Erfahrungen oder Eigenschaften herunterspielen.

Genau weil sich unsere subjektive Wahrnehmung so leicht täuschen lässt, brauchen wir Wissenschaft.

Wie ist objektives Wissen möglich?

Nun kann man sich zu Recht fragen, warum man der Wissenschaft überhaupt vertrauen soll. Vielleicht hast du auch Zweifel. Ist Wissenschaft nicht subjektiv?

Ja, Wissenschaft ist von menschlichen Wertvorstellungen geprägt und die Auswahl der Forschungsfragen und die Interpretation der Ergebnisse hängen von menschlichen Perspektiven ab. Die Regeln, nach denen Wissenschaft funktioniert, sind nicht absolut beweisbar. Es gibt keine Studie, die beweist, dass diese Regeln der Wissenschaft wahr sind.

Daraus folgt aber nicht, dass wir uns dem Skeptizismus hingeben sollten. Wir alle haben Bedürfnisse und Wünsche. Als Menschen wollen wir uns in der Welt zurechtfinden und mit ihr interagieren. Einfache Behauptungen können wir einigermaßen zuverlässig daraufhin überprüfen, ob sie mit der Erfahrung übereinstimmen. Es macht einen Unterschied, ob die Chipstüte leer ist oder nicht.

Genauso macht es einen Unterschied, ob uns eine Theorie als System von Sätzen bessere oder schlechtere Vorhersagen macht. Wir wollen eine Theorie, die so einfach wie möglich ist. In diesem Sinne wäre eine gute Theorie wie eine Landkarte, die uns zum Ziel führt. Ob eine Karte gute Vorhersagen macht, müssen wir durch systematische Beobachtungen und Experimente testen. Wir müssen uns dabei nicht auf unsere Augen verlassen, sondern können Messinstrumente wie ein Mikroskop oder einen Kernspintomografen benutzen. Wir dürfen dabei nicht nach Beweisen für unsere eigenen Ansichten suchen, sondern müssen auch alternative Erklärungen in Betracht ziehen und versuchen, diese wiederzubeleben. Karl Popper hat es das *Falsifikationsprinzip* genannt.

Natürlich gibt es auch Probleme mit Studien. Erfassen sie wirklich das, was sie erfassen sollen? Sind sie verallgemeinerbar auf andere Situationen? Sind sie repräsentativ für alle Menschen? Oft stoßen wir auf Studien, die zu unterschiedlichen, manchmal sogar widersprüchlichen Ergebnissen kommen.

Absolute Sicherheit gibt es daher nie. Das ist aber kein Grund zu glauben, dass alle Annahmen über die Welt gleichwertig sind. Eine Karte ist auch kein perfektes Abbild der Realität, aber das ist auch nicht nötig. Eine Landkarte mit zu vielen Informationen würde uns nur verwirren. Wir können uns Wissen aneignen, das uns hilft, uns in der Welt besser zurechtzufinden.

In der Statistik gibt es ein Sprichwort: „Alle Modelle sind falsch, aber einige sind nützlich."

Der beste Weg, Gewissheit zu erlangen, besteht darin, viele Theorien zu entwickeln und sie gegenseitig zu kritisieren. Hier kommt die Wissenschaft als Institution ins Spiel. Studien werden einem Peer-Review-Verfahren unterzogen, bei dem andere Wissenschaftler die Studie kritisch begutachten und ihre Zustimmung geben müssen. Nur Studien, die eine hohe methodische Qualität aufweisen, werden in angesehenen und viel beachteten Fachzeitschriften veröffentlicht. Wenn Studien zudem mehrfach von verschiedenen Forschergruppen auf unterschiedliche Weise repliziert wurden, wäre es fahrlässig, sich lieber auf das eigene Bauchgefühl zu verlassen.

Stell dir vor, du gehst zum Arzt. Welche Einstellung würdest du bevorzugen? Die eines Arztes, der sich nur auf sein Gefühl verlässt, grundsätzlich keine Medikamente verschreibt und nicht berücksichtigt, dass Medikamente bei Frauen und Männern unterschiedlich wirken? Oder die eines Arztes, der dir evidenzbasierte Möglichkeiten aufzeigt, deren Nutzen für deine konkrete Situation erklärt und dich über mögliche Nebenwirkungen informiert?

Der Hang zur Selbsttäuschung

Woke Personen neigen eher dazu, sich auf ihre Emotionen zu verlassen und sind anfälliger für kognitive Verzerrungen.

Man könnte einwenden, dass diese Behauptung übertrieben und falsch ist. Es gibt jedoch Studien, die genau diese Aussage stützen.

In einer Studie mit 786 ethnisch diversen College-Studenten aus unterschiedlichen sozioökonomischen Schichten wurden folgende Ansichten erfragt:[8]

- **Sicherheitsdenken:** Dies umfasst die Ansicht, dass die Absichten irrelevant sind („Wenn ich mich durch die Handlungen einer anderen Person beleidigt oder unterdrückt fühle, dann ist diese Person schuldig, unabhängig von ihrer Absicht“) und dass emotionales Unbehagen ebenso gefährlich wie physischer Schmerz ist („Menschen, die beleidigende politische Ansichten äußern, verursachen Gewalt gegen diejenigen, die sie beleidigen“).
- **Worte können schaden:** Die Überzeugung, dass verletzende oder beleidigende Sprache ernsthaften Schaden anrichten kann, bis hin zur Entwicklung von posttraumatischen Belastungsstörungen.
- **Triggerwarnungen:** Die Befürwortung des Einsatzes von Triggerwarnungen.

Diese wurden dann in Verbindung mit der Skala für kognitive Verzerrungen und der Fähigkeit, analytisch zu denken, untersucht. Und das Ergebnis?

Der Glaube an die Schädlichkeit von Worten und die Forderung nach Triggerwarnungen konnte statistisch signifikant durch kognitive Verzerrungen und geringe analytische Fähigkeiten erklärt werden.

Ich bin der Überzeugung, dass wir vieles, was wir unter Wokeness beobachten, mit Verzerrungen erklären können:

1. **Gedankenlesen:** Die Annahme von Mikroaggressionen unterstellt negative Stereotype in alltäglichen Aussagen.
2. **Katastrophisieren:** Jede stereotype Äußerung wird als potenzieller Beitrag zu Gewalt und Unterdrückung betrachtet.
3. **Alles-oder-nichts-Denken:** Ungleichheit wird ausschließlich auf systemische Ursachen zurückgeführt, individuelle Verantwortung wird ignoriert.
4. **Emotionales Denken:** Das Gefühl der Diskriminierung wird mit tatsächlicher Diskriminierung gleichgesetzt.
5. **Etikettieren:** Schnelle Abstempelung von Menschen als „Rassist“ oder „Sexist“.

6. **Mentaler Filter:** Einseitige Fokussierung auf Benachteiligungen, Ignorieren von eigenen Vorteilen.
7. **Übergeneralisierung:** Isolierte Erfahrungen von Sexismus oder Rassismus werden als allgegenwärtiges Muster gesehen.
8. **Personalisierung:** Woke geben nicht sich selbst die Schuld für etwas, machen jedoch das System für alles verantwortlich.
9. **Sollte-Aussagen:** Es wird starr nach politischer Korrektheit gefordert.
10. **Das Positive minimieren:** Die Gesellschaft wird nur als feindlich wahrgenommen, Fortschritte der modernen Welt werden übersehen.

Diese Verzerrungen führen dann zu Aussagen wie „Jeder ist rassistisch sozialisiert".

Derartige Aussagen sind aber keine empirisch belegte Hypothese, sondern etwas, das einfach angenommen wird. DiAngelo schreibt, dass *Critical Whiteness* davon ausgeht, dass Rassismus und weiße Privilegien existieren, und nicht daran arbeitet, ihre Existenz zu beweisen, sondern sie aufzudecken.[9] Es geht nicht darum, *ob* sich Rassismus äußert, sondern nur *wie*.

Dieser Ansatz birgt die Gefahr, dass nahezu jedes Verhalten als rassistisch interpretiert werden kann.

Ein typisches Beispiel ist die Debatte um kulturelle Aneignung: Das Interesse an schwarzer Kultur kann als kulturelle Aneignung interpretiert werden, während das mangelnde Interesse auch als rassistisch gelten kann. Dies führt zu einer Sackgasse, in der es keinen richtigen Weg zu geben scheint.

Die Unschärfe in der Definition von Begriffen wie Rassismus oder Patriarchat erschwert zudem die wissenschaftliche Überprüfbarkeit dieser Behauptungen. Die Suche nach Unterdrückung ähnelt der Hexenverfolgung, bei der alles und jeder unter Verdacht gestellt werden kann.

Besonders problematisch ist die Immunisierung gegen Kritik. Nur wer selbst betroffen ist, weiß, wie es sich anfühlt. Es geht dann nicht darum, ob die Aussage eine gute Hypothese ist, die einer Überprüfung standhält, sondern darum, wer das sagt. Und nur wer selbst betroffen ist, kann sich dazu äußern. Das führt zu absurden Diskussionen wie der, ob Obama „schwarz genug“ sei, um sich zum Rassismus in den USA zu äußern, weil seine Wurzeln in Afrika lägen und er somit kein „echter“ Afroamerikaner sei.[10]

Wir Menschen neigen zu Verzerrungen. Anstatt aufrichtig und gewissenhaft zu versuchen, diese Fehler zu vermeiden, pochen Woke lieber auf ihren Opferstatus und erklären jeden Kritiker zum Feind.

Die Suche nach Sinn

Warum halten manche Menschen so hartnäckig an Weltbildern fest, die alles durch die Brille der Unterdrückung sehen?

Um das Leben von Frauen und Schwarzen zu verbessern, ist es wichtig, die vielfältigen Herausforderungen zu erkennen und Ansätze zu entwickeln, die der Komplexität der Situation gerecht werden. Wokeness neigt jedoch dazu, viele Fakten zu ignorieren und alles mit Macht zu erklären.

Der Grund dafür liegt in einem tief verwurzelten menschlichen Bedürfnis. Wir wollen die Welt um uns herum verstehen. Um unsere Neugier zu befriedigen, reduzieren wir Unsicherheit und Verwirrung. Wenn die verfügbaren Informationen widersprüchlich sind, suchen wir nach Bedeutungen in scheinbar zufälligen Ereignissen und verteidigen unsere Überzeugungen gegen Widerlegungen.

Die Art und Weise, wie Wokeness komplexe Probleme angeht, ähnelt Verschwörungstheorien.

Die Ereignisse des 11. Septembers waren komplex und unmittelbar umfassende Informationen fehlten. Diese Unklarheit und die widersprüchlichen Informationen machten Verschwörungstheorien, die eine einfache Erklärung lieferten, attraktiv: Die Schuld wurde geheim agierenden, mächtigen Individuen zugeschrieben, die zum eigenen Vorteil und zum Schaden der Allgemeinheit gehandelt haben sollen.

In ähnlicher Weise fördert Wokeness eine vereinfachte Sichtweise. Das soziale Miteinander ist komplex und die Gründe, warum es zu

Mobbing, Gewalt und Ausschluss kommt, sind nicht leicht zu isolieren. Wokeness hat jedoch eine einfache Erklärung: Die Schuld wird weißen Männern zugeschrieben, die zum eigenen Vorteil und zum Schaden von Minderheiten ein ungerechtes System aufrechterhalten.

Durch die Vermittlung des Glaubenssatzes „Ich sollte auf mein Gefühl hören" schafft Wokeness Raum für kognitive Verzerrungen, die die Wahrnehmung von Unterdrückung verstärken und zu einer Verachtung von Hierarchien und Konventionen führen können. Oft wird über den Gender-Pay-Gap oder andere Ungleichheiten geklagt, ohne nach den Ursachen zu fragen. Selbst einfache Fragen wie „Woher kommst du?" werden als rassistische Mikroaggressionen empfunden.

Hinter dieser pessimistischen Haltung verbirgt sich eine falsche Dichotomie: Entweder sieht man selbst die Schuld an seinem Unglück oder man ist ein Opfer des Systems. Diese Menschen wählen Letzteres und fühlen sich als Spielball äußerer Kräfte. Sie glauben, dass äußere Umstände das Leben beeinflussen und persönliche Merkmale wie Geschlecht, Herkunft oder Hautfarbe das Schicksal besiegeln.

Wokeness schützt ihre Ansichten vor Kritik, indem sie oft Kritik als Ausdruck von „White Fragility" zurückweist und Beweise, die ihre Perspektive infrage stellen könnten, als Produkt einer „weißen, männlichen Sichtweise" abtut.

Dies erschwert eine offene und konstruktive Diskussion über die besten Lösungen unserer Probleme.

Wokeness ist irrational

Wokeness scheint mir eine Ausflucht für Menschen zu sein, die mit der Unvorhersehbarkeit und dem Chaos des Lebens nicht zurechtkommen und einfache Erklärungen für alles brauchen.

Sie glauben nicht an die Aufklärung und daran, dass objektives Wissen möglich ist. Stattdessen verlassen sie sich zu sehr auf ihre Gefühle und unterliegen der verzerrten Annahme, dass das System für alles verantwortlich ist. Jede Form von Ungleichheit wird als

Ausdruck patriarchaler Strukturen oder strukturellen Rassismus interpretiert. Worte und Stereotype werden als schädlich angesehen.

Diese Sichtweise hat Folgen. Aus der Angst heraus, alles sei Gewalt, werden grenzenlose Forderungen gestellt. Gedichte werden zensiert, Vorträge abgesagt, Triggerwarnungen gefordert, Schutzräume eingerichtet und an jeder Ecke politische Korrektheit eingefordert, ohne Rücksicht auf andere Werte.

Damit haben wir die zweite Ursache für die Opferrolle gefunden: Selbsttäuschung. Postmodernes Denken verleitet dazu, der eigenen Intuition mehr zu vertrauen als wissenschaftlichen Fakten und sich ein Weltbild zusammenzubasteln, in dem die Schuld immer bei der Gesellschaft liegt. Die Überzeugungen von Wokeness basieren also nicht auf einer sorgfältigen Analyse der Gesellschaft, sondern auf kognitiven Verzerrungen, die darauf abzielen, das gegenwärtige System vollständig zu überwinden.

Aber warum verachten diese Leute die Gesellschaft?

Zu Beginn meiner Recherchen für dieses Buch hatte ich keine klare Erklärung dafür, warum Menschen sich so schnell beleidigt fühlen. Aber nachdem ich eine Menge Studien gelesen hatte, stieß ich immer wieder auf eine Sache, die alles verständlich machte.

Teil IV

Das überhöhte Selbstbild

KAPITEL 9

Wie Narzissten die Opferkarte spielen

Auf der Welle der #MeToo-Bewegung entfaltete sich 2018 ein Beziehungsdrama, bei dem die Welt gespannt zuschaute.

Nach der Aufdeckung des Weinstein-Skandals, der Frauen dazu ermutigte, ihre Erfahrungen mit sexuellen Übergriffen öffentlich zu machen, geriet der für seine Rolle in „Fluch der Karibik" bekannte Schauspieler Johnny Depp ins Kreuzfeuer.[1]

In einem Artikel wurde er als „Frauenschläger" gebrandmarkt, der sich auf Vorwürfe stützte, er habe seine Ex-Frau Amber Heard misshandelt. Kurz darauf meldete sich Heard in der Washington Post zu Wort und stellte sich als Opfer häuslicher Gewalt dar.

Diese Anschuldigungen hatten für Depp weitreichende Konsequenzen. Die öffentliche Meinung kippte schnell zu Gunsten von Heard, was Depp schnell in das Licht eines Täters rückte. Er verlor seine Rolle in der „Phantastische Tierwesen"-Reihe und sein Image nahm schweren Schaden.

Johnny Depp beschloss, sich gegen die Anschuldigungen zu wehren, und reichte eine Verleumdungsklage gegen Amber Heard ein. Daraus entwickelte sich ein wochenlanger, viel beachteter Prozess, der sogar live auf YouTube übertragen wurde. Während des Prozesses wurden verschiedene Beweise vorgelegt, die die Geschichte in einem anderen Licht erscheinen ließen.

Dabei stellte sich heraus, dass es tatsächlich Heard war, die handgreiflich geworden war.[2]

Ein entscheidender Moment im Prozess war die Vorführung einer Tonbandaufnahme, auf der Heard zu Depp sagte: „Ich habe dich nicht geschlagen. Es tut mir leid, dass ich dir nicht richtig ins Gesicht geschlagen habe. Ich habe dich geschlagen, nicht geboxt."

„Sag mir nicht, wie es sich anfühlt, geschlagen zu werden", erwiderte Depp.

Die Reaktion von Heard: „Du hast viele Kämpfe erlebt, du bist schon lange dabei. Du wurdest nicht geboxt. Du wurdest geschlagen. Es tut mir leid, dass ich dich so geschlagen habe, aber ich habe dich nicht geboxt. Ich weiß nicht genau, wie meine Handbewegung war. Du bist in Ordnung. Ich habe dich nicht verletzt, ich habe dich geschlagen, nicht geboxt. Ich sitze hier nicht rum und beschwere mich. Du bist ein verdammtes Baby."

Am 1. Juni 2022 fällten die Geschworenen das Urteil in diesem Prozess. Sie sahen Depps Vorwurf der Verleumdung als erwiesen an und verurteilten Heard zur Zahlung von 10,35 Millionen Dollar an Depp.

Warum erzähle ich das alles? Um einen ganz bestimmten Punkt deutlich zu machen. Es ist die Realität, dass es Leute gibt, die die Opferkarte spielen, um sich Vorteile zu verschaffen. Ähnlich wie Menschen, die bei Prüfungen schummeln, um bessere Noten zu bekommen. Früher war „Opfer" zu sein ein Schimpfwort. Doch in unserer heutigen Zeit haben sich die Spielregeln geändert: Wir leben in einer Opferkultur, in der jeder danach strebt, als Opfer anerkannt zu werden.

Hier auch wichtig klarzustellen: An sich ist es durchaus angebracht, den Opferstatus zu betonen, wenn es um Fälle von Gewalt geht. Es ist wichtig, dass Betroffene den Mut finden, ihre Geschichten offen zu teilen, ohne sich selbst die Schuld zu geben. Das öffentliche Ansprechen solcher Themen kann auch anderen Mut machen und ist ein wichtiger Schritt, um Probleme anzugehen.

Allerdings wird es problematisch, wenn Menschen alles tun, um als Opfer anerkannt zu werden, insbesondere wenn sie es objektiv nicht sind. Dadurch entsteht eine gefährliche Dynamik, in der Unschuldige als Täter abgestempelt und unverhältnismäßige Maßnahmen ergriffen werden.

Aber sollten wir Betroffenen nicht glauben?

Einige würden jetzt behaupten, dass ich nicht weiß, wie es ist, ein Opfer zu sein, und es anmaßend von mir ist, den Frauen und People of Color zu sagen, dass sie falsch liegen. Hierfür sollte man eine Antwort haben, ansonsten steht man schnell in einem schlechten Licht da.

Meine Antwort: Während es wichtig ist, Betroffenen zuzuhören, ist es ebenso wesentlich zu erkennen, dass nicht alle Aktivisten für die gesamte Gruppe sprechen. Viele Frauen und Menschen mit Migrationshintergrund, einschließlich mir selbst, stimmen nicht mit allen Forderungen des aktuellen Feminismus oder Antirassismus überein.

Ich behaupte keineswegs, dass alle, die sich als Opfer darstellen, lügen. Doch es ist eine unleugbare Tatsache, dass es Fälle gibt, in denen die Opferrolle von einigen lediglich als Mittel zum Zweck genutzt wird.

Um zu verstehen, warum diese Opfer-Rhetorik so weit verbreitet ist und immer radikalere Forderungen Anklang finden, müssen wir ehrlich alle Gründe erforschen, die Menschen dazu bewegen, sich in die Opferrolle zu begeben.

Opfer sein lohnt sich

Es ist tief in unserer Natur verankert, Menschen zu helfen, die Hilfe brauchen. Wissenschaftliche Studien belegen dies.

In einem Experiment wurden die Teilnehmer mit einer GoFundMe-Anzeige konfrontiert, in der Jessie, eine 24-jährige Frau, um finanzielle Unterstützung für ihre Ausbildung zur Friseurin bat.[3] Sie musste ihre Ausbildung an einem Community-College aus finanziellen Gründen abbrechen.

Die Forscher fügten der Anzeige weitere Details über Jessies Leben hinzu: Ihre Mutter war alleinerziehend und drogenabhängig, Jessie selbst hatte eine missbräuchliche Beziehung hinter sich, in der ihr Partner Alkoholprobleme hatte, und sie kämpfte mit psychischen Gesundheitsproblemen.

Diese zusätzlichen Informationen über ihre schwierigen Lebensumstände führten dazu, dass die Teilnehmer eher bereit waren, mehr

Geld zu spenden. Dies zeigt, wie die Darstellung als Opfer die Hilfsbereitschaft anderer signifikant erhöhen kann. Menschen, die als Opfer ihrer Umstände wahrgenommen werden, wecken mehr Empathie und Hilfsbereitschaft.

Dieser Befund ist bedeutsam, da er darauf hinweist, dass unsere Wahrnehmung anderer Menschen und ihrer Situationen tief in unserer Empathiefähigkeit verwurzelt ist. Es offenbart die menschliche Neigung, mehr Mitgefühl und Unterstützung für diejenigen zu empfinden, deren Lebensgeschichte von Herausforderungen und Widrigkeiten geprägt ist.

Ein weiterer interessanter Aspekt betrifft die Wahrnehmung von Fehlverhalten. Stellen wir uns einen Mann namens George vor, der einen Zehn-Dollar-Schein aufhebt, den eine Frau vor ihm verliert, und ihn für sich behält.

Auf einer Skala von 1 (überhaupt nicht verwerflich) bis 5 (extrem verwerflich), wie sehr würden wir ihm dieses Verhalten vorwerfen?

In einer Studie wurden den Teilnehmern verschiedene Geschichten über George erzählt, bevor sie sein Verhalten bewerten sollten:[4]

1. Die eine Gruppe erfuhr, dass er ein regelmäßiges Gehalt bekommt und dieses für alltägliche Dinge ausgibt.
2. Die andere Gruppe erfuhr, dass sein Chef ihm jede Woche 100 Dollar stiehlt und ihn feuern würde, wenn er sich beschweren würde.

Die Ergebnisse waren aufschlussreich. Wenn George zuvor als Opfer dargestellt wurde, wurde sein Fehlverhalten als weniger schlimm angesehen. Dies deutet darauf hin, dass Opfer in der moralischen Wahrnehmung oft als reiner angesehen werden, was dazu führt, dass ihre Fehler eher übersehen werden.

Diese Studien zeigen, dass es Anreize geben kann, die eigenen Schwierigkeiten zu betonen.

Die Inszenierung als Opfer

Ähnlich wie Menschen Kompetenz vortäuschen, um Status und Vorteile zu erlangen - beispielsweise im Sport durch Doping -, gibt es auch Menschen, die einen Opferstatus inszenieren, um unverdiente Aufmerksamkeit, Mitgefühl und Vergünstigungen zu erlangen.

Diese Neigung, sich als Opfer zu präsentieren, könnte eine neue Form der sozialen Täuschung in unserer heutigen Gesellschaft sein.

Forscher des Immorality Lab an der *University of British Columbia* haben diese Tendenz ausführlich analysiert.[5] Sie entwickelten eine Skala zur Messung der Betonung von Opfern, um zu erfassen, wie oft Individuen ihre eigenen Nachteile, Herausforderungen und Rückschläge thematisieren.

In einem Experiment erhielten die Teilnehmer die Möglichkeit, Geld zu verdienen. Ihnen wurde eine einfache Aufgabe gestellt:

> Werfen Sie eine Münze am Computer und wenn Sie das Ergebnis richtig vorhersagen, erhalten Sie einen Dollar.

Ein vermeintlicher Softwarefehler gab ihnen die Möglichkeit, die Münze erneut zu werfen, obwohl dies nicht vorgesehen war. Personen, die dazu tendierten, ihre Opferrolle zu betonen, neigten häufiger dazu, diese Chance zum Schummeln zu nutzen. Sie warfen die Münze erneut in der Annahme, dass dies unbemerkt bleiben würde.

Doch damit nicht genug. Als die Probanden direkt gefragt wurden, ob sie beim ersten Münzwurf richtig geraten hatten, zeigte sich, dass gerade die Personen, die häufig ihre Opferrolle betonen, dazu neigten, die Versuchsleiter direkt anzulügen.

Die Forschenden kontrollierten für die Verinnerlichung moralischer Eigenschaften sowie demografische Faktoren, die mit einem tatsächlichen Opferstatus in Verbindung stehen könnten. Die Effekte waren immer noch signifikant. Dies legt nahe, dass es möglicherweise einen Persönlichkeitstyp gibt, der unabhängig von der tatsächlichen Erfahrung echten Opferdaseins die Opferrolle betont, um Ressourcen von anderen zu bekommen.

In einer anderen Studie wurde gezeigt, dass Personen, die vermehrt die Opferrolle betonen, eher dazu neigen, dieses mehrdeutige Verhalten als diskriminierend zu interpretieren und Anschuldigungen über schlechte Behandlung durch den Kollegen zu machen.

Diese Personen scheinen die Opfermentalität zu haben, über die wir schon im ersten Kapitel gesprochen haben. Sie haben eine anhaltende Wahrnehmung, selbst ein Opfer zu sein. Es ist durch das Bedürfnis gekennzeichnet, dass andere die eigene Opferrolle anerkennen und mitfühlen, sowie durch ein Gefühl moralischer Überlegenheit und einen Mangel an Empathie für das Leiden anderer.

Studien zeigen, dass Personen, die häufig ihre Opferrolle betonen, dazu neigen, höhere Ansprüche zu stellen. Um dies zu zeigen, wurde der bereits in Kapitel 2 erwähnte Fragebogen zum Anspruchsdenken verwendet. Sie stimmten Aussagen zu wie „Ich fühle mich berechtigt, mehr von allem zu haben“ oder „Wenn ich auf der Titanic gewesen wäre, hätte ich es verdient, im ersten Rettungsboot zu sein“.

Woher kommt dieses Anspruchsdenken?

Um diese Frage zu beantworten, habe ich zahlreiche Studien durchforstet und bin immer wieder auf einen auffälligen Zusammenhang gestoßen:

Die Neigung, sich in der Opferrolle zu sehen, scheint mit Narzissmus zusammenzuhängen.

Ein genauerer Blick auf das Konzept des Narzissmus macht deutlich, warum das so ist. Im Allgemeinen wird Narzissmus mit Menschen in Verbindung gebracht, die von sich selbst eingenommen sind und sich für wichtiger halten als andere. Für Psychologen ist Narzissmus ein Persönlichkeitsmerkmal, das in der Bevölkerung ähnlich normal verteilt ist wie Körpergröße oder Intelligenz – ein bisschen davon steckt in jedem von uns.

Ein häufig genutzter psychologischer Narzissmus-Fragebogen umfasst folgende Merkmale:[6]

- **Führungsanspruch**: „Ich sehe mich als guten Führer."
- **Selbstbewunderung**: „Ich betrachte gern meinen Körper."
- **Überheblichkeit**: „Jeder hört gern meine Geschichten."
- **Anspruchshaltung**: „Ich bestehe darauf, den mir gebührenden Respekt zu erhalten."

Wir stellen uns unter Narzissmus oft Personen vor, die sich als außergewöhnlich betrachten und nach Bewunderung streben. Dies ist jedoch nur eine Facette des Phänomens. Die Forschung unterscheidet zwischen *grandiosem Narzissmus*, bei dem Personen ein überhöhtes Selbstbild haben, und *vulnerablem Narzissmus*, der sich durch das Gefühl auszeichnet, dem eigenen Selbstbild nicht zu entsprechen.[7,8]

Personen mit vulnerablem Narzissmus zeigen Unsicherheitsgefühle, geringes Selbstwertgefühl und eine hohe Sensibilität gegenüber Kritik. Sie reagieren empfindlich auf Zurückweisung und neigen zu starker Selbstkritik. Sie sind introvertiert und zeigen soziale Unsicherheit und eine Abwehrhaltung. Im Kontrast dazu steht der grandiose Narzissmus, bei dem die Betroffenen durchaus einen hohen Selbstwert haben können und sich durch konstant extravertiertes Verhalten auszeichnen.

Beide Formen des Narzissmus verbinden ein übertriebenes Anspruchsdenken mit der festen Überzeugung, außergewöhnliche Privilegien zu verdienen oder ein Recht auf Sonderbehandlung zu haben.[9,10] Dieses tief verwurzelte Überlegenheitsgefühl äußert sich in einem unermüdlichen Streben nach Erfüllung der eigenen Wünsche ohne Rücksicht auf die Realisierbarkeit oder die Folgen für andere.

Wenn diese narzisstischen Charakterzüge dominieren und entweder die betroffene Person oder ihr Umfeld stark belasten, wird von einer „narzisstischen Persönlichkeitsstörung" gesprochen.

Diese Form des pathologischen Narzissmus kann zerstörerische Ausmaße annehmen. Betroffene haben einen enormen Bedarf an Bewunderung und Aufmerksamkeit, sind auf Lob und Anerkennung fixiert und sehen sich selbst als so wichtig an, dass sie erwarten, dass sich andere unterordnen. Ihre Unfähigkeit, die Bedürfnisse und das Wohlbefinden anderer zu erkennen und zu berücksichtigen, führt oft dazu, dass sie Beziehungen ausnutzen und andere herabsetzen, um ihr eigenes Ansehen zu erhöhen.

Es gibt auch Belege, die darauf hindeuten, dass Narzissten dazu neigen, sich in die Opferrolle zu begeben.[11] In einer Studie, in der Probanden in einem Tagebuch festhalten sollten, wann sie sich von jemandem verletzt fühlten, zeigte sich, dass sich Personen mit narzisstischen Merkmalen, insbesondere jene mit einer Neigung zu Anspruchshaltung, häufiger als Opfer fremder Verfehlungen sahen als nicht narzisstische Personen.

In einer anderen Studie wurden Familienmitglieder von Narzissten befragt.[12] Die Befragten berichteten, dass ihre narzisstischen Angehörigen oft das Gefühl hatten, Opfer von Angriffen zu sein oder auf irgendeine Weise ausgenutzt zu werden.

So äußerten Familienmitglieder: „Er scheint zu glauben, er sei benachteiligt, weil er trotz allem, was er für andere tut, nicht genug Wertschätzung erhält, wie er es verdient." Andere schrieben: „Er verdreht oder erfindet Dinge, die gesagt wurden, um sich selbst entweder als Held oder Opfer darzustellen."

Nun zum zentralen Befund: Eine Untersuchung zeigt, dass die Betonung der Opferrolle mit Narzissmus einhergeht.[13]

Jeder Mensch erlebt unvermeidlich Momente des Leidens und des Schmerzes. Während die einen ihre Schwierigkeiten als persönliche Herausforderung sehen und nach Lösungen suchen, scheint es Narzissten zu geben, die ihr Leid öffentlich machen und sich als Opfer darstellen, um Anerkennung und Wiedergutmachung zu fordern.

Wie wird ein Mensch zum Narzissten?

Die Antwort liegt tief in der Kindheit verborgen, geprägt durch den Erziehungsstil der Eltern.

Studien zeigen, dass besonders überbehütende Eltern ihre Kinder in Richtung Narzissmus lenken können.[14]

Diese Kinder lernen weniger durch eigene Erfahrungen, da sie ständig von ihren Eltern beschützt werden. Sie gewöhnen sich daran, immer im Mittelpunkt zu stehen und von anderen anerkannt zu werden. Dies kann dazu führen, dass sie Schwierigkeiten haben, ihre Emotionen zu kontrollieren und zu regulieren, wenn es darauf ankommt.[15]

Auch übermäßiges Lob durch die Eltern, unabhängig von den tatsächlichen Leistungen des Kindes, kann ein unrealistisch positives Selbstbild fördern. Wenn Eltern ihre Kinder überbewerten, entwickeln diese einen grandiosen Narzissmus. Kinder, die für jede Kleinigkeit gelobt werden, entwickeln oft Versagensängste und neigen dazu, Herausforderungen aus dem Weg zu gehen oder sich unehrlich zu verhalten. Solche Verhaltensweisen sind charakteristisch für narzisstische Tendenzen.

Erinnern sich die Befragten, dass die Mutter besonders nachsichtig war, neigen sie eher zu einem vulnerablen Narzissmus. Ähnlich wie bei der Überbehütung wird angenommen, dass eine nachsichtige Erziehung die Fähigkeit, aus eigenen Erfahrungen zu lernen, einschränkt, indem zu viele Freiheiten statt notwendiger Grenzen gewährt werden. Ein Mangel an Grenzen kann die Entwicklung eines realistischen Realitätssinns und der Selbstkontrolle beeinträchtigen, was sich in einem Anspruchsdenken äußern kann.

Vulnerable Narzissten sehen sich häufig als schutzbedürftige Opfer und reagieren besonders empfindlich auf Infragestellungen ihres Selbstbildes oder ihrer Opferrolle. Diese verzerrte Selbstwahrnehmung und die erhöhte Empfindlichkeit gegenüber Kritik und Zurückweisung können Ausdruck von Schwierigkeiten in der Emotionsregulation sein und die Betonung der Opferrolle zu einer Taktik machen, mit der Unfähigkeit zur Wutregulation umzugehen.

Kränkung und der Ruf nach Wokeness

In meiner Zeit bei der Grünen Jugend hatte ich ein Erlebnis, das mir bis heute im Gedächtnis geblieben ist.

Es war während einer Landesmitgliederversammlung, die man sich wie eine Klassenfahrt vorstellen kann, bei der sich die Ortsgruppen treffen und verschiedene Workshops angeboten werden.

Ich erinnere mich, dass ich in einer Pause zwischen den Veranstaltungen auf einer Wiese saß, die Sonne genoss und plötzlich von einer Person angesprochen wurde. Diese Person, die selbst schwarz war, erzählte mir von einem rassistischen Vorfall und lud mich zu einem Treffen ein, bei dem es um Rassismus in der Grünen Jugend gehen sollte.

Ohne zu zögern, sagte ich zu und fand mich pünktlich am vereinbarten Ort ein, neugierig zu hören, was geschehen war. Als ich den Raum betrat, sah ich eine Gruppe nicht weißer Mitglieder am Tisch sitzen und gesellte mich zu ihnen. Die Person, die mich eingeladen hatte, begann zu sprechen und forderte Veränderungen. Alle hörten gebannt zu.

Sie erzählte von einem Workshop, in dem sie etwas sagen wollte und nicht zu Wort kam. Und das, weil sie schwarz ist. Sie sprach weiter und schaute uns mit großen Augen an, als sie sagte, dass hier alle weiß seien. Die Grüne Jugend sei *zu* weiß. Sie schlug vor, eine Untergruppe zu gründen, um aktiv etwas dagegen zu tun.

Das war alles. Ich dachte, da käme noch was, aber es kam nichts. War das der Rassismus, von dem sie sprach? Jeder von uns hat Workshops erlebt, in denen man nicht zu Wort kommt – mir ging es so, meinen weißen Freunden auch. Ich habe nicht verstanden, warum die Weißen der Grund dafür sein sollten, dass so wenige Schwarze bei der Grünen Jugend sind. Bei uns kann doch jeder mitmachen. In den Augen der anderen im Raum habe ich gesehen, dass sie auch nicht verstanden haben, wo das Problem liegt.

In letzter Zeit erleben wir immer häufiger, dass sich Leute schnell verletzt fühlen und unverhältnismäßige Forderungen stellen.

Zum Beispiel wenn eine Kollegin damit droht, ihren Job zu kündigen, wenn James Damore bei Google bleiben soll, weil sie sich an seinem Memo zu wissenschaftlichen Erkenntnissen über Geschlechterunterschiede gestört hat. Oder wenn der Wunsch geäußert wird, Ausstellungen ausschließlich für People of Color zu öffnen, um sich nicht durch die Anwesenheit weißer Personen getriggert zu fühlen.

Wo liegt die Wurzel der Kränkung? Besteht ein Zusammenhang zwischen Wokeness und Narzissmus?

Diese These mag auf den ersten Blick gewagt erscheinen. Die Recherche hat jedoch immer wieder auf diesen Zusammenhang hingewiesen.

Eine Studie untersuchte die Motive hinter dem linken Autoritarismus.[16] Die Studie war präregistriert, d. h., vor der Datenerhebung wurde festgelegt, welche Analysen durchgeführt werden sollten. Es war also nicht möglich, die Daten im Nachhinein zu manipulieren.

Es hat sich gezeigt, dass prosoziales Verhalten nicht mit linkem Autoritarismus zusammenhängt, also ob die Personen jemals Geld gespendet haben oder sich irgendwo engagieren wollen. Was sich aber gezeigt hat, ist, dass Menschen, die eine ausgeprägte antihierarchische Aggression haben, also bestehende Machtstrukturen stürzen und diejenigen an der Spitze bestrafen wollen, eher narzisstisch sind.

Aber das ist nicht alles. Es gibt auch eine Studie, die die Einstellungen zur politischen Korrektheit untersucht hat. Es ging zum Beispiel um die Meinung zu Quoten oder ob es in Ordnung ist, Studien über Geschlechterunterschiede zu veröffentlichen. Auch hier waren es die Narzissten, die die politische Korrektheit stark befürworteten.[17]

Die beiden Dogmen von Wokeness können teilweise auf narzisstische Kränkungen zurückgeführt werden. Wenn sich Menschen dadurch gekränkt fühlen, dass „alte weiße Männer" in Führungspositionen sind und mehr Geld verdienen, könnte das ihr überhöhtes Selbstbild verletzen. Ungleichheit erscheint den Menschen als Ungerechtigkeit, weil ihr fragiles Selbstbild schnell erschüttert wird. So kann es ihr Selbstbild stören, wenn z. B. Weiße für das Tragen von Dreadlocks Aufmerksamkeit erhalten, sie selbst aber nicht, oder wenn schlanke Menschen als attraktiv gelten, während sie selbst übergewichtig sind.

Die Neigung, stereotype Darstellungen grundsätzlich als schädlich zu empfinden, resultiert aus einer ausgeprägten Empfindlichkeit gegenüber Ablehnung und Kritik. Narzissten neigen dazu, in alltäglichen Begegnungen verstärkt negative Gefühle wie Ärger, Schuldgefühle, Angst und Unruhe zu erleben, und zeigen häufig eine geringere Fähigkeit, ihre Emotionen zu regulieren.

Dies führt zu einer verstärkten Wahrnehmung sogenannter Mikroaggressionen. Um die dadurch empfundene Kränkung zu kompensieren, greifen manche Menschen zu einer Strategie, die ihnen schnell Vorteile und Anerkennung zu verschaffen scheint: Sie spielen die Opferrolle.

Indem sie sich als Opfer darstellen, können sie ihre moralischen Verfehlungen leichter entschuldigen und erhalten Zugang zu Ressourcen und Anerkennung. Forderungen nach politischer Korrektheit und Triggerwarnungen können in diesem Licht als Versuche gesehen werden, die Umwelt so zu gestalten, dass sie das fragile Selbstbild nicht bedroht.

Ziel ist es, eine Welt zu schaffen, in der sie Bewunderung und Anerkennung erhalten, ohne etwas dafür tun zu müssen.

Wir müssen uns damit auseinandersetzen

Es liegt in der Natur des Menschen, Menschen zu helfen, die sich in Not befinden.

Deshalb erhalten Opfer von Ungerechtigkeit und Leid oft ein hohes Maß an Aufmerksamkeit und Unterstützung. Diese Hilfsbereitschaft kann jedoch ausgenutzt werden, wenn sich Menschen, insbesondere Narzissten, als Opfer ausgeben, um daraus Vorteile oder Einfluss zu ziehen.

Diese Menschen können ihrem übersteigerten Selbstbild oft nicht gerecht werden und fühlen sich von der Gesellschaft in ihrem Selbstwert gekränkt. Sie neigen dazu, ihre Opferrolle ständig zu betonen, zu lügen und zu betrügen, nicht um anderen in Not zu helfen, sondern um diejenigen herabzusetzen, denen es vermeintlich besser geht. Oft scheint es, dass bestimmte Aktivisten gerade deshalb erfolgreich sind, weil sie die Opferrolle ausnutzen und dadurch die Sympathie der Öffentlichkeit gewinnen, die dann bereit ist zu helfen.

Während es unbestreitbar echte Opfer gibt, ist es wichtig, kritisch zu hinterfragen, ob jeder, der sich öffentlich als Opfer darstellt, dies aus aufrichtigen Motiven tut. Diejenigen, die den Opferstatus ungerechtfertigterweise für sich beanspruchen, schaden vor allem den wirklichen Opfern, indem sie Ressourcen und Aufmerksamkeit auf sich ziehen, die sonst den wirklich Bedürftigen zugute kämen.

Früher, als die Menschen noch in engeren Gemeinschaften lebten, war es leichter, echte von vorgetäuschter Not zu unterscheiden. Heute, in unserer vernetzten Welt, kann jeder sein Leid ungeprüft über das Internet mitteilen. Deshalb ist es wichtiger denn je, echtes Leid von inszenierten Problemen zu unterscheiden.

Statt hier klare Grenzen zu setzen, wenn unverhältnismäßige Forderungen gestellt werden, gibt es immer mehr Menschen, die sich an der Verachtung von allem und jedem beteiligen.

KAPITEL 10

Moralische Selbstdarstellung

Wenn wir unsere Gegner entmenschlichen und dämonisieren, geben wir die Möglichkeit auf, unsere Unterschiede friedlich zu lösen, und suchen nach einer Rechtfertigung für Gewalt gegen sie.

Nelson Mandela

Ein flüchtiger Blick auf die sozialen Medien genügt, um zu erkennen, dass viele Menschen es lieben, ihre Moral zur Schau zu stellen.

Sie teilen Beiträge, drücken Mitgefühl für Benachteiligte aus, unterstützen soziale Bewegungen oder verurteilen rassistische Äußerungen von Prominenten. Oft handelt es sich dabei nicht um direkt Betroffene, sondern um sogenannte „Allies", die sich für die moralisch richtige Sache einsetzen.

Ein bezeichnendes Beispiel für dieses Verhalten liefert Jan Böhmermann in seiner ZDF-Sendung.[1] Er bezeichnet Menschen, die behaupten, es gäbe nur zwei biologische Geschlechter, als „Scheißhaufen". Böhmermann positioniert sich hier nicht aus persönlicher Betroffenheit, sondern um ein moralisches Zeichen zu setzen. Ähnlich verhält es sich mit Unternehmen, die ihre Produkte und Werbematerialien in Regenbogenfarben gestalten, um ihre Unterstützung zu zeigen.

James Bartholomew hat den Begriff *Virtue Signalling* für diese Art der symbolischen, aber oft wirkungslosen Demonstration von Moral geprägt.[2] Er argumentiert, dass solche Handlungen es Menschen ermöglichen, sich selbst in einem besseren Licht zu sehen, ohne tatsächlich nennenswerte Taten zu vollbringen. Dies steht im krassen Gegensatz zu echten Hilfsaktionen, die persönliches Engagement erfordern. Bartholomew kritisiert insbesondere, dass es einfacher ist, auf Twitter die „richtigen“ Dinge zu posten, als im realen Leben aufrichtige Freundlichkeit zu zeigen.

Obwohl *Virtue Signalling* oft als oberflächlich kritisiert wird, kann es dennoch positive Effekte haben. Wenn Menschen öffentlich über ihre guten Taten sprechen, können sie andere dazu inspirieren, ebenfalls Gutes zu tun. Dies kann eine Kettenreaktion auslösen, die der Gesellschaft weitaus mehr nützt als die Taten eines Einzelnen.

In diesem Kapitel möchte ich jedoch zeigen, dass es auch Menschen gibt, denen es nicht in erster Linie um gerechte Lösungen für gesellschaftliche Probleme geht, sondern darum, sich selbst als moralisch überlegen darzustellen - oft auf Kosten anderer.

Echauffieren statt Verändern

Nach dem Moralpsychologen Jonathan Haidt gibt es zwei Formen von Identitätspolitik.[3]

Die erste Form ist die *Politik der gemeinsamen Menschlichkeit*, ein Ansatz, der die universelle Verbundenheit aller Menschen betont.

Martin Luther King ist ein leuchtendes Beispiel für diesen Ansatz. Er nutzte die einigende Sprache der Religion und des Patriotismus, um an das gemeinsame moralische Verständnis und die Identität der Amerikaner zu appellieren. King sprach von Menschen aller Rassen und Religionen als „Brüder“ und „Schwestern“ und betonte die Notwendigkeit von Liebe und Vergebung, indem er sich auf die Worte Jesu berief: „Liebe ist die einzige Kraft, die einen Feind in einen Freund verwandeln kann. Hass kann Hass nicht vertreiben, nur die Liebe kann es.“

Was wir heute erleben, ist eine Politik des gemeinsamen Feindes. Das Prinzip lautet: „Ich gegen meine Brüder, ich und meine Brüder gegen unsere Cousins, ich und meine Brüder und unsere Cousins gegen die Welt.“

Rechte verfolgen eine *Politik des gemeinsamen Feindes*. Sie verallgemeinern Einzelfälle von Gewalt auf alle Menschen mit Migrationshintergrund. Sie spekulieren darüber, wie man Millionen von Menschen mit Migrationshintergrund „remigrieren“ könnte. Das geht bei einigen so weit, dass sie die freiheitlich-demokratische Grundordnung ablehnen und mit Gewalt ein autoritäres oder gar totalitäres Staatssystem errichten wollen.

Bei Wokeness finden wir auch eine Politik des gemeinsamen Feindes. Verachtet werden Nazis, Sexisten, Transphobe, Rassisten und so weiter. Die Liste ist lang. Auch Woke verallgemeinern Einzelfälle von Diskriminierung und Gewalt auf die ganze Gesellschaft und katastrophisieren bei jeder Äußerung.

Sie verachten Menschen wie Marie Luise Vobrecht, James Damout und auch J. K. Rowling, die eine andere Meinung haben. Sie fühlen sich verletzt, wenn jemand fragt, wo sie herkommen, und wollen allen Weißen Schuld und Scham für die Kolonialzeit einreden. Dabei werden alle, die sich ihnen in den Weg stellen, als Menschenfeinde abgestempelt.

Die Verbündeten scheinen sich an den (vermeintlichen) Opfern zu orientieren. Diese Energie könnte auch für wohltätige Zwecke eingesetzt werden, zum Beispiel für das Spenden von Moskitonetzen in Afrika – eine Maßnahme, die nachweislich Leben rettet. Doch oft entscheiden sich Menschen stattdessen für die Teilnahme an einem Shitstorm, in dem sie ihre Empörung über einen gemeinsamen Feind zum Ausdruck bringen.

Dabei wird oft ignoriert, dass die angeprangerten Personen mitunter die Wahrheit sagen. Dass es keine Evidenz für Diversity-Trainings gibt, scheint niemanden zu interessieren. Dass es biologisch sinnvoll ist, von zwei Geschlechtern auszugehen, wird nur als politische Frage betrachtet. Dass diese Sichtweise den Betroffenen schadet, ist auch egal. Hauptsache, es werden mehr Menschen gegen die Feinde mobilisiert.

Das extremistische Pingpongspiel

Wie bereits erwähnt, führt die Verwendung der Opferkarte nicht zum Ziel, sondern ruft nur Widerstand hervor.

Menschen haben die Tendenz, ihre eigenen Schwierigkeiten und Erfahrungen mit Diskriminierung in den Vordergrund zu stellen, wenn sie mit dem Vorwurf der Diskriminierung konfrontiert werden. Das ist es, was wir derzeit beobachten.

Manche werden schnell wütend, wenn sie jemanden *Gender* sagen hören. Sie fürchten, dass jede Kritik an den bestehenden Verhältnissen die Meinungsfreiheit bedroht. Die Rechten geraten selbst in eine Opferrolle und fühlen sich dann zu allem berechtigt - von Hasskommentaren im Internet bis zum Mord an Politikern wie Walter Lübcke.

Einen rechten Aufschrei gab es zum Beispiel als Reaktion auf einen Instagram-Post der Bundeszentrale für politische Bildung, in dem weiße Menschen als „Süßkartoffeln" bezeichnet wurden.

Im Rahmen der Antirassismuskampagne *saymyname* hatte die dem Bundesinnenministerium unterstellte Behörde einen Beitrag auf der Fotoplattform gepostet, in dem weiße Menschen indirekt als „Kartoffeln" bezeichnet wurden.[4] Zitiert wird Mohamed Amjahid. Er fordert Weiße auf, sich mehr für Nicht-Weiße einzusetzen. Wer nicht selbst Opfer von Rassismus sei, müsse sich mit den eigenen Privilegien auseinandersetzen, so Amjahid in dem Post.

Wer das schaffe, könne ein Verbündeter für Nicht-Weiße werden – eben eine „Süßkartoffel", wie Amjahid in Anlehnung an den Begriff „Kartoffel" formuliert.

Auf diese negative Kritik geht Mohamed Amjahid in seinem Buch *White Fragility* ein. Er spricht von einer Abwehrhaltung, die Weiße an den Tag legen, wenn sie mit unbequemen Wahrheiten über Rassismus konfrontiert werden. Für ihn ist das wiederum ein Beweis für ein Rassismusproblem und er betont in seinem Buch, dass es keinen Rassismus gegen Weiße gibt.

Das Ergebnis? Die Rechten merken, dass sie überempfindlich sind, und fangen an, sich mit der Kolonialzeit zu beschäftigen?

Nein, durch solche Aussagen drängt man immer mehr Menschen in die Opferrolle. Es kommt zu einer Opferolympiade, bei der jeder versucht, das größte Opfer zu sein.

Während die Woke-Leute extreme Fälle übergeneralisieren und von „Rape Culture" sprechen, beginnen die Rechten in Fällen der Ablehnung von „Cancel Culture" zu sprechen. Während woke Personen

Gewalt auf alle weißen Männer verallgemeinern, sehen Rechte in allen, die nicht der Norm entsprechen, eine Gefahr.

Extremisten auf beiden Seiten benutzen die extremsten Forderungen der anderen Seite, um ihre eigenen radikalen Forderungen zu legitimieren und um ihre Gruppe um einen gemeinsamen Feind zu vereinen. Genauso wie es woke Identitätspolitik gibt, gibt es Rechte, die mit Identitätspolitik beginnen. Es ist nicht überraschend, dass Aktivisten der Neuen Rechten sich *Identitäre Bewegung* nennen.

In der Forschung wird dieser Teufelskreis als *Competitive Victimhood* bezeichnet – jede Gruppe in einem Konflikt denkt, sie würde mehr leiden als die Außengruppen.[5,6,7]

Diese Wahrnehmung hat weitreichende Konsequenzen. Wenn man sich ausschließlich auf die eigene Benachteiligung konzentriert, kann dies dazu führen, dass Empathie und Vertrauen gegenüber der anderen Gruppe abnehmen. Die Bereitschaft zur Kontaktaufnahme kann dadurch sinken und man fühlt sich weniger verpflichtet, das Leid der anderen zu lindern.

Wenn beide Seiten nur darauf bedacht sind, als die größeren Opfer anerkannt zu werden, ist eine Eskalation vorprogrammiert.

Wie kommt es zu diesem Teufelskreis?

Hier ein klassisches Experiment, das das Problem verdeutlicht.[8]

In den Wäldern von Oklahoma, umgeben von Bächen und Hügeln, lag das Feriencamp Robbers Cave. In einem ganz besonderen Sommer wird das Camp zum Schauplatz eines Experiments, das die Psychologie nachhaltig prägen wird.

Es beginnt mit 22 Jungen, alle im gleichen Alter. Keiner von ihnen ahnt, dass sie die Hauptdarsteller eines sorgfältig orchestrierten Experiments sind, das der Psychologe Muzafer Sherif und sein Team ins Leben gerufen haben. Die Jungen wurden in zwei Gruppen aufgeteilt, die Adler und die Klapperschlangen.

In der ersten Woche des Camps lebten die Jungen in getrennten Welten, ohne von der anderen Gruppe zu wissen. Sie erkundeten die Wälder, schwammen im Wasser und bauten ihre Lager auf. Freundschaften wurden geschlossen, brüderliche Bande gestärkt und jeder Junge fühlte sich stolz, ein Mitglied seiner Gruppe zu sein.

Doch als die zweite Woche anbrach und die Gruppen einander vorgestellt wurden, entwickelte sich die anfänglich freundschaftliche Rivalität schnell zu einem intensiven Konkurrenzkampf.

Es folgten Wettbewerbe - Baseballspiele, Tauziehen, Schatzsuchen –, bei denen jede Gruppe versuchte, ihre Überlegenheit unter Beweis zu stellen. Mit jedem Wettkampf wuchs die Spannung, und bald eskalierte die Rivalität zu offener Feindseligkeit. Die Jungen spielten sich gegenseitig Streiche, tauschten Beleidigungen aus und es kam sogar zu kleineren Auseinandersetzungen.

Das Experiment hat noch eine Pointe, aber die verrate ich am Ende des Buchs.

Was dieses Experiment bis hierher zeigt, ist, wie im Wettbewerb um Ressourcen Konflikte entstehen. Ich glaube, das ist auch der Grund für den „Kulturkampf“, den wir heute erleben.

Lange Zeit war es nur Männern mit Besitz vorbehalten, unsere Gesellschaft maßgeblich zu gestalten. Jetzt sitzen auch andere mit am Tisch und alle wollen die Gesellschaft mitgestalten. Da alle unterschiedliche Bedürfnisse und Wünsche mit an den Tisch bringen, kommt es zwangsläufig zu Konflikten. Jeder will ein Stück vom Kuchen. Das ist kein Problem. Im Gegenteil, das ist gut so. Nur so kann eine faire Lösung gefunden werden, mit der alle zufrieden sind.

Aber jetzt werden Forderungen auf den Tisch gelegt, die weit über das vernünftige Maß hinausgehen und schlichtweg nicht umsetzbar sind. Diese oft lautstarken Personen scheinen nicht an einem konstruktiven Diskurs und Kompromiss interessiert zu sein. Vielmehr wollen sie einen vermeintlichen Feind bekämpfen und gefährden damit zunehmend den Zusammenhalt in unserer Gesellschaft.

Worum es beim Virtue Signaling geht

Warum beteiligen sich so viele Menschen an diesem Lagerkampf, obwohl es niemandem wirklich hilft?

Sonst verbringen wir viel Zeit damit, herauszufinden, wo wir unsere Zeit und unsere Ressourcen am besten einsetzen können. Wenn wir krank sind, gehen wir zum Arzt und lassen uns beraten. Wenn wir unser Geld anlegen, vergleichen wir Alternativen und wollen die richtige Entscheidung treffen. Im Gegensatz dazu spielt die Effizienz unserer Zeit- und Geldspenden für wohltätige Zwecke eine erstaunlich untergeordnete Rolle.

Die Amerikaner zum Beispiel spenden etwa 2 Prozent ihres Bruttoinlandsprodukts und leisten jährlich mehr als 7 Milliarden Stunden ehrenamtliche Arbeit für Organisationen. Allerdings sind die Organisationen, die sich der größten Beliebtheit erfreuen und in die die Menschen ihre Zeit und ihr Geld investieren, nicht die Organisationen, die am effektivsten Gutes tun.[9]

Warum sind wir also motiviert, Gutes zu tun, aber nicht effektiv Gutes zu tun?

Das wird verständlich, wenn wir uns anschauen, warum Menschen Gutes tun wollen – wegen der sozialen Belohnung.

Abgesehen davon, dass Menschen einfach etwas Gutes tun wollen, gibt es zwei weitere Gründe, warum Menschen *Virtue Signaling* betreiben:[10]

- **Fremdorientiertes *Virtue Signaling:*** Hierbei handelt es sich um eine extrinsisch motivierte Handlung, bei der das Ziel ist, von anderen als guter Mensch wahrgenommen zu werden.
- **Selbstorientiertes *Virtue Signaling*:** Diese Form ist intrinsisch motiviert und zielt darauf ab, das eigene Selbstbild zu verbessern. Hierbei könnte der Antrieb sein, sich selbst als guten Menschen zu beweisen.

Eine Studie hat gezeigt, dass hinter beiden Formen der Wunsch steht, etwas Besonderes zu sein, und dass diese Personen sehr sensibel auf soziale Signale und die Reaktionen anderer reagieren.[11] Allerdings gibt es einen entscheidenden Unterschied: Während Personen, die zum selbstorientierten *Virtue Signaling* neigen, eher bereit sind, Geld zu spenden, sind Personen, die zum fremdorientierten *Virtue Signaling* neigen, tatsächlich weniger bereit, Geld zu spenden. Sie sind auch eher bereit, gefälschte Luxusgüter zu kaufen.

Es scheint ihnen also um die Reputation zu gehen, die *Virtue Signaling* mit sich bringt. Genauso wie sich Menschen mit teurer Kleidung zur Schau stellen, zeigen sich manche online mit moralischer Korrektheit. Letztendlich versuchen sie, durch Täuschung ihren Ruf zu verbessern.

Moralische Selbstdarstellung

Die Philosophen Justin Tosi und Brandon Warmke haben sich eingehend mit dem Phänomen der *moralischen Selbstdarstellung* befasst und darauf hingewiesen, dass immer mehr Menschen dazu neigen, sich moralisch zu inszenieren.[12]

Dies geschieht, so die Autoren, „wenn jemand einen Beitrag zur öffentlichen moralischen Diskussion leistet, der darauf abzielt, andere davon zu überzeugen, dass er moralisch respektabel ist".

Es wird eine moralisierende Sprache verwendet, die darauf abzielt, sozialen Status zu erlangen. Es geht darum, andere dazu zu bringen, bestimmte erwünschte Urteile über sich selbst zu fällen, nämlich dass man wegen einer moralischen Qualität Respekt oder Bewunderung verdient – zum Beispiel wegen eines beeindruckenden Engagements für Gerechtigkeit, einer hoch entwickelten moralischen Sensibilität oder unübertroffener empathischer Fähigkeiten.

Diese moralische Selbstinszenierung nimmt unterschiedliche Formen an:

- Durch immer übertriebenere Behauptungen versuchen Menschen, im Vergleich zu anderen noch moralischer zu erscheinen.
- Sie neigen dazu, Dinge als moralisch bedenklich darzustellen, die andere als moralisch unbedenklich einstufen.

- Diese Tendenz äußert sich in übertriebenen emotionalen Reaktionen oder Darstellungen.
- Sie behaupten, dass ihre Ansichten offensichtlich wahr sind: „Wenn du nicht einsiehst, dass dies die angemessene Reaktion ist, dann weigere ich mich, weiter mit dir zu diskutieren."

Man muss nur fünf Minuten auf X verbringen, um Beispiele für ein solches Verhalten zu finden.

Die beiden Philosophen argumentieren, dass dies negative Folgen für öffentliche Debatten hat. Die Leute fangen an, *Bullshit* zu erzählen – ein Begriff, der tatsächlich in der Philosophie verwendet wird. Dabei handelt es sich nicht um Lügen, sondern um eine Gleichgültigkeit gegenüber der Wahrheit oder Falschheit der eigenen Aussagen. Nur die eigene Selbstdarstellung steht im Vordergrund.

Dies kann zu einem ungesunden Zynismus gegenüber moralischen Diskursen führen, da die Menschen erkennen, dass moralische Debatten zunehmend von Personen geführt werden, die nur an Selbstinszenierung interessiert sind. Aufgrund der oft übertriebenen Empörung könnte es für Menschen, die an öffentlichen moralischen Diskussionen teilnehmen, schwierig werden zu erkennen, wann Empörung tatsächlich ein Signal für Ungerechtigkeit ist. Sie könnten zunehmend abstumpfen, wenn sie mit Empörung konfrontiert werden. Philosophen vermuten auch, dass dies zur Polarisierung beiträgt.

Der klinische Psychologe Joshua Grubbs hat in Zusammenarbeit mit den beiden Philosophen Tosi und Warmke eine Studie über dieses moralische Selbstbild durchgeführt. Sie haben sechs Studien mit mehr als 6.000 Teilnehmern durchgeführt, darunter zwei vorab registrierte, national repräsentative Stichproben.[13]

Dabei haben sie die moralische Selbstdarstellung auf zwei Arten untersucht:

- **Status durch Dominanz:** „Wenn ich meine moralischen/politischen Überzeugungen teile, dann tue ich das, um Menschen, die anderer Meinung sind als ich, zu zeigen, dass ich besser bin als sie."

- **Status durch die Darstellung als tugendhaftes Vorbild:** „Wenn ich meine Ansichten nicht teile, ist es weniger wahrscheinlich, dass andere die Wahrheit über moralische/politische Fragen erfahren."

Forschungsergebnisse zeigen, dass Personen mit einer Neigung zum rechts- oder linksgerichteten Autoritarismus besonders stark zu moralischer Selbstdarstellung neigen.

Diese Personen berichten häufiger von moralischen und politischen Konflikten in ihrem Leben, z. B. com Verlust von Freunden aufgrund ihrer politischen oder moralischen Überzeugungen. Sie sind auch häufiger in Streitigkeiten in sozialen Medien verwickelt. Mit der Zeit neigen einige Personen dazu, feindseliges Verhalten an den Tag zu legen, indem sie andere in sozialen Medien angreifen oder öffentlich beschämen, weil diese andere politische Überzeugungen haben.

Auch hier scheint es sich im Grunde um Narzissten zu handeln.

Die Studie von Grubbs zeigt, dass Menschen, die moralisches Imponiergehabe an den Tag legen, oft auch narzisstische Züge aufweisen. Darüber hinaus geben sie häufig an, dass das Streben nach Status ihr primäres soziales Motiv ist.

Bei der moralischen Selbstdarstellung scheint es also weniger darum zu gehen, aus Altruismus Gutes zu tun, als vielmehr darum, sein Image zu verbessern.

Der Wunsch nach Bestätigung

Als Menschen haben wir das Bedürfnis, dazuzugehören und ein positives Selbstbild aufrechtzuerhalten.

Wokeness kann das Selbst aufwerten, indem es den Glauben „Ich bin moralisch überlegen" verbreitet und die Schuld für negative Ereignisse der Gesellschaft und den Privilegierten zuschiebt.

Wenn dem so ist, ist zu erwarten, dass Wokeness besonders attraktiv für Menschen ist, die ihr positives Selbstbild bedroht sehen. Verschiedene Studien zeigen, dass verschiedene Aspekte von

Wokeness mit Narzissmus zusammenhängen. Dazu gehören die ständige Betonung der Opferrolle[14], der Wunsch, Hierarchien zu stürzen,[15] die Forderung nach politischer Korrektheit[16] und die moralische Selbstdarstellung.[17]

Als soziale Wesen ist unser Streben nach sozialem Status tief in uns verankert und beeinflusst unsere politischen und moralischen Überzeugungen, die wir online teilen.

Soziale Medien bieten Narzissten, die sich von der Gesellschaft verletzt fühlen, eine Plattform, um ihre überzogenen Ansprüche auszudrücken und sich selbst als Opfer zu inszenieren. Dies fördert einen Lagerkampf, an dem sich auch Menschen beteiligen, die eigentlich nicht betroffen sind.

Wenn Menschen Beiträge teilen, ihre Profilbilder ändern und sich an Shitstorms gegen einen gemeinsamen Feind beteiligen, um ein Zeichen für Wokeness zu setzen, geht es einigen möglicherweise nicht um Altruismus, sondern um sozialen Status.

Ihnen ist jedes Mittel recht. Sie regen sich über etwas auf, wo es gar kein Problem gibt, und stellen andere öffentlich an den Pranger, um sich selbst besser zu fühlen.

Wenn jemand verächtlich über andere spricht, kann das auf ein fragiles Selbstbild und den Wunsch nach Anerkennung hindeuten. Die Toten Hosen haben dies in „Schrei nach Liebe“ auf den Punkt gebracht:

> Deine Gewalt ist nur ein stummer Schrei nach Liebe
> Deine Springerstiefel sehnen sich nach Zärtlichkeit
> Du hast nie gelernt, dich auszudrücken
> Und deine Eltern hatten niemals Zeit für dich
> (Oh, oh, oh, Arschloch!)

Autoritarismus ist nicht nur ein Problem der politischen Rechten, sondern auch auf der linken Seite gibt es autoritäre Tendenzen. Diese sind ebenfalls auf ein Selbstwertproblem zurückzuführen. Es gibt jedoch einige Unterschiede. Ich habe es mir erlaubt, den Text ein wenig umzuschreiben:

> Deine Tweets sind nur ein stummer Schrei nach Liebe
> Deine blauen Haare sehnen sich nach Zärtlichkeit
> Du hast nie gelernt, dich der Realität zu stellen
> Und deine Eltern gaben dir keinen Freiraum
> (Oh, oh, oh, Narzisst!)

Obwohl sich Menschen zur Wokeness hingezogen fühlen, wenn ihr Wunsch nach Bestätigung nicht erfüllt wird, ist es keineswegs klar, dass Wokeness ein fruchtbarer Weg ist, diesen Wunsch zu erfüllen.

Ein Merkmal von Wokeness ist die negative, misstrauische Darstellung anderer Personen. Es ist daher plausibel, dass sie nicht nur ein Symptom, sondern auch eine Ursache für Gefühle der Entfremdung sind. Wer Andersdenkende verachtet, isoliert sich immer mehr, verliert Freunde. Radikale Positionen mögen Bewunderung bei einigen hervorrufen, aber sie reißen immer tiefere Gräben auf, und das soziale Miteinander in der Gesellschaft erscheint nur noch als Kampf.

Bei Wokeness geht es um sozialen Status

Wokeness und die Forderung nach politischer Korrektheit könnten teilweise dadurch motiviert sein, sich selbst als moralisch besser darzustellen.

Dies macht deutlich, warum Wokeness versagt, wenn es darum geht, Menschen zu helfen. Es geht ihnen nicht darum, das Problem gründlich zu analysieren und evidenzbasierte Lösungen zu entwickeln. Mit all den Posts, die geteilt werden, den Stickern, die auf den Laptop geklebt werden, den wütenden Kommentaren, die im Internet hinterlassen werden, geht es ihnen vielmehr um den sozialen Status.

Wahrscheinlich betreibst du selbst *Virtue Signaling*. Das ist erst einmal nichts Schlechtes und bedeutet nicht, dass deine Empörung zwangsläufig unauthentisch ist. Aber wenn wir unser Bedürfnis nach Anerkennung nicht unter Kontrolle haben, kann es dazu führen, dass wir andere herabsetzen oder gemein zu ihnen sind, um dieses Bedürfnis zu befriedigen. Wir fangen an, Bullshit zu erzählen. Um im

Vergleich zu anderen als moralischer zu erscheinen, werden immer radikalere Forderungen gestellt, und man beginnt, Andersdenkende zu verachten und öffentlich zu beschämen.

Es entsteht eine Politik des gemeinsamen Feindes, die zu einem Teufelskreis führt, in dem es nur noch darum geht, wer das größere Opfer ist.

Rückblickend muss ich zugeben, dass auch mein eigener Aktivismus teilweise von diesen Motiven angetrieben wurde. Ich habe mich oft gegen einen vermeintlichen Feind gestellt, ohne wirklich zu hinterfragen, wo ich am effektivsten helfen könnte. Anstatt mich mit unterschiedlichen Perspektiven auseinanderzusetzen oder mich durch Studien zu informieren, habe ich einfach die Erzählungen von Ungerechtigkeit übernommen. Es war bequemer, sich einem „Feind" entgegenzustellen, als sich mit der Komplexität der Probleme wirklich auseinanderzusetzen.

Damit haben wir die drei Ursachen für die Opferrolle zusammen.

Wir haben bereits festgestellt, dass die erste Ursache für die Opferrolle die Überbehütung ist. Sie soll Menschen vor der vermeintlich unterdrückenden Gesellschaft schützen, macht sie aber überempfindlich und lebensunfähig. Dann haben wir die zweite Ursache entdeckt: die Selbsttäuschung. Hinter der Annahme, unsere Gesellschaft sei ungerecht, stehen Verzerrungen im Denken.

In diesem Teil haben wir die dritte Ursache offenbart: ein überhöhtes Selbstbild. Es ist die Unsicherheit mit dem eigenen Selbstwert, die erklärt, warum sich Menschen schnell von anderen gekränkt fühlen und mit höheren Ansprüchen durch die Welt gehen. Um mit Kränkungen umzugehen, scheint es nur einen Ausweg zu geben: die Opferrolle.

Mir geht es in diesem Buch nicht darum, Menschen in der Opferrolle herabzuwürdigen. Jeder hat vermutlich ein wenig von dieser Mentalität. Vielleicht hast du dich selbst auch wiedererkannt und möglicherweise hast du sehr verständliche Gründe, warum es dazu gekommen ist. Trotzdem ist es wichtig, darüber zu reden und etwas dagegen zu tun. Denn solange man so durch die Welt geht, kann man nur unglücklich werden. Wir haben als Gesellschaft das Problem, dass immer mehr junge Menschen ängstlich sind und sich Sorgen machen. Es muss doch einen besseren Weg geben, als sie in die Opferrolle zu verführen?

In den nächsten Kapiteln schauen wir uns wissenschaftlich fundierte Wege an, wie du dich selbst von der Opfermentalität befreien kannst und wie wir alle gemeinsam dazu beitragen können, Menschen im Leben widerstandsfähiger zu machen.

Teil V

Jenseits der Opferrolle

KAPITEL 11

Stelle dich der Realität

Man flieht nicht, weil man Angst hat,
sondern man hat Angst, weil man flieht.
William James

Ich habe am eigenen Leib erfahren habe, wie schädlich diese Opferrolle sein kann.

Schon früh hatte ich das Gefühl, nicht wirklich in diese Welt zu gehören. Wokeness gab mir ein Zuhause, eine Identität und eine Erklärung für die Ursache meiner Entfremdung: die Gesellschaft.

Der Leistungsdruck, die Rollenbilder und die Stereotype, mit denen ich konfrontiert wurde, sind alle konstruiert. Die Kreise, in denen ich mich bewegte, waren (vermeintlich) frei von diesem Druck. Ich hoffte, dass Aktivismus und politische Korrektheit die Welt zu einem freieren Ort machen könnten. Ich träumte von einem unerschöpflichen Reichtum an Ressourcen und Aufmerksamkeit, ohne etwas dafür tun zu müssen.

Aber nach und nach merkte ich, dass diese linksradikalen Kreise in Wohlfühlblasen leben. Je mehr Zeit ich dort verbrachte, desto größer wurden meine eigenen Ansprüche, die früher oder später an der Realität zerschellten. Ich wurde zynischer, sah überall Unterdrückung und verachtete alles außerhalb meiner Blase.

In meinem Umfeld habe ich Menschen getroffen, die sehr unglücklich waren. Während andere ihr Studium bereits abgeschlossen hatten, steckten sie als Langzeitstudenten immer noch im Bachelor fest. Manche sagten auf WG-Partys, sie hassten die Menschen, und hielten die Welt für trostlos und farblos. In einer solchen Welt nach

Glück zu streben, sei moralisch verwerflich. Kann Therapie helfen? Nein, denn sie soll nur dazu dienen, die Menschen für den Kapitalismus arbeitsfähig zu halten. Statt aktiv zu handeln und Verantwortung zu übernehmen, verbringen sie ihre Tage auf dem Sofa und beklagen die Ungerechtigkeit der Welt.

Wokeness ist deshalb so schädlich, weil sie die Realität leugnet. Nicht alle Anforderungen des Lebens sind Konstrukte, die sich einfach aus der Welt schaffen lassen. Solange man der Realität nicht ins Auge sieht, wird sich am eigenen Leiden nichts ändern und man wird immer mit dem Gefühl durch die Welt gehen, zu kurz gekommen zu sein.

Wir alle kennen das Gefühl, nicht das zu bekommen, was uns zusteht. Wenn du ehrlich auf dein Leben zurückblickst, gab es vielleicht Momente, in denen du dich in einer Opferrolle wiedergefunden hast. Wie fühlst du dich jetzt? Bist du zufrieden mit deinem Leben oder vermisst du etwas? Was hindert dich daran, zufrieden zu sein?

Vielleicht denkst du:

- „Andere sind Schuld an meinem Scheitern."
- „Erfolg ist nur eine Frage des Glücks."
- „In meinem Beruf komme ich nicht weiter, weil ich diskriminiert werde."
- „Mein Dating-Leben leidet, weil ich es schwerer habe."

Wenn du dich in einer oder mehreren dieser Aussagen wiedererkennst, brauchst du dich nicht schlecht zu fühlen. Aber mit einer solchen Einstellung kannst du im Leben nur scheitern. Wokeness betont die Opferrolle, verschweigt aber, dass es eine Alternative gibt, ohne sich über das System aufzuregen.

Gerade junge Menschen sind heute oft verunsichert und überfordert. Hier muss eine Lösung gefunden werden, und dafür gibt es keinen besseren Ort als die Forschung.

Wissenschaftler weltweit beschäftigen sich seit Jahrzehnten mit den Faktoren, die zu Ängstlichkeit und Depressionen beitragen, sowie mit den Faktoren, die zu einem erfüllten Leben beitragen können.

Nachdem ich erkannt habe, dass eine Opfermentalität nicht hilfreich ist, begann ich mich von dieser Vorstellung zu lösen. Stattdessen habe ich mich der Realität gestellt und meine Sichtweise hinterfragt. Ich begann, Techniken auszuprobieren, die auf Forschung basieren.

Am Anfang war es unbequem, aber es entwickelte sich eine Aufwärtsspirale. Mein Leben hat sich verändert. Mein Studium lief besser. Ich habe einen YouTube-Kanal gegründet, den ich schon als Kind haben wollte. Ich habe jetzt eine stabile Beziehung, in der ich weiß, was ich erwarten kann und was ich geben muss. Viele Sorgen haben sich in Luft aufgelöst. Ich fühle mich nicht mehr als Versager, habe nicht mehr das Gefühl, perfekt sein zu müssen, und fühle mich in dieser Welt zu Hause.

In den nächsten Kapiteln werde ich dir erzählen, was mir geholfen hat. Es wird mehr um dich gehen und ich werde mein Bestes geben, dir die wichtigsten Erkenntnisse aus der Forschung kompakt zu vermitteln. Vieles, was unser Zeitgeist vermittelt, ist das Gegenteil von dem, was die Forschung für ein besseres Leben vorschlägt.

Wenn du deine Wünsche im Leben verwirklichen und die richtigen Entscheidungen treffen willst, musst du dich zuerst der Realität stellen.

Exposition, Exposition, Exposition

Wenn du von Ängsten, Sorgen und Unsicherheiten geplagt wirst, liegt das vielleicht daran, dass du etwas vermeidest.

Die kognitive Verhaltenstherapie ist der Goldstandard in der Behandlung von Angst, Depression, Trauma und anderen psychischen Störungen.[1] Ein zentrales Element der kognitiven Verhaltenstherapie ist die Exposition. Das ist eine Methode, die sich immer wieder als wirksam erwiesen hat. Man geht davon aus, dass Probleme bestehen bleiben, weil das Gehirn durch Vermeidung nicht lernen kann, dass etwas nicht so schlimm ist.

Bei der Exposition wird der Betroffene direkt mit der Quelle seiner Angst konfrontiert; sei es die Angst vor Hunden, vor Spinnen, vor sozialen Situationen – und zwar ohne Vermeidungsverhalten. Durch die Konfrontation mit der angstauslösenden Situation oder dem angstauslösenden Objekt lernt das Gehirn, dass die befürchtete Katastrophe nicht eintritt, und die Angst nimmt allmählich ab.

Diese Methode ist wichtig bei posttraumatischen Belastungsstörungen. Die Betroffenen leiden unter aufdringlichen, schmerzhaften Erinnerungen an das traumatische Ereignis, sind reizbar, haben Schlafstörungen und neigen dazu, Gedanken und Gefühle zu vermeiden, die an das Trauma erinnern.

Diese Vermeidung kann jedoch die Störung aufrechterhalten. Ein therapeutischer Ansatz besteht daher darin, die Patienten wiederholt den traumatischen Erinnerungen auszusetzen, sowohl in der Vorstellung als auch in der Realität. Dabei werden zunächst die traumatischsten und am meisten gefürchteten Erinnerungen in einer hierarchischen Liste erfasst.

In den Therapiesitzungen werden diese Szenen dann imaginativ durchgespielt, wobei die Patienten angewiesen werden, sich das Erlebte so real wie möglich vorzustellen und in der Gegenwart zu beschreiben. Auch in realen Lebenssituationen wird die Konfrontation mit angstauslösenden Szenarien geübt, um Vermeidungsverhalten zu überwinden und die Angstreaktion schrittweise abzubauen.

Da Vermeidungsverhalten Probleme aufrechterhält, ist es bei vielen Störungsbildern ein zentrales Element, Vermeidungsverhalten zu erkennen und abzubauen.

Wokeness gründet auf Vermeidung

Politische Korrektheit kann als Versuch interpretiert werden, alles zu beseitigen, was uns an die unerbittlichen Anforderungen des Lebens erinnert.

Statt sich der Realität zu stellen, wird der Glaubenssatz „Ich komme zu kurz“ verbreitet und das System für alles verantwortlich gemacht, was belastend ist. Diversity-Trainings zielen darauf ab, alles zu unterbinden, was in irgendeiner Weise Stereotype reproduziert. Trigger

Warnings sollen uns vor schädlichen Worten und Meinungen schützen. Schutzräume sollen einen Ort schaffen, der frei von Menschen ist, die als Unterdrücker wahrgenommen werden. Alles wird getan, um das vermeintlich unterdrückende System zu „dekonstruieren".

Es wird auch versucht, Menschen mit vermeintlich gefährlichen Ansichten die Bühne zu entziehen. Dabei geht es nicht nur um offene Menschenfeindlichkeit, sondern auch um das Aussprechen von Fakten. Das Sprechen über Geschlechterunterschiede wird unterbunden, weil befürchtet wird, dass solche Fakten missbraucht werden könnten, um Gewalt oder Diskriminierung zu rechtfertigen. Manche Fakten passen nicht in das überhöhte Selbstbild. Einige Menschen haben Schwierigkeiten damit, anzuerkennen, dass andere erfolgreicher oder attraktiver sein könnten als sie selbst. Andere vermeiden Fakten, weil es unangenehm ist, zuzugeben, dass sie sich geirrt haben und eine Idee aufgeben müssen, mit der sie sich identifiziert haben.

Für mich persönlich war es eine schmerzhafte Erfahrung, die Fakten in Steven Pinkers Buch *Aufklärung jetzt* zu lesen. Pinker präsentiert darin zahlreiche Statistiken, die die positive Entwicklung unserer Gesellschaft belegen. In fast allen Bereichen, die für die Menschheit relevant sind, sehen wir Verbesserungen: Die Menschen leben länger und gesünder, die Zahl der Demokratien nimmt zu, die extreme Armut nimmt ab, weniger Kinder sterben, Kriege werden seltener und der Wohlstand steigt – und das nicht nur in der westlichen Welt. Nachzulesen sind diese Statistiken auch auf der Website Ourworldindata.org.

Als ich mit diesen Fakten konfrontiert wurde, sah ich mich noch als Kapitalismuskritiker. Ich war überzeugt, dass das System fehlerhaft ist und überwunden werden muss. In meiner Vorstellung konnte alles nur besser sein als das, was wir hatten. Ich erinnere mich an die Worte von Karl Marx, dass „das Proletariat nichts zu verlieren hat als seine Ketten".

Aber diese Fakten von Pinker passten nicht zu der marxistischen Analyse, dass das Elend allgegenwärtig war. Tagelang konnte ich nicht schlafen, verfolgt von diesen Gedanken. Ich hatte öffentliche

Vorträge gehalten, in denen ich Marx' Analyse des Kapitals erklärte, in der Hoffnung, zu einer „Transformation" beizutragen. Ich musste einsehen, dass diese Vorstellung naiv war.

Ich glaube, dass Vermeidung eine Rolle gespielt hat. Ich wollte mich nicht damit auseinandersetzen, dass die Welt so ist, wie sie ist, und ich wollte nicht akzeptieren, dass es Konkurrenz und Hierarchien gibt.

Viele kennen das vielleicht von Trennungen: Man will nicht wahrhaben, dass es kein Zurück mehr gibt. Man sehnt sich zurück, ist vielleicht auch wütend und versucht, diese Realität zu umgehen, indem man sich vorstellt, wie man die Beziehung retten könnte. Oder man kontaktiert die Person immer wieder.

Ein solches Vermeidungsverhalten ist jedoch problematisch. Wenn man sich der Realität entzieht, verpasst man auch die Chancen, die man ergreifen muss, um ein besseres Leben zu führen. Wir leben in einer Marktwirtschaft und haben im Moment keine bessere Alternative, also muss man sich im Wettbewerb durchsetzen, wenn man eine bessere Position erreichen will. Wenn deine Ex-Partnerin gehen will, ist das ihre Entscheidung. Du kannst sie nicht zwingen. An ihr festzuhalten, macht dich nur unglücklich.

Niemand auf der Welt hat ein bedingungsloses Recht auf die Zuneigung anderer. Deshalb gibt es für jeden etwas zu tun, und ich werde die Fakten nennen, die jeder kennen sollte, um nicht unvorbereitet durch die Welt zu gehen.

Männer müssen stark und kompetent sein

Männer leiden, wenn sie einen niedrigen Status haben.

Finanzielle Sorgen und Probleme im Berufsleben spielen eine entscheidende Rolle bei der Entwicklung einer Depression.[2]

Es macht einen gravierenden Unterschied, ob ein Mann arbeitet oder nicht.[3] Wenn ein Mann Vollzeit arbeitet, beträgt die Wahrscheinlichkeit, im Alter zwischen 30 und 44 Jahren innerhalb eines Jahres an einer Depression zu erkranken, nur 3 Prozent. Bei einer

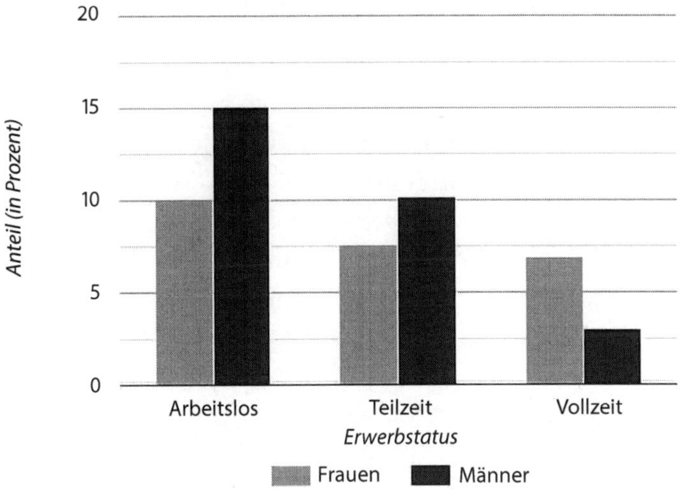

Abbildung 11.1 *12-Monats-Prävalenz einer diagnostizierten Depression nach Erwerbsstatus bei 30- bis 44-Jährigen, Quelle: GEDA, 2009,2010.*

Teilzeitbeschäftigung steigt sie auf etwa 10 Prozent und bei Arbeitslosigkeit sogar auf 15 Prozent.

Regelmäßige soziale Kontakte zu Freunden scheinen für Männer nicht so wichtig zu sein wie für Frauen. Hingegen ist die fehlende Mitgliedschaft in Vereinen oder Organisationen ein Risikofaktor für eine frühe Sterblichkeit.[4,5]

Die psychische Gesundheit von Männern leidet jedoch, wenn sie keine Partnerin haben. Alleinstehende Männer sind weniger zufrieden mit ihrem Leben und entwickeln eher psychische Störungen.[6,7]

Männer, die die Hoffnung verlieren, fühlen sich „nutzlos" und „wertlos". In solchen Fällen greifen sie zu Drogen, entwickeln Abhängigkeiten oder begehen Selbstmord. Es hat sich gezeigt, dass sowohl Arbeitslosigkeit als auch Singlesein mit einem erhöhten Suizidrisiko verbunden sind.[8,9,10]

Ist es nicht sozial konstruiert, dass Männer immer erfolgreich sein müssen? Sollten wir nicht versuchen, die Erwartungen, unter denen Männer leiden, zu reduzieren?

Vieles spricht dafür, dass das zu kurz gedacht ist. Es gibt Anforderungen, die sich nicht so einfach aus der Welt schaffen lassen.

Erste Anforderung: Status spielt eine Rolle.

Es gibt Hinweise darauf, dass Hierarchien tief in unserer Natur verankert sind.

Wir sind alle verschieden und haben unterschiedliche Fähigkeiten. Dabei neigen wir alle dazu, uns an Menschen zu orientieren, die positive Eigenschaften verkörpern. Dadurch unterscheiden sich Menschen automatisch im Grad der Anerkennung und Bewunderung, die sie erhalten. So entstehen Status und Hierarchien.

Forschungsergebnisse legen nahe, dass unser Gehirn speziell darauf ausgerichtet ist, Anzeichen von Status schnell zu erkennen.[11,12] Ein bestimmtes neuronales Netzwerk, das für Aufgaben wie exekutive Funktionen, emotionale Verarbeitung und Belohnung zuständig ist, reagiert besonders sensibel auf Statussignale. Sogar Babys scheinen sich mehr zu Gewinnern hingezogen zu fühlen.[13]

Auch in der Liebe spielt Status eine unübersehbare Rolle. Frauen finden Statusmerkmale wie höhere Bildung, Einkommen und berufliche Position attraktiv. In einer internationalen Studie, die untersuchte, was Männer und Frauen attraktiv finden, wurde festgestellt, dass für Frauen die finanzielle Situation eines Mannes wichtiger ist, während Männer tendenziell mehr Wert auf das Aussehen legen.[14]

Interessanterweise fand die Studie keine Unterschiede zwischen Ländern mit hoher und niedriger Gleichstellung. Die Tatsache, dass sich Frauen einen kompetenten Partner wünschen, lässt sich wahrscheinlich nicht durch Aktivismus aus der Welt schaffen.

Darüber hinaus scheinen Frauen Männer attraktiver zu finden, die Dominanz ausstrahlen – dies kann sich in körperlichen Merkmalen wie Muskelkraft und Körpergröße ausdrücken oder in Verhaltensweisen wie Durchsetzungsvermögen, Verantwortungsübernahme und Führungsqualitäten.[15, 16, 17, 18]

Das sind natürlich alles Durchschnittseffekte. Vor allem Frauen, die entweder ängstlich sind oder den Nervenkitzel suchen, finden dominante Männer attraktiver.[19, 20] Es gibt sicher auch Unterschiede darin, wie sehr Menschen auf Status achten. Aber dass es statistisch gesehen eine Rolle in deinem Leben spielen wird, ist nicht von der Hand zu weisen.

Zweite Anforderung: Status muss erarbeitet werden.

Status wird einem nicht immer geschenkt.

Es besteht kein grundsätzlicher Anspruch darauf, dass andere einen bewundern. Als Individuum, besonders als Mann, steht man vor der Herausforderung, einen Weg zu finden, diesen Status zu erlangen.

Grundsätzlich gibt es beim Menschen zwei Wege:

1. **Dominanz:** Die Ausübung von Kraft und Einschüchterung, um Furcht zu erzeugen. Dominante Personen verängstigen andere durch Drohungen oder das Wegnehmen von Dingen.
2. **Prestige:** Das Teilen von Expertise oder Know-how, um Respekt zu gewinnen. Hierzu zählen Intelligenz, Kompetenz, Engagement für die Gruppe und prosoziales Verhalten.

Es gibt zwei Wege, um Einfluss zu gewinnen. Aber in der heutigen Zeit scheint Prestige die einzige nachhaltige Option zu sein. Auch wenn Dominanz kurzfristig dazu führt, Einfluss zu bekommen, ist das auf lange Sicht keine gute Strategie. Das sieht man daran, dass Beziehungen, die auf Dominanz beruhen, oft nicht lange halten, und Menschen, die sich dominant verhalten, weniger beliebt sind.

Beziehungen, die auf Dominanz beruhen, sind oft instabil. Personen, die sich dominant verhalten, sind weniger beliebt.[21]

Um Prestige zu erlangen, muss man über Fähigkeiten und Kenntnisse verfügen, die von der Gruppe geschätzt werden. Erfolg im Beruf durch gute Leistung wird von den meisten bewundert. Prestige bezieht sich aber nicht nur auf den Beruf, sondern auch auf Sport, Musik und andere Bereiche, in denen man sich gerne an kompetenten Personen orientiert.

Wer zu den Besten gehört, genießt Anerkennung.

Wenn man als Mann statistisch gesehen bessere Karten haben will, ist es sinnvoll, sich Fähigkeiten anzueignen und in irgendeinem Bereich zu glänzen. Obwohl Dominanz für viele einen schlechten Beigeschmack hat, scheint sie bei der Partnerwahl immer noch eine Rolle zu spielen. Für einen One-Night-Stand achten Frauen laut Studien auf physische Dominanz im Sinne von körperlicher Stärke und

Muskeln. Für eine langfristige Beziehung ist den Frauen soziale Verträglichkeit wichtig, aber auch hier legen sie Wert darauf, dass der Mann durchsetzungsfähig ist und Verantwortung übernimmt.[22]

Als Mann muss man akzeptieren, dass der Status eine Rolle spielt. Nur so kann man das Beste daraus machen und vermeiden, in ein Loch zu fallen, in dem man sich wertlos und nutzlos fühlt.

Frauen brauchen Zuwendung

Frauen unterscheiden sich von Männern in der Art und Weise, wie sie psychische Stabilität erlangen.

Während sich Männer häufig auf Status und Erfolg stützen, liegt der Schlüssel für Frauen in sozialen Beziehungen.[23, 24, 25, 26]

Sie bauen größere soziale Netzwerke auf, pflegen engere Beziehungen und sind emotional stärker in diese eingebunden. Diese Netzwerke schützen sie dann auch eher als Männer, psychisch gesund zu bleiben.

Diese emotionale Bindung hat aber auch ihre Kehrseite. Fehlt das soziale Netzwerk oder ist es von Konflikten durchzogen, leiden Frauen stärker unter den Folgen. Wenn sie wenig soziale Unterstützung erfahren, neigen sie häufiger zu Depressionen und haben eine geringere Lebenserwartung.[27, 28] Soziale Herausforderungen, beispielsweise Beziehungskonflikte oder ernsthafte Erkrankungen in der Familie, können die psychische Gesundheit stark beeinträchtigen.

Wie die Männer sind auch die Frauen weniger zufrieden, wenn sie allein leben, und neigen eher zu psychischen Störungen.[29, 30] Deshalb scheint es für viele Frauen sinnvoll zu sein, eine Partnerschaft anzustreben.

Ist es für Frauen dann auch sinnvoll, Kinder zu haben? In Umfragen werden am häufigsten Gründe für und gegen Kinder genannt:

1. **Partnerschaft mit Kindern:** Personen geben an, dass Kinder Freude ins Leben und in den Alltag bringen, dass es schön ist, etwas von sich weiterzugeben und dass sie dem Leben einen Sinn geben.[31]

2. **Partnerschaft ohne Kinder:** Personen geben an, dass sie lieber frei und unabhängig leben wollen. Kinder kosten sie zu viel Geld und die Karriere ist ihnen wichtiger. [32]

Welcher Weg ist besser?

Betrachtet man repräsentative Umfragen, so zeigt sich, dass sich die durchschnittliche Zufriedenheit von Paaren mit und ohne Kinder nicht unterscheidet.[33,34] Schaut man sich die Daten jedoch genauer an, so stellt man fest, dass es unter den Personen mit Kindern mehr sehr zufriedene und mehr sehr unzufriedene Personen gibt.

Auf der einen Seite gibt es diejenigen, bei denen das Wohlbefinden sinkt, wenn sie Kinder haben. Das kann viele Gründe haben. Kinder zu haben, kann eine Belastung sein. Die Ehe kann darunter leiden.[35] Wenn man zu Hause bleibt, verzichtet man auf Geld und Karrierechancen.

Andererseits sind die glücklichsten Menschen in Deutschland eher in einer Partnerschaft mit Kindern. Mit Kindern hat man also die Chance auf eine sehr hohe Lebenszufriedenheit.

Wie sich Kinder auf das Wohlbefinden auswirken, hängt von vielen Faktoren ab. Wenn Paare erst später, also ab 30 Jahren, Kinder bekommen, sind die Auswirkungen eher positiv. Auch bei Personen mit einem hohen Bildungsniveau machen Kinder eher glücklich.[36]

Es ist also schwierig, pauschal zu sagen, welches Modell generell das richtige ist. Klar ist aber: Alleinerziehende gehören zu den unzufriedensten Menschen in Deutschland. Sie sind unzufriedener mit ihrem Einkommen, mit ihrer Gesundheit, mit ihrer Wohnsituation und mit ihrem Leben insgesamt.[37] Wenn man als Frau Kinder haben möchte, ist es entscheidend, einen guten Partner zu finden, mit dem man eine langfristige Beziehung führen kann.

Fassen wir zusammen: Ein stabiles soziales Netz ist für das Wohlbefinden von Frauen von entscheidender Bedeutung. Dazu gehören Freunde, die sich regelmäßig Zeit nehmen und da sind, wenn man sie braucht. Und auch ein Mann, mit dem man eine gute Beziehung führen kann und sich nicht ständig streitet. Was können Frauen tun, um die Zuwendung zu bekommen, die sie brauchen?

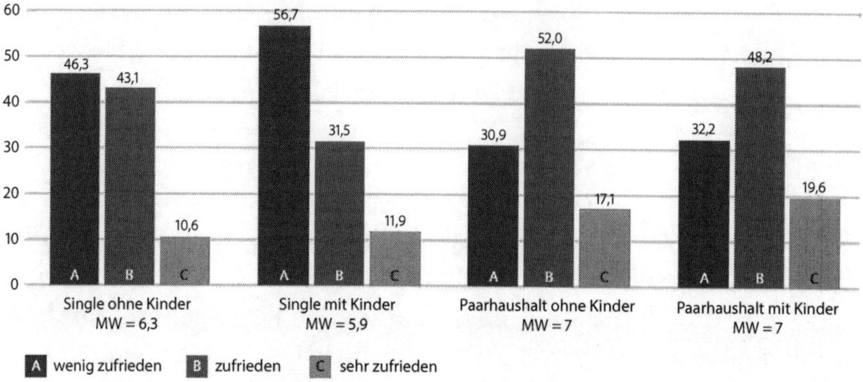

Abbildung 11.2 *Lebenszufriedenheit nach Haushaltszusammensetzung (in Prozent), Quelle: FReDA 2021.*

Feministen würden sagen, dass die Gesellschaft den Frauen Steine in den Weg legt, um die Anerkennung zu bekommen, die sie verdienen. Warum werden Frauen, die nicht dem Schönheitsideal entsprechen, weniger gewertschätzt? Warum wird von Frauen erwartet, dass sie zu Hause bleiben? Kann man Menschen, die alle im Patriarchat sexistisch sozialisiert wurden, überhaupt vertrauen?

Natürlich wäre es schön, wenn es keinen Grund gäbe, sich von solchen Erwartungen unter Druck setzen zu lassen. Aber es gibt Anforderungen, die wahrscheinlich nicht konstruiert sind und die auch in naher Zukunft nicht durch Aktivismus völlig verschwinden werden.

Um Aufmerksamkeit zu erlangen, müssen Frauen meiner Meinung nach drei Anforderungen im Leben akzeptieren.

Erste Anforderung: Oberflächliche Merkmale spielen eine Rolle.

Ob wir es wollen oder nicht, das Aussehen spielt eine Rolle.

Es gibt biologische Gründe, warum wir bestimmte Körper und Gesichtszüge als schön empfinden.[38] Sie hängen mit Faktoren wie der Symmetrie von Gesicht und Körper und bestimmten Proportionen zusammen. Das liegt daran, dass diese Merkmale die Gesundheit, das Fehlen von Krankheiten und die Fruchtbarkeit widerspiegeln.

Die Wahrnehmung von Schönheit ist in unserem Gehirn verankert. Sie hängt mit der Funktion bestimmter Hirnregionen zusammen. Teile wie der orbitofrontale Kortex und der Nucleus accumbens beeinflussen, wie wir Schönheit beurteilen, und sind auch für die Freisetzung von Dopamin verantwortlich, einem Hormon, das mit Motivation in Verbindung gebracht wird.[39]

Längervergleichende Studien sprechen ebenfalls dafür, dass es sich nicht um ein soziales Konstrukt handelt. Eine Studie hat gezeigt, dass Männer tendenziell jüngere und attraktivere Partnerinnen bevorzugen.[40] Interessant an dieser Studie war, dass für die Gleichstellung in den Ländern kontrolliert wurde. Es zeigte sich, dass Männer in Ländern mit einem höheren Grad an Gleichstellung Partnerinnen bevorzugten, die ein ähnliches Alter hatten. Die Präferenz für Attraktivität blieb jedoch bestehen. In Ländern mit hoher Gleichstellung wie Schweden spielt das Aussehen also eine ebenso große Rolle wie in Ländern mit geringer Gleichstellung wie Rumänien.

Was wir als schön empfinden, ändert sich ständig; aber dass Schönheit eine Rolle spielt, wird sich wohl nie ändern.

Zweite Anforderung: Man muss Kompromisse machen.

Wenn man im Leben alles haben will, stößt man unweigerlich auf Schwierigkeiten.

Das gilt zum Beispiel für die Vereinbarkeit von Beruf und Familie. Es steht außer Frage, dass wir versuchen sollten, dies durch bessere Kinderbetreuung und andere Maßnahmen zu erleichtern. Aber auf dem Markt herrscht Konkurrenz; und wer mehr Berufserfahrung hat, hat auch bessere Karrierechancen. Familie kostet Zeit.

An dieser Stelle könnten Feministinnen einwenden, dass es ungerecht ist, wenn Männer weniger Zeit zu Hause verbringen. Es ist wahr, dass weniger Männer in Elternzeit gehen oder Teilzeit arbeiten, wenn Kinder da sind. Aber wenn einem die Karriere wichtig ist, muss man keine Beziehung mit solchen Männern eingehen.

Das hat nichts mit Patriarchat zu tun. Es gibt keinen Anspruch, dass Männer das anbieten müssen. Jeder kann selbst entscheiden, unter welchen Bedingungen er eine Beziehung führen möchte. Die psychische Stabilität von Männern hängt oft davon ab, ob sie beruflich keine Schwierigkeiten haben. Männer, die zu Hause bleiben, sind in der Regel weniger glücklich. Aus psychologischer Sicht ist es daher verständlich, dass Männer dazu neigen, sich stärker auf ihre Karriere zu konzentrieren.

Wenn eine Frau Kinder hat, Karriere machen möchte und einen Partner sucht, der bereit ist, zu Hause zu bleiben, muss sie damit rechnen, dass weniger Männer für eine Partnerschaft infrage kommen. Realistischerweise wird man im Leben nicht um Kompromisse herumkommen. Man kann nicht alles haben.

Dritte Anforderung: Man muss mit Risiko klarkommen.

Immer wenn man jemanden kennenlernt, kann es sein, dass er einen nicht mag.

Auch wenn man Freundschaften schließt und viel investiert, kann es sein, dass man nicht genug zurückbekommt oder die Freundschaft zerbricht. Man macht sich also immer verletzlich.

Auch in Partnerschaften gibt es Risiken. Ein extremes Beispiel ist sexualisierte Gewalt, die meist von (Ex-)Partnern ausgeht. Die Ursachen dafür sind komplex und es gibt bisher keine einfache Lösung. Es gibt auch Risiken, die wahrscheinlich nie verschwinden werden. Solange wir in einem freien Land leben, besteht immer die Möglichkeit, dass sich ein Partner scheiden lässt und die Beziehung unglücklich ist.

Wenn man es nicht schafft, mit dieser Unsicherheit zu leben, wird man schließlich unglücklich und einsam.

Ich glaube, als Frau muss man lernen, mit diesen drei Anforderungen klarzukommen. Soziale Beziehungen und Zuwendung sind für Frauen von zentraler Bedeutung. Deshalb kann es sinnvoll sein, sich ein wenig auf die oberflächlichen Spielregeln einzulassen. Es wird vermutlich nötig sein, im Leben gewisse Kompromisse einzugehen und damit klarzukommen, dass es nie eine absolute Sicherheit gibt.

Stereotype können auch stimmen

Wäre die Welt nicht ein besserer Ort, wenn wir uns von so einem stereotypen Denken lösen könnten?

Nicht alle entsprechen dem Durchschnitt. Es gibt Männer, die keine Karriere machen wollen und lieber etwas Soziales machen wollen. Es gibt Frauen, die überhaupt keinen Mann wollen, weil sie auf Frauen stehen. Sind Stereotype nicht schädlich für solche Personen, die abgewertet werden, nur weil sie nicht ins Stereotyp passen?

Stereotype werden oft als Wurzel von Ungerechtigkeit gesehen. Sie sollen zu Vorurteilen, Diskriminierung und sogar Gewalt führen. Häufig werden Stereotype als grobe, realitätsferne Verallgemeinerungen abgetan.

Aber sind Stereotype immer unzutreffend?

Um diese Frage zu beantworten, müssen wir untersuchen, ob sie tatsächlich von der Realität abweichen oder ob sie zutreffen. Eine Zusammenfassung von über fünfzig Studien, die den Wahrheitsgehalt von Stereotypen über verschiedene Gruppen untersucht haben, zeigt, dass diese oft erstaunlich genau sein können.[41] Diese Erkenntnis stellt die gängige Auffassung infrage, dass es sich bei Stereotypen lediglich um falsche Überzeugungen handelt.

Stereotype sind ein kognitiver Mechanismus, um die komplexe Welt um uns herum zu vereinfachen und zu kategorisieren.[42] Dadurch können wir Informationen effizienter verarbeiten.[43] Unser Gehirn ist darauf ausgelegt, Vorhersagen zu treffen. Natürlich ist es falsch, von Gruppenunterschieden auf das Individuum zu schließen. Besonders problematisch ist es, wenn negative Eigenschaften verallgemeinert werden. Das kann und sollte man kritisieren.

Es gibt aber auch viele Stereotype, die auf Tatsachen beruhen: Viele Menschen schwarzer Hautfarbe in Deutschland haben einen Migrationshintergrund. Frauen interessieren sich im Durchschnitt mehr für soziale Berufe. Nur wenige Männer bleiben zu Hause, wenn Kinder geboren werden.

Das muss kein Grund sein, Leute deswegen abzuwerten oder zu mobben. Ich weiß, wie es ist, mit negativen Stereotypen konfrontiert zu sein. Leute, die mir begegnen, haben sofort eine Vorstellung, woher ich kommen könnte. Manche unterstellen mir, dass ich stehle oder gefährlich bin, und fühlen sich dann berufen, mir das zu sagen. Das muss nicht sein.

Was sich aber wahrscheinlich nicht ändern lässt, ist, dass unser Gehirn Annahmen über Gruppen macht. Es kann gar nicht anders, als Stereotype zu bilden, vor allem wenn sich die Gruppen tatsächlich unterscheiden. Jeder hat Vorurteile im Kopf, nicht nur, weil er rassistisch oder sexistisch erzogen wurde. Die meisten Stereotype entstehen aus der Wahrnehmung der Realität.

Wir können unsere Bedürfnisse nicht leugnen

So wie wir essen müssen, wenn wir hungrig sind, brauchen wir Menschen, wenn wir einsam sind, und wir müssen etwas schaffen, um uns wertvoll zu fühlen.

Dabei gibt es erhebliche Unterschiede zwischen den Geschlechtern. Männer brauchen beruflichen Erfolg, Frauen soziale Zuwendung.

Es ist, wie die Feministin Margarete Stokowski schreibt: „Eine Frau oder ein Mann zu sein, bedeutet Arbeit." Nur liegt das nicht am Patriarchat, sondern auch an unserer menschlichen Natur. Wir Menschen sind kein unbeschriebenes Blatt, sondern ein Produkt der Evolution. Es ist etwas in uns. Genauso wenig, wie wir uns aussuchen können, ob wir hetero sind, können wir uns aussuchen, wen wir attraktiv finden.

Ein Mann, der nicht als kompetent und durchsetzungsfähig angesehen wird, kann Schwierigkeiten haben, eine Partnerin zu finden. Gleiches gilt für eine Frau, die nicht dem vorherrschenden Schönheitsideal entspricht.

Das Sprichwort „Jeder Topf findet seinen Deckel" vermittelt die hoffnungsvolle Vorstellung, dass es für jeden den richtigen Partner gibt. In Wirklichkeit gibt es aber für manche „Töpfe" mehrere „Deckel" zur Auswahl, und nicht jeder „Deckel" passt zu jedem „Topf". Das ist einfach die Realität. Jeder hat Vorlieben und Stereotype –

wahrscheinlich auch du. Das macht dich nicht zu einem Rassisten oder Sexisten, sondern zu einem Menschen.

Ich sage das bewusst direkt: Vor dieser Realität wegzulaufen, macht es nur schlimmer. Schönheitsidealen in Gedichten und Filmen auszuweichen, hilft nicht. Sichere Räume und politische Korrektheit zu fordern, schützt einen nicht dauerhaft davor, dass man mit Migrationshintergrund „anders" ist. Zu glauben, dass die Gesellschaft schuld daran ist, dass du solche Anforderungen hast, ist lediglich eine Ausflucht.

Jedes Mal, wenn du dieser Realität ausweichst, belohnst du dein Gehirn für dieses Vermeidungsverhalten und es wird verstärkt.

Aber hier ist die gute Nachricht: Es mag anfangs unangenehm und schmerzhaft sein, diese Realität zu akzeptieren, aber wenn man es ein wenig länger aushält, hört es auf, unangenehm zu sein. So wie man bei der Angst vor Hunden durch Konfrontation lernt, dass meistens nichts Schlimmes passiert, kann man lernen, diese Realität zu akzeptieren.

Wenn man das geschafft hat, kann man anfangen, sich mit dem eigentlichen Problem zu beschäftigen, und das liegt im Inneren.

KAPITEL 12

Finde heraus, was dich kränkt

Alles kann einem Menschen genommen werden, außer einer Sache: der letzten der menschlichen Freiheiten – die Einstellung, in jeder gegebenen Situation zu wählen, seinen eigenen Weg zu wählen.

Viktor Frankl

Im März 1998, an einem anscheinend ganz normalen Tag in Österreich, nahm das Leben der zehnjährigen Natascha Kampusch eine dramatische Wendung.[1]

Auf dem Weg zur Schule wurde sie plötzlich von einem Mann in seinen Lieferwagen gezerrt und entführt. Es war der Beginn einer achtjährigen Odyssee voller Schrecken und Entbehrungen.

Der Mann namens Wolfgang Priklopil hielt Natascha in einem winzigen unterirdischen Verlies gefangen. Dieser Raum, kaum mehr als ein karger Käfig, wurde zu ihrer Welt, abgeschnitten von Freiheit und Jugend. In den langen Jahren ihrer Gefangenschaft wurde Natascha von Priklopil misshandelt und zu häuslichen Arbeiten gezwungen. Doch mit der Zeit erkämpfte sie sich eine gewisse Freiheit in ihrem Gefängnis.

Der 23. August 2006 sollte ein entscheidender Tag in Nataschas Leben werden. In einem Moment der Unachtsamkeit Priklopils packte sie die Gelegenheit und floh in die Freiheit. Nach ihrer Flucht beging Priklopil Selbstmord, indem er sich vor einen Zug warf.

Nach ihrer Befreiung war die Welt gespannt. Schon zwei Wochen nach der Flucht willigte Kampusch in ein Interview ein und

2,6 Millionen Menschen sahen zu.[2] Viele erwarteten eine verstörte und gebrochene Person.

Die Person, die kam, war jedoch anders.

Die Fragen beantwortete sie ruhig, bedächtig und mit trockenem Witz. Sie beschrieb den Täter sowohl als Psychopathen, der sie in Todesangst versetzt hatte, als auch als Versager, mit dem sie Mitleid hatte. Auch von sich selbst zeichnete Kampusch ein differenziertes Bild. Sie war kein hilfloses Opfer – nicht nur.

Dass sie litt, steht außer Frage. Aber Kampusch brachte viel Kraft auf und als sich der Journalist nach der Dynamik zwischen ihr und dem Täter erkundigte, sagte sie: „Ich glaube, dass ich stärker war."

Später erzählte sie auch Folgendes:[3]

> Jeglicher Strom ist abgestellt und man hungert – dann fragt man sich schon: Was hat das noch für einen Sinn? Aber gerade deshalb, weil das so eine himmelschreiende Ungerechtigkeit ist, gerade deshalb darf man sich nicht unterkriegen lassen. Damit würde man sich ja geschlagen geben. Es ist der Kampfgeist, der mich am Leben erhalten hat.

Inzwischen hat sie ihren Abschluss gemacht und ist Autorin von unterschiedlichen Büchern. Mit den Spendengeldern und den Verkaufserlösen errichtet sie ein Kinderkrankenhaus in Sri Lanka.

Ihr Fall unterstreicht, dass Widerstandsfähigkeit es Menschen ermöglicht, sich von Schicksalsschlägen zu erholen und ihr Leben neu aufzubauen. Es zeigt, dass die Art und Weise, wie Opfer mit Traumata umgehen, einen Einfluss auf ihre psychische Gesundheit hat.

Obwohl die Schuld eindeutig beim Täter liegt, sollten wir auch anerkennen, dass jeder Mensch potenziell mit schweren Ereignissen konfrontiert werden kann und eher die Frage entscheidend ist, wie wir damit umgehen.

Wenn du wütend auf die Gesellschaft bist, ist es vielleicht eine gute Idee, sich zu fragen, ob das der beste Umgang ist. Vielleicht hast du dich über mein letztes Kapitel geärgert. Nervt es dich, wenn Männer sagen, dass sie nicht mit dicken Frauen ausgehen wollen, oder wenn Frauen nur große, erfolgreiche Männer wollen? Stört es dich, wenn Leute Stereotype über dich haben?

Ich stelle nicht infrage, dass wir als Gesellschaft Gewalt und Diskriminierung verurteilen sollten. Wut kann auch gut sein. Es ist auch wichtig, Probleme in der Welt zu kritisieren.

Es spricht nichts dagegen, *gleichzeitig* einen besseren Umgang damit zu finden. Gerade wenn man Opfer von Gewalt wird, ist es wichtig, nicht in ein Muster zu verfallen, in dem man überall Missbrauch erwartet, denn das führt nur zu Leid. Wie im vorhergehenden Kapitel gezeigt wurde, gibt es Anforderungen, die wir nicht einfach aus der Welt schaffen können.

In diesem Kapitel werden wir noch weiter in die Tiefe gehen. Wenn du in merhdeutigen Situationen übermäßig frustriert, wütend oder gekränkt bist, hat das wahrscheinlich einen Grund. Im Folgenden werde ich dir die Ursachen nennen, die bei vielen Menschen dahinterstecken, und dir sagen, was du tun musst, um dich davon zu befreien.

Traue deinen Gedanken nicht

Unsere Wahrnehmung der Welt ist weniger ein Abbild der Realität, sondern vielmehr eine Konstruktion unseres Gehirns.

Wenn Photonen von einem Objekt abprallen und auf unsere Netzhaut treffen, werden sie in neuronale Signale umgewandelt. Diese Signale erzeugen im hinteren Teil des Gehirns ein inneres Bild, das dann an das limbische System weitergeleitet wird. Dort wird es emotional bewertet. Wenn uns etwas in der Welt Angst, Traurigkeit, Wut oder andere Emotionen verursacht, liegt das nicht an der Welt selbst, sondern an unserer Interpretation dieser Welt. In dieser Erkenntnis liegt der Schlüssel zur Überwindung unseres Leidens.

Die Welt ist voller Mehrdeutigkeiten, und verschiedene Interpretationen sind möglich. Unser Gehirn ist nicht darauf ausgelegt, die Welt stets akkurat zu bewerten. Hast du dich jemals gefragt, warum viele Menschen Phobien vor Hunden oder Schlangen haben, aber selten vor Autos, obwohl die Wahrscheinlichkeit, durch einen

Autounfall zu sterben, höher ist? Vieles davon ist evolutionär bedingt. Wir neigen dazu, die Welt verzerrt zu interpretieren.

An diesem Punkt setzt die kognitive Verhaltenstherapie an. Neben der Expositionstherapie ist die kognitive Umstrukturierung eine zentrale Komponente. Ihr Ziel ist es, unproduktive oder schädliche Denkmuster zu erkennen und zu verändern, die zu negativen Emotionen und Verhaltensweisen führen können.

Im Prozess der kognitiven Umstrukturierung lernen Menschen, ihre Gedanken und Überzeugungen zu beobachten und kritisch zu analysieren. Sie werden angeleitet zu erkennen, ob bestimmte Gedanken irrational, übertrieben oder unzuträglich sind. Sobald diese identifiziert sind, werden Strategien entwickelt, um sie durch realistischere und konstruktivere Gedanken zu ersetzen.

Eine häufig angewandte Technik in der Psychotherapie ist die ABC-Technik.[4] Sie will deutlich machen, dass negative Gefühle (C) nicht unmittelbar durch Auslösesituationen (A) entstehen, sondern durch die Bewertung (B) dieser Situationen.

Betrachten wir das Beispiel einer Person, die bei kleinsten Fehlern denkt: „Ich bin so dumm und unfähig. Ich mache immer alles falsch." Dieses Denkmuster führt zu Stress, Angst und Niedergeschlagenheit. Durch die kognitive Umstrukturierung lernt die Person in der Therapie, diese automatischen Gedanken zu identifizieren und zu hinterfragen. Das Ziel ist es, die Denkmuster zu verändern, indem realistischere und weniger selbstkritische Ansichten entwickelt werden.

Anstatt sich abzuwerten, könnte die Person anfangen zu denken: „Jeder macht Fehler. Das macht mich nicht unfähig. Ich kann aus diesem Fehler lernen und es beim nächsten Mal besser machen."

Es wird angenommen, dass kognitive Verzerrungen zu schädlichen Gedanken führen, die psychische Störungen aufrechterhalten. In Kapitel 8 bin ich bereits auf diese kognitiven Verzerrungen eingegangen. Dazu gehören zum Beispiel die Katastrophisierung oder die Übergeneralisierung. Es gibt aber noch viele andere.

Die ABC-Methode kannst du selbst anwenden. Wenn jemand eine Verabredung mit dir absagt, wie fühlst du dich dabei? Was war die Situation und welche Gedanken kamen dir? Gab es Verzerrungen in deinem Denken? Versuche, eine alternative Interpretation zu finden. Wie würde jemand argumentieren, der dir widerspricht?

Beobachte, wie sich deine Wahrnehmung der Situation ändert.

Wokeness verstärkt Opfermentalität

Durch postmodernes Denken beginnen Menschen, Fakten und der Wissenschaft zu misstrauen, und verlassen sich stattdessen auf ihr eigenes Bauchgefühl.

Das ist aber anfällig für kognitive Verzerrungen.

Wokeness verstärkt somit den Glaubenssatz „Ich sollte auf mein Gefühl hören". Die Folge sind zwei problematische Verzerrungen: die Übergeneralisierung von Einzelfällen, bei der angenommen wird, dass es immer und überall zu Unterdrückung kommt, und die Tendenz zur Katastrophisierung, bei der angenommen wird, dass alle Stereotype zu Gewalt und Diskriminierung führen.

Wenn du dich regelmäßig in unterschiedlichen Situationen ungerecht behandelt fühlst, könnte das ein Zeichen einer Opfermentalität sein. Statt kleinere Missgeschicke als normalen Teil des Miteinanders zu betrachten, werden sie als persönliche Angriffe interpretiert. In mehrdeutigen Situationen immer eine böse Absicht zu unterstellen, führt dazu, dass du immer wieder mit einem Frust durch die Welt läufst und dem Gefühl, zu kurz zu kommen.

Solche Interpretationen kann man aber auch hinterfragen. Dafür ist die ABC-Methode hilfreich:

> A (Auslöser: Jemand fragt: „Woher kommst du?") →
> B (Interpretation: Er denkt, ich gehöre nicht hierher.) →
> C (Reaktion: Wut)

Eine andere Interpretation wäre denkbar. Ist es nicht möglich, dass die Person einfach nur neugierig ist? Du fühlst dich schlecht, weil die Person aufgrund deiner Hautfarbe annimmt, dass du einen Migrationshintergrund hast. Aber muss das zwangsläufig als Rassismus interpretiert werden? Es mag zutreffen, dass deine Wurzeln aus einem anderen Land stammen. Dass du als jemand mit Migrationshintergrund wahrgenommen wirst, könnte man als etwas betrachten, worauf du stolz sein kannst.

Hier sind weitere Beispiele:

- A (Auslöser: Du bekommst einen Job nicht.) → B (Interpretation: Ich wurde diskriminiert.) → C (Reaktion: Wut)
- A (Auslöser: Jemand spricht über biologische Geschlechtsunterschiede.) → B (Interpretation: Er rechtfertigt damit Gewalt.) → C (Reaktion: Wut)
- A (Auslöser: Eine ältere Frau schaut mit unklarem Ausdruck aus dem Fenster.) → B (Interpretation: Sie hält uns für gefährlich.) → C (Reaktion: Angst)

Wenn man sich die Fakten anschaut, sieht man, dass die Welt nicht so düster ist, wie Wokeness sie darstellt. Es ist nicht gerechtfertigt, bei Frauen grundsätzlich von Diskriminierung auszugehen. Es gibt sicher Personen, die bestimmte Gruppen abwerten. Aber es ist genauso ein Vorurteil, allen weißen Männern Vorurteile zu unterstellen. Nicht jede mehrdeutige Situation muss als Mikroaggression oder Benachteiligung gedeutet werden.

Das Problem dabei ist, dass du dir selbst damit schadest. Selbst wenn es Fälle gab, in denen du tatsächlich Gewalt oder Diskriminierung erlebt hast, hilft es nicht, dich überall verletzt zu fühlen und nirgendwo sicher zu sein. Es gibt jedoch einen Weg heraus.

Stelle dir die folgende Frage: „Kann man das auch anders interpretieren?“

Du denkst vielleicht, dass heterosexuelle weiße Männer deine Situation nicht verstehen und es für sie einfach ist, zu sagen, man solle nicht überempfindlich sein. Aber auch viele andere Frauen oder Schwarze sehen Rassismus und Sexismus nicht überall. Es lohnt sich, darüber nachzudenken, warum Leute das anders sehen.

Eine weitere Frage könnte lauten: „Ist dieser Gedanke wirklich hilfreich?“

Wenn ein Gedanke dich runterzieht und dir das Gefühl von Geborgenheit in der Welt nimmt, warum ihn dann beibehalten?

Es wäre also besser für dein eigenes Wohlbefinden, die Welt wohlwollender zu betrachten. Du wirst sehen, dass es dich glücklicher macht.

Vom Opfermindset zum Growthmindset

Fakt ist: Die meisten Menschen erleben im Leben etwas Traumatisches, aber nicht alle entwickeln eine Posttraumatische Belastungsstörung.

Entscheidend ist, wie man mit der Situation umgeht.

Das Phänomen des *posttraumatischen Wachstums* demonstriert eindrucksvoll, dass es trotz schlimmer Erfahrungen möglich ist zu wachsen. Menschen durchlaufen nach schweren Lebensereignissen nicht nur Leiden, sondern in einigen Fällen auch eine persönliche Entwicklung.

Eine Untersuchung mit Frauen in gewalttätigen Beziehungen brachte bemerkenswerte Ergebnisse.[5] Obwohl diese Beziehungen tiefes Leid verursachten, erlebten die Frauen das daraus resultierende Wachstum als äußerst wertvoll und bereichernd.

Eine Betroffene erzählte in einem Interview:

> In einer gewalttätigen Beziehung zu sein, ist eine furchtbare Erfahrung. Aber das Wachstum, das darauf folgte, ist so immens und wertvoll … Ich würde nicht darauf verzichten wollen.

Die positive Einstellung und innere Stärke dieser Frauen waren entscheidend für ihr posttraumatisches Wachstum und die Verarbeitung ihrer missbräuchlichen Erfahrungen.

Eine andere Frau äußerte sich wie folgt:

> Ich habe so viel gelernt. Ich fühle mich so ermächtigt. Ich habe mein Leben unter Kontrolle … zumindest das, was kontrollierbar ist. Ich weiß, dass ich alles durchstehen werde. Ich werde niemals aufgeben.

Ein zentrales Thema, das sich durch die Erzählungen zieht, ist: „Ich bin eine Gewinnerin, kein Opfer." Dies spiegelt wider, wie die Frauen posttraumatisches Wachstum erlebten: Sie wandelten sich von leidenden Opfern zu Gewinnerinnen, die posttraumatisches Wachstum genossen.

> Das ist die Art und Weise, wie ich auf die Gewalt, die ich als Kind erlebt habe, reagiert habe: Ich bin eine Überlebende, kein Opfer, und das hat mir auch in dieser Situation geholfen. Ich habe denselben Modus angenommen ... als Überlebende häuslicher Gewalt.

Traumatische oder negative Erfahrungen müssen also nicht zwangsläufig einen dauerhaften Stempel auf unsere Identität setzen.

Es gibt also eine Alternative zur Opfermentalität: das *Growthmindset.*[6]

Dieses basiert auf der Überzeugung, dass stetige Entwicklung möglich ist. Im Gegensatz zum *Fixed Mindset,* das von festgelegten Talenten ausgeht, fokussiert das Growthmindset auf die Kraft des Lernens und Übens. Anstrengung und Lernprozesse werden geschätzt, während Fehler und Rückschläge als Chancen zur Weiterentwicklung angesehen werden.

Wie schafft man es, so positiv nach einer schlimmen Erfahrung herauszukommen?

Ursachen der Frustration

Die Schematherapie konzentriert sich darauf, tiefsitzende Muster oder Schemata im Denken, Fühlen und Handeln zu erkennen und zu verändern.

Wie bereits in Kapitel 4 erwähnt, hat jeder Mensch bestimmte Schemata, die in bestimmten Situationen zu starken Gefühlen führen.[7] Einige Menschen haben beispielsweise Verlustängste, wenn jemand nicht sofort antwortet, während sich andere in Leistungssituationen unsicher fühlen und das Scheitern fürchten. Andere sind oft misstrauisch und erwarten, von anderen verletzt zu werden. Dieses Misstrauen hängt vermutlich mit einer Opfermentalität zusammen.

Um sich davon zu lösen, kann es hilfreich sein, den Ursprung dieser Erwartungshaltung zu erforschen.

Es ist schwierig, eine allgemeine Ursache zu finden, da jeder seine eigene Geschichte hat. Aber oft lohnt es sich, in der Kindheit nach Antworten zu suchen. In den ersten Lebensjahren wird unser Denken und Verhalten entscheidend geformt. Mit den Eltern machen wir unsere ersten Bindungserfahrungen, und diese prägen auch unsere Erwartungen an andere Menschen.

Ich glaube, dass man ein Misstrauensschema auch ohne schlechte Erfahrungen lernen kann. Wenn man ständig hört, dass man Opfer ist, dann denkt man irgendwann wirklich, dass man ein Opfer ist. Menschen, die sowieso schon so denken, werden durch solche Erzählungen noch mehr darin bestärkt.

Jeder von uns hat seine eigenen Schemata. Wenn man weiß, welche eigenen Schemata man hat, kann man leichter erkennen, wenn man sich in einer schädlichen Interpretation oder einen ungesunden Bewältigungsstil verstrickt.

Im Folgenden werde ich drei relevante Schemata für die Opferrolle erläutern und Vorschläge machen, wie man sich davon lösen kann.

„Ich komme zu kurz!“

Wenn du oft erwartest, dass andere dich verletzen, missbrauchen, demütigen, betrügen, belügen, manipulieren oder übervorteilen, könnte dies auf ein *Missbrauchsschema* hinweisen.

Dieses Muster entwickelt sich oft in einem frühen familiären Umfeld, das distanziert, ablehnend, unberechenbar oder von Missbrauch geprägt ist. Überfürsorglichkeit kann auch eine Rolle spielen, besonders wenn die Eltern versucht haben, dich vor der Welt zu schützen und dir dadurch immer wieder vermittelt haben, dass die Welt gefährlich ist.

Ich glaube, dass Wokeness eine große Rolle dabei spielt, dass mehr Menschen ein solches Misstrauen entwickeln. Das geschieht durch Diversity-Trainings, nach denen Leute bestimmte Situationen eher als rassistisch empfinden. In Dokumentationen, Artikeln und Kommentaren in Social Media wird immer wieder eine Opferrhetorik verwendet. Diese Rethorik kann das Denken prägen.

Ich will nicht leugnen, dass es Personen gibt, die tatsächlich Opfer sind. Es gibt sicher Leute, die bei einer Bewerbung diskriminiert wurden oder tatsächlich häusliche Gewalt erlebt haben. Aber man muss sich die Frage stellen, wie man damit umgeht.

Natascha Kampusch bietet ein beeindruckendes Beispiel für einen guten Umgang mit traumatischen Erlebnissen. Trotz der entsetzlichen Erfahrungen in der Gewalt ihres Entführers führt sie ein relativ normales Leben. Der Schlüssel zu ihrem gesunden Umgang mit der Situation wird in ihrer Art und Weise deutlich, wie sie über ihren Täter spricht:[8]

> Dass der Täter so wurde, (…) dass er jemanden kontrollieren und demütigen und quälen musste, (…) das muss aufgrund einer Kränkung, einer Verletzung dazu gekommen sein (…), wahrscheinlich hat man ihn als Kind so behandelt. Das hat in mir eine Art Mitleid erweckt mit dem Täter. Das Geheimnis, warum ich das die ganzen Jahre so durchstehen konnte, ist, dass ich ihm das in der ersten Sekunde schon alles verziehen habe. Wenn ich das nicht gekonnt hätte, wäre ich so voller Hass gewesen, dass ich wahrscheinlich auch psychisch zugrunde gegangen wäre.

Natascha Kampusch hat ihrem Peiniger vergeben. Genau dafür bekommt sie dann Anfeindung und Drohungen aus dem Netz. Die Journalistin, die als Ghostwriterin Kampuschs Biografie *3096 Tage* mitgeschrieben hat, findet folgende Erklärung:

> Sie hat sich geweigert, die Opferrolle einzunehmen – was nämlich viele von Opfern erwarten. Die wollen, dass sie verschwinden.

Wenn du die Opferrolle einnimmst, entscheidest du dich dafür, an Bitterkeit und Ärger festzuhalten. Das Festhalten an der Opferrolle macht deinen Schmerz nur schlimmer. Du leidest dann nicht nur unter dem, was passiert ist, sondern auch, weil du glaubst, dass alles gegen dich ist. Dabei wirst du ständig von Gedanken verfolgt. Dabei schadest du dir nur selbst.

Ein Zitat von Buddha finde ich hier passend:

> An der Wut festzuhalten, ist, als würde man eine heiße Kohle greifen, mit der Absicht, sie auf jemand anderen zu werfen; du bist derjenige, der sich verbrennt.

Das klingt wie ein Kalenderspruch, aber es ist wahr. Studien zeigen, dass Vergebung hilft, Ärger abzubauen, Angst und Depressionen zu verringern, das Selbstwertgefühl zu steigern und mehr Hoffnung in die Zukunft zu setzen.[9, 10] Sogar die negativen Auswirkungen von Stress auf die Gesundheit können durch Vergebung gemildert werden.[11]

So schwer es auch fallen mag, Vergebung ist ein Akt der Selbstfürsorge. Vergebung tut nicht nur anderen gut, sondern vor allem sich selbst. Wer vergibt, findet inneren Frieden und kann sich von der Last des Grolls befreien.

„Mir steht alles zu!“

Wenn es dir schwer fällt, Grenzen zu respektieren, und du wütend wirst, wenn deine Wünsche nicht erfüllt werden, hast du vielleicht ein *Anspruchsschema*.

Dieses Schema beinhaltet die Überzeugung, anderen überlegen zu sein, Anspruch auf besondere Rechte und Privilegien zu haben oder nicht an die Regeln normaler zwischenmenschlicher Beziehungen gebunden zu sein. Es äußert sich häufig in dem Wunsch, alles zu bekommen oder zu tun, was man will, ohne Rücksicht auf die Machbarkeit oder die Folgen für andere. In einigen Fällen ist es mit einer übermäßigen Betonung der Großartigkeit verbunden, um Macht oder Kontrolle zu erlangen.

Die Forderungen nach politischer Korrektheit können als Ausdruck dieses Schemas betrachtet werden. Andere sollen ihre Sprache anpassen, auf das Tragen von Dreadlocks verzichten, von mehr als zwei Geschlechtern ausgehen und eine Quote befürworten. Es wird sogar gefordert, die Ehe, die Polizei und den Kapitalismus abzuschaffen.

Hier wird davon ausgegangen, dass sich die Welt den individuellen Vorlieben anpassen sollte, unabhängig davon, ob diese realisierbar oder vernünftig sind.

Wenn du dich in dieser Beschreibung wiederfindest, frage dich: „Wohin hat mich diese Einstellung in meinem Leben gebracht?

Du wirst wahrscheinlich feststellen, dass du Schwierigkeiten im Umgang mit anderen Menschen hast, da übertriebene Ansprüche in der Regel abschreckend wirken.

Vielleicht bist du in einem Umfeld aufgewachsen, das von Nachsicht, übertriebener Fürsorge und einem Mangel an Führung geprägt war. Es fehlte an Herausforderungen, Disziplin und Grenzen, was zu diesen unrealistischen Erwartungen geführt hat.

Solange man aber Schwierigkeiten hat, die Rechte anderer zu respektieren, mit ihnen zusammenzuarbeiten und seinen Verpflichtungen nachzukommen, wird man immer wieder Menschen von sich stoßen. Aber das muss nicht so bleiben.

Die Lösung liegt in einem Perspektivenwechsel.

Jeder Mensch hat Bedürfnisse und Wünsche, genau wie du. Wenn du nicht bereit bist, alles für andere zu geben und zu tun, wie kannst du dann erwarten, dass andere das für dich tun? Du wirst Erwartungen an andere haben. Warum sollte jemand alles für dich tun, ohne etwas dafür zu bekommen? Der beste Weg, anderen einen Grund zu geben, etwas für dich zu tun, ist, Kompromisse einzugehen und auch etwas für den anderen zu tun.

Durch solche Überlegungen und den bewussten Versuch, die Perspektive anderer zu verstehen, kannst du anfangen, übertriebene Ansprüche loszulassen und Beziehungen aufzubauen, die auf Gegenseitigkeit beruhen.

„Ich muss perfekt sein!“

Wenn du ständig wachsam und vorsichtig bist, um keine Fehler zu machen, weil du glaubst, dass alles zusammenbrechen könnte, wenn du nicht aufpasst, könntest du unter *überhöhten Standards* leiden.

Dieses Muster beinhaltet die Überzeugung, stets sehr hohen internalisierten Verhaltens- und Leistungsstandards entsprechen zu müssen, oft um Kritik zu vermeiden. Dies führt zu einem Gefühl ständigen Drucks und einer überkritischen Haltung sich selbst und anderen gegenüber.

In einem Gespräch mit meinen Arbeitskollegen an der Universität wurde dieses Muster deutlich: Meine Arbeitskollegen haben irgendwann mitbekommen, dass ich YouTube-Videos mache. Zuerst waren es weniger kontroverse Themen und dann habe ich gern darüber gesprochen. Als ich an dem Video über das Patriarchat gearbeitet habe, habe ich nicht darüber gesprochen. Aber bei einem Mittagessen fragte mich ein Kollege: „Arbeitest du aktuell an einem Video?“

Ich erzähle vorsichtig, dass ich mir Studien über Ungleichheit anschaue, dass das alles nicht so einfach ist und dass jemand bei Google gefeuert wurde, weil er über die biologischen Unterschiede zwischen den Geschlechtern gesprochen hat. Ich dachte, das sei vorsichtig genug.

Aber einer Arbeitskollegin gefiel gar nicht, was ich gesagt hatte. Sie fand es richtig, dass der Typ bei Google gefeuert wurde. Ich konnte in ihren Augen sehen, dass ich bei ihr etwas ausgelöst hatte. Es folgte die übliche Reaktion. Man ist sich nicht sicher, ob es biologische Unterschiede gibt, und das verbreite gefährliche Stereotype.

Aber dann sagte sie unerwartet ehrlich, was sie wirklich dachte: „Wenn es in der Wissenschaft keine Diskriminierung gibt, dann heißt das ja, dass ich nicht gut genug bin.“

Vor Kurzem wurde ihr ein Antrag auf Forschungsmittel abgelehnt, der ihr geholfen hätte, in der Forschung voranzukommen. Inzwischen hat sie gekündigt und arbeitet jetzt in der freien Wirtschaft. Das ist schade, denn sie hat sehr gute Arbeit geleistet. Aber die Konkurrenz ist groß. Da ist es schwer, immer erfolgreich zu sein.

Diese überhöhten Standards haben etwas von einem Alles-oder-nichts-Denken – entweder man ist perfekt oder man ist ein Versager.

Dieser Perfektionismus ist auch ein Grund, warum manche mit den Schönheitsidealen nicht zurechtkommen.[12] Jenni Schaefer, eine Autorin, die selbst an Magersucht gelitten hat hat das treffend beschrieben:

> Früher kannte mein Gehirn nur Perfektion oder Versagen und nichts dazwischen. Worte wie kompetent, akzeptabel, zufriedenstellend und gut genug fielen in die Kategorie Versagen.

Es ist wichtig zu erkennen, dass diese überhöhten Standards nicht hilfreich sind. Stelle dir die folgende Frage: „Ist dieser Perfektionismus wirklich hilfreich oder würde weniger auch reichen?"

Es ist wichtig, sich zu erlauben, Fehler zu machen. Scheitern ist ein Teil des Lebens. Jeder ist schon mindestens einmal richtig grandios gescheitert.

Eine Studie hat gezeigt, dass junge Wissenschaftler, die zu Beginn ihrer Karriere einen größeren Rückschlag hinnehmen mussten, später erfolgreicher waren als jene, die früh Erfolge verzeichneten.[13] Das Erlernen des Umgangs mit kleinen und großen Fehlern ist eine entscheidende Fähigkeit, die nicht nur mit Belastbarkeit, sondern auch mit künftigem Erfolg zusammenhängt.

Deshalb ist es wichtig, sich selbst zu erlauben, „gut genug" zu sein. Perfektion ist nämlich weder realistisch noch gesund. Indem wir lernen, mit Unvollkommenheit umzugehen und sie als Teil des Menschseins zu akzeptieren, können wir uns von dem Druck befreien, der durch überhöhte Standards entsteht.

Der Wendepunkt

Statt unseren Gefühlen einfach so zu folgen, sollten wir bei starken negativen Emotionen kurz innehalten und überlegen, woher diese wirklich kommen.

Viele Formen von Wut und Zynismus, die aus der Opferrolle heraus entstehen, haben ihre Ursache in tiefsitzenden, schädlichen

Schemata. Es ist wichtig zu verstehen, dass wir uns mit einer solchen Denkweise vor allem selbst schaden und dass nur wir selbst die Kraft haben, uns aus dieser Situation zu befreien.

Es hat eine Weile gedauert, bis ich verstanden habe, warum ich mich in die Opferrolle begeben habe.

Ich bin in einer überbehüteten Familie aufgewachsen, in der mir viele Freiheiten verwehrt wurden. Die tief in der sri-lankischen Herkunft meiner Eltern verwurzelten Werte schienen nicht zu der deutschen Kultur zu passen, in der ich aufwuchs. Meine Schwester hat sich in der Tradition unserer Familie wohlgefühlt und sogar in eine arrangierte Ehe eingewilligt. Ich habe das alles eher als Zwang empfunden und eine Abneigung gegen alle Erwartungen entwickelt.

Diese innere Zerrissenheit und mein Wunsch nach einer eigenen Identität haben mich zu linksradikalen Gruppen geführt, die Freiheit als höchstes Gut ansahen. Es schien der perfekte Zufluchtsort zu sein, aber in Wirklichkeit war es eine Flucht vor der Realität. Außerhalb dieser Gemeinschaft fühlte ich mich machtlos. Die Welt erschien mir als feindlicher Ort und romantische Beziehungen scheiterten an meiner Unfähigkeit, mit den Erwartungen anderer umzugehen.

Die Wende kam, als ich merkte, dass nicht die Welt das Problem war, sondern meine eigene Einstellung. Ich begann, meine eigenen Reaktionen zu hinterfragen: Warum fühlte ich mich so schnell eingeengt? Wieso nahm ich Kritik so persönlich?

Indem ich mich diesen Fragen ehrlich stellte, machte ich Fortschritte. Ich lernte, mich selbst zu akzeptieren, gut zu mir zu sein und mir selbst die unterstützenden Worte zu sagen, die ich anderen in schwierigen Zeiten geben würde. Das Erkennen meiner tief verwurzelten Schemata ermöglichte es mir, Situationen gesünder zu interpretieren und alternative, konstruktivere Perspektiven einzunehmen.

Durch diese Neuorientierung wurde mir bewusst, dass ich vieles selbst in der Hand habe. Aber diese Erkenntnis war nicht genug. Es war an der Zeit, diese neue Freiheit aktiv zu nutzen und Verantwortung für meine Bedürfnisse zu übernehmen.

KAPITEL 13

Stärke deine Resilienz

Unser größter Ruhm liegt nicht darin, niemals zu fallen, sondern jedesmal wieder aufzustehen, wenn wir gescheitert sind.

Konfuzius

In einer bemerkenswerten Langzeitstudie, die 1955 begann, untersuchte die Psychologin Dr. Emmy Werner das Schicksal von fast 700 Kindern, die in jenem Jahr auf Kaua'i geboren wurden.[1]

Diese hawaiianische Insel war damals keineswegs ein Ort des Privilegs. Viele dieser Kinder wuchsen in Armut auf, in instabilen Familienverhältnissen, oft mit Müttern, die keinen Schulabschluss hatten.

Als die Kinder im Alter von vierzig Jahren erneut befragt wurden, war das Ergebnis überraschend.

Ein Drittel dieser Menschen hatte sich zu kompetenten, selbstbewussten und fürsorglichen Erwachsenen entwickelt. Sie waren berufstätig, führten stabile Leben und hatten nie Probleme mit dem Gesetz – Leistungen, die oft sogar die ihrer privilegierteren Altersgenossen übertrafen.

Die Forscher waren fasziniert: Wie hatten sie es geschafft, sich trotz dieser Umstände so positiv zu entwickeln?

Das Geheimnis liegt in ihrer *Resilienz.*

Einfach ausgedrückt ist es die Fähigkeit, sich von tatsächlich erlebten Widrigkeiten zu erholen.

Etwas anders formuliert bezieht sich Resilienz auf die Nutzung innerer Stärken und äußerer Ressourcen einer Person, um schwierige, sogar traumatische Umstände zu überwinden und weiterhin Ziele zu verfolgen und Erfolge zu erzielen.

Dieser Begriff beschreibt unsere Fähigkeit, auch in schwierigen Zeiten nicht aufzugeben und uns anzupassen. Es gibt Menschen, die von den Stürmen des Lebens niedergeworfen werden, aber mit neuer oder sogar größerer Stärke wieder aufstehen.

Ohne Resilienz stecken wir oft fest und kommen nicht voran. Wir lassen uns von vergangenen Enttäuschungen lähmen und scheuen uns vor neuen Herausforderungen. Aber wenn wir resilient sind, bleiben wir standhaft, bewahren die Ruhe und behalten eine positive Einstellung bei.

Ein verbreiteter Resilienz-Fragebogen beinhaltet folgende Aussagen:[2]

- Ich kann mich anpassen, wenn Veränderungen eintreten.
- Ich kann mit allem umgehen, was auf mich zukommt.
- Ich neige dazu, mich nach Krankheit, Verletzung oder anderen Schwierigkeiten schnell zu erholen.
- Ich glaube, dass ich meine Ziele erreichen kann, auch wenn es Hindernisse gibt.
- Ich lasse mich nicht leicht durch Misserfolge entmutigen.

Resiliente Menschen haben es im Leben leichter. Studien haben gezeigt, dass sie in der Schule besser abschneiden, weniger oft aufgeben wollen, bessere Noten bekommen und mit ihrem Leben glücklicher sind.[3,4]

Einige Leute sind von Natur aus resilient, aber man kann Resilienz auch lernen. Egal, ob du gerade schwierige Zeiten durchmachst oder dich auf Herausforderungen vorbereitest – du kannst lernen, resilienter zu sein.

In diesem Kapitel stelle ich dir Methoden und Bewältigungsstrategien vor, die dir helfen, Widrigkeiten zu überwinden und dich nicht unterkriegen zu lassen. Sie helfen dir, die beste Version deiner selbst zu werden und im Einklang mit deinen Wünschen und Zielen zu leben.

Nimm dein Leben in deine Hand

Wokeness erzieht Personen zu fragilen Menschen, die sich leicht verletzt fühlen und in der Opferrolle gefangen sind.

Eine Studie hat gezeigt, dass es vor allem Menschen mit geringer Resilienz sind, die glauben, dass Worte schädlich sind und dass wir Trigger-Warnungen brauchen.[5] Es könnte sein, dass Menschen, die nicht in der Lage sind, mit den Widrigkeiten des Lebens umzugehen, eher davon überzeugt sind, dass Worte das Problem sind und nicht das eigene Verhalten.

Menschen, die in die Opferrolle gedrängt werden, misstrauen der Welt, verlassen sich auf ihre Intuition und versuchen, ihr überhörtes Selbstbild aufrechtzuerhalten. Doch das verstärkt nur ihre Unsicherheit. Bei kleinen Widrigkeiten tragen sie das Gefühl, ungerecht behandelt worden zu sein, tagelang mit sich herum. Und sehen keinen anderen Ausweg, als sich in eine Wohlfühlblase zu flüchten und andere abzuwerten, um sich besser zu fühlen.

Aber es gibt eine Alternative. Statt sich von Herausforderungen, Traumata oder Rückschlägen unterkriegen zu lassen, finden resiliente Menschen Wege, gut damit umzugehen.

Wie haben es die Kinder auf der Insel Hawaii geschafft, trotz der Umstände zu kompetenten Erwachsenen heranzuwachsen?

Die Antwort ist vielschichtig. Ein Teil davon war sicherlich Glück, ein anderer das Vorhandensein mindestens eines emotional stabilen und liebevollen Familienmitglieds, das sich um sie kümmerte. Aber das Entscheidende, was diese resilienten Kinder auszeichnete, war ein *interner Kontrollfokus*.[6]

Sie glaubten, dass nicht ihre Umstände, sondern sie selbst das Steuer ihres Lebens in der Hand hielten. Sie sahen sich als Schöpfer ihrer eigenen Zukunft, unabhängig von den Widrigkeiten, in denen sie aufwuchsen. Die Forscher stellten fest, dass resiliente Kinder in dysfunktionalen Familien besonders geschickt darin waren, sich Ersatzeltern zu suchen, sei es ein Jugendpfarrer, ein vertrauenswürdiger Lehrer oder sogar der Elternteil eines Freundes.

Wenn du als Kind zu sehr behütet aufgewachsen bist, kann es sein, dass dir dieser Kontrollfokus fehlt. Deine Eltern waren immer für dich da, haben dir alles abgenommen und dich selten mit Herausforderungen allein gelassen. So hast du nie das Gefühl gehabt, selbst etwas schaffen zu können. Vielleicht warst du es gewohnt, im Mittelpunkt zu stehen und Lob zu bekommen, ohne viel dafür tun zu müssen.

Aber jetzt, wo du nicht mehr in deinem gewohnten Zuhause bist, fühlst du dich vielleicht verloren und entfremdet. Es fällt dir schwer, die Herausforderungen des Alltags ohne ständige Unterstützung zu meistern. Du bist es nicht gewohnt, selbstständig zu sein, und stellst deshalb hohe Ansprüche an dich selbst und andere. Wenn die Erwartungen nicht erfüllt werden, bist du schnell frustriert.

Ein wichtiger Schritt, um aus der Opferrolle herauszukommen, ist, Verantwortung für das eigene Leben zu übernehmen. Das bedeutet, aktiv Entscheidungen zu treffen und sich der eigenen Handlungsmacht bewusst zu werden.

In der Psychologie wird dies als *Selbstwirksamkeitserwartung* bezeichnet: „der Glaube an die eigene Fähigkeit, Verhaltensweisen ausführen zu können, die notwendig sind, um bestimmte Leistungen zu erbringen".

Diese Selbstwirksamkeitserwartung hat Vorteile. Sie macht uns weniger anfällig für Depressionen und Ängste.[7] Außerdem ist Selbstwirksamkeit ein guter Indikator dafür, ob jemand später mal erfolgreich studiert und in der Forschung bessere Leistungen bringt.[8, 9, 10]

Wie also kann Selbstwirksamkeit entwickelt werden?

Setze SMARTe Ziele

Um in deinem Leben voranzukommen, solltest du dir klare Ziele setzen.

Stelle dir vor, du schießt mit einem Pfeil – wie willst du treffen, wenn du kein Ziel hast?

Bestimme, was du willst und was dir wichtig ist. Benenne deine Ziele und ergreife die notwendigen Schritte, um sie zu erreichen.

Verliere keine Zeit damit, andere zu beschuldigen oder dich über Personen zu ärgern, die nicht dasselbe wollen oder brauchen wie du. Warte nicht darauf, dass sie sich deiner Sache anschließen oder dir helfen, deine Ziele zu erreichen. Widme dich stattdessen aktiv dem, was dir wichtig ist.

Effektive Zielsetzung steigert nachweislich die Selbstwirksamkeit in verschiedenen Lebensbereichen. Studien zeigen, dass Interventionen, die sich auf detaillierte Planung konzentrieren - wann, wo und wie ein bestimmtes Verhalten ausgeführt werden soll - besonders effektiv sind.[11]

Ein beliebter Weg, Ziele zu setzen, ist die SMART-Methode. Darin sollten Ziele folgende Merkmale aufweisen

- **Spezifisch:** Dein Ziel sollte klar und eindeutig sein.
- **Messbar:** Der Fortschritt und die Erreichung deines Ziels sollten überprüfbar sein.
- **Attraktiv:** Dein Ziel sollte motivierend und erstrebenswert sein.
- **Realistisch:** Dein Ziel sollte erreichbar sein.
- **Terminiert:** Setze eine klare Frist für die Erreichung deines Ziels.

Auf dem Weg zu deinen Zielen wirst du zwangsläufig auf Hindernisse stoßen. Das ist ganz normal, wenn du deine Komfortzone verlässt und dich Herausforderungen stellst. Es ist deshalb wichtig, Hindernisse konstruktiv zu betrachten, um nicht in die Opferrolle zu fallen.

Betrachte Hindernisse spielerisch als Herausforderungen. Überlege dir, wie du jedes Hindernis am besten lösen kannst, und bleibe dabei gelassen. Denk an die Herausforderungen, die du in der Vergangenheit gemeistert hast. Das hilft dir, deine Selbstwirksamkeit in der Gegenwart zu steigern.

Erstelle einen Wenn-dann-Plan. Überlege dir im Voraus, was auf dem Weg zu deinem Ziel alles schiefgehen könnte, und wie du damit umgehen willst. Dabei ist es wichtig, ehrliches Feedback von anderen zu bekommen.

Welche Ziele sollte man sich denn setzen?

Wie in den vorangegangenen Kapiteln schon erklärt, sind Männer und Frauen mit unterschiedlichen Herausforderungen konfrontiert. Frauen haben zum Beispiel ein deutlich höheres Risiko, an Brustkrebs zu erkranken. Deshalb ist es wichtig, dass es eine spezielle Präventionsarbeit für sie gibt. Genauso gibt es auch bei psychischen Erkrankungen geschlechtsspezifische Risikofaktoren, die in der Prävention berücksichtigt werden sollten.

Die Annahme, dass Männer und Frauen die gleichen Ziele und Strategien brauchen, um psychisch gesund zu sein, ist nicht nur falsch, sondern auch fahrlässig. Das Ideal von Gleichheit ist hier fehl am Platz. Unterschiedliche Problemlagen erfordern unterschiedliche Lösungen.

Im Folgenden stelle ich die wichtigsten Bewältigungsstrategien vor, die ich jedem Mann bzw. jeder Frau an die Hand geben würde.

Was Männer tun sollten

Um sich als Mann nicht wertlos und nutzlos zu fühlen, ist es wichtig, finanziell stabil zu sein und sich einen gewissen Status aufzubauen.

Der Weg dorthin ist oft mit Hindernissen verbunden, die es zu überwinden gilt. Um Status zu erlangen, muss man sich Fähigkeiten und Wissen aneignen. Welche Kompetenz wichtig ist, hängt davon ab, in welchem Umfeld man sich gerade befindet. Man muss sich ein Ziel und einen Plan überlegen und vermutlich immer wieder scheitern, weil Probleme dazwischenkommen.

Wenn du mit all den Herausforderungen klarkommen willst, ist es wichtig, dass du lernst, Probleme effektiv zu lösen. In der Therapie werden manchmal Problemlösetrainings gemacht, da psychische Probleme oft dadurch entstehen, dass man Schwierigkeiten nicht richtig angeht.

Dieser Ansatz wird üblicherweise in fünf Schritte unterteilt:

1. **Problemorientierung:** Betrachte das Problem genau, verstehe die Gründe seines Auftretens und reflektiere über bisherige Lösungsansätze.

2. **Problemdefinition:** Sammle Informationen, erfasse das Problem umfassend, definiere ein klares Ziel und denke noch einmal gründlich darüber nach.
3. **Generierung von Lösungsalternativen:** Entwickle zunächst eine Vielzahl möglicher Lösungen, ohne diese sofort zu bewerten.
4. **Entscheidung:** Überlege dir die möglichen Auswirkungen jeder Lösung, vergleiche sie miteinander und erstelle einen Plan.
5. **Anwendung und Überprüfung:** Setze deinen Plan um, beobachte die Ergebnisse und nimm bei Bedarf Anpassungen vor, um es erneut zu versuchen.

Bist du mit deiner aktuellen beruflichen Situation zufrieden? Wenn nicht, was hält dich davon ab, etwas zu ändern? Egal, wo du gerade stehst, es ist wichtig, Probleme anzuerkennen, sich Lösungsansätze zu überlegen und sie auszuprobieren.

Hier sind ein paar gängige Probleme:

- **„Ich weiß nicht, was ich will":** Überlege dir, was dich interessiert, was andere brauchen und womit du Geld verdienen kannst. Der Ratschlag, seiner Leidenschaft zu folgen, ist jedoch irreführend. Es ist nicht notwendig, darauf zu warten, dass einem etwas Spaß macht. Man kann etwas so lange machen, bis es anfängt, Spaß zu machen.
- **„Ich bekomme keinen Job":** Wenn du weißt, wo du hinwillst, ist es wichtig zu verstehen, was dafür erforderlich ist. Der Arbeitsmarkt ist ein Wettbewerb, daher ist es wichtig zu wissen, welche Nachfrage du selbst befriedigen kannst.
- **„Ich prokrastiniere immer":** Die Gründe dafür können ganz unterschiedlich sein. Wenn du dich ständig erschöpft fühlst, könnte es helfen, wenn du dich mehr bewegst und fitter wirst. Wenn dich die Angst vor Fehlern lähmt, könnte es sinnvoll sein, an deinem Perfektionismus zu arbeiten. Fühlst du dich von deinen Aufgaben überwältigt, als stünden sie wie ein riesiger Berg vor dir, könnte es helfen, einen Gesamtüberblick zu schaffen und dich schrittweise vorzuarbeiten.

Die Beispiele sind nur als Illustration gedacht. Jede Situation ist einzigartig und man muss selbst herausfinden, was wirkt. Nichts zu machen und zu hoffen, dass sich die Probleme von alleine lösen, ist keine gute Lösung.

Es kann vorkommen, dass man sich von dem Druck der Anforderungen überwältigt fühlt. Obwohl Männer weniger häufig an Depressionen leiden, neigen sie doch vermehrt zu Substanzmissbrauch oder Suizid und scheinen viele Probleme eher zu verdrängen. Hat das nicht etwas mit toxischer Männlichkeit zu tun?

Es gibt Studien, die zeigen, dass Männer, die eher traditionelle Männlichkeitsrollen haben, weniger Hilfe in Anspruch nehmen.[12] Das ist ein Problem. Es ist wichtig, sich mit den eigenen Gefühlen auseinanderzusetzen. Das heißt aber nicht unbedingt, nur über Gefühle zu reden.[13]

In einem Experiment wurden Bewohner einer israelischen Stadt in der Nähe des Gazastreifens beobachtet, die jahrelang unter Raketenbeschuss litten.[14] Diese Menschen erlebten intensive Angst und Hilflosigkeit. Die Bewohner wurden in zwei Gruppen aufgeteilt.

Eine Gruppe hat sich in einfühlsamen Gesprächen über ihre Einschätzung der Sicherheitslage und ihren Umgang damit ausgetauscht. Die Berater waren sehr einfühlsam und haben die Teilnehmer ermutigt, ihre Gedanken und Gefühle zu teilen. Die Teilnehmer wurden ermutigt, aktiv zu werden. Ziel war es, durch das Teilen von Emotionen Unterstützung zu bieten und die Auswirkungen des Beschusses auf depressive Symptome zu verringern.

Eine andere Gruppe hat Bewältigungsstrategien geübt, indem sie mit Aussagen konfrontiert wurde, die sie widerlegen sollte. Eine Aussage war zum Beispiel: „Jedes Geräusch, das man hört, könnte eine Sirene sein!" Die Berater haben ihnen dabei geholfen, die Aussagen zu widerlegen. Dabei haben sie die Aussagen auch mal übertrieben, um die Teilnehmer herauszufordern.

Das Ergebnis?

Die Männer der ersten Gruppe fühlten sich nach dem einfühlsamen Gespräch genauso hilflos wie vorher. Die Männer der zweiten Gruppe profitierten jedoch davon, dass ihre Gedanken infrage gestellt wurden. Das hat ihre Selbstwirksamkeit und Hoffnung erhöht und zu einer Verringerung des Gefühls der Hilflosigkeit geführt.

Hier mal eine kurze Zusammenfassung: Als Mann leidest du wahrscheinlich unter dem Mangel an Status und Beziehungen. Du kannst das Problem nicht lösen, indem du nur darüber redest. Du musst dich der Realität stellen und aktiv versuchen, deine Probleme zu lösen. Das bedeutet, dass du entweder an dir arbeiten musst, um Ansehen zu erlangen, oder dass du dein eigenes Denken infrage stellen musst.

Was Frauen tun sollten

Für das Wohlbefinden von Frauen ist ein konfliktfreies soziales Netzwerk wichtig.

Soziale Bindungen schaffen ein Gefühl der Zugehörigkeit und bieten Unterstützung. Wenn du mehr soziale Bindungen brauchst, kann man etwas dafür tun. Es mag sehr offensichtlich klingen, aber genauso wie man Fahrradfahren lernen muss, kann man gute soziale Fähigkeiten erlernen.

Niemand mag es, allein zu sein. Eine unglückliche Ehe oder ein Leben als Alleinerziehende kann das Leben sehr unglücklich machen. Um solche Situationen zu vermeiden, ist es deshalb wichtig, Konflikte im sozialen Miteinander rational anzugehen. Eine problemlösungsorientierte Herangehensweise hilft dabei, die Kernprobleme zu identifizieren und nach wirksamen Lösungen zu suchen.

Einige Beispiele für Probleme sind:

- **„Ich habe nicht genug Freunde“:** Sozial verträgliche und extrovertierte Menschen haben oft einen größeren Freundeskreis.[15] Wenn du dein Netzwerk erweitern willst, solltest du aktiver werden und nach Gelegenheiten suchen, bei denen du neue Leute treffen kannst. Offenheit, gemeinsame Interessen, Sympathie, Attraktivität und Humor sind dabei wichtige Faktoren.

- **„Ich habe ständig Streit“:** Soziale Beziehungen leben von effektiver Kommunikation. Deshalb ist es wichtig, zu verstehen, wie eigene Unsicherheiten und Bindungsstile zu Konflikten beitragen können. Es ist gut, zu wissen, was einem persönlich wichtig ist, und klare Grenzen setzen zu können.[16]
- **„Ich finde keinen Partner“:** Vielleicht liegt das daran, dass du nach dem perfekten Partner suchst, der aber nicht existiert. Möglicherweise hängst du an der romantischen Vorstellung fest, dass er von allein kommen muss. Oder du scheust dich davor, zu daten, weil du denkst, dass du makellos sein musst, bevor du mit dem Dating loslegen kannst.

Das sind nur Beispiele. Es gibt sicher noch viel mehr Probleme. Aber eins ist klar: Soziale Interaktion führt zu Konflikten. Jeder ist anders und hat andere Bedürfnisse. Perfekt ist niemand. Wenn man zusammenkommen will, muss man sich anpassen, an sich arbeiten und anderen vergeben. Das kostet Mühe und Kraft.

Bei einigen führt diese Herausforderung zu Sorgen und Frustration. Frauen neigen oft dazu, sich selbst eher die Schuld zu geben. Das kann zu endlosem Grübeln führen. Die Folge davon kann eine Angststörung oder Depression sein.[17]

Typische Sorgen können sein:

- **„Ich bin hässlich.“** Wenn du unter dem Schönheitsideal leidest und das Gefühl hast, hässlich zu sein, solltest du an deinem Selbstwert und Perfektionismus arbeiten. Statt deinen Selbstwert an deinem Körper festzumachen, kannst du auch Hobbys für dich finden.
- **„Leute denken, ich sei seltsam.“** Wenn du in sozialen Situationen ängstlich bist, versuche, deine Aufmerksamkeit von dir und deinem vermeintlichen Makel wegzulenken und dem Gesprächspartner aufmerksam zuzuhören.
- **„Ich werde ständig von Erinnerungen verfolgt.“** Wenn dich aufdringliche Gedanken plagen, die sich auf ein negatives Ereignis beziehen, dann denk daran, dass das alles in der Vergangenheit liegt.

Wenn du das Gefühl hast, dass du alleine nicht mehr weiterkommst, kann dir eine Therapie helfen. Du kannst aber auch selbst versuchen, deine Gedanken kritisch zu hinterfragen und dich auch in schwierigen Situationen auf positive Interpretationen zu konzentrieren.

Ich fasse einmal zusammen: Wenn du als Frau soziale Schwierigkeiten hast, geht es dir wahrscheinlich schlecht. Aber du kannst etwas dagegen tun. Wenn du dir soziale Unterstützung suchst, die Probleme aktiv anpackst und deine Perspektive änderst, kannst du dich von Belastungen befreien.

Was du jetzt tun kannst

Um mich im Leben nicht zu überfordern, versuche ich mich auf die wichtigsten Ziele zu konzentrieren.

Ein hilfreiches Ritual, das mich seit Jahren unterstützt und mir in schwierigen Zeiten den Halt gibt, ist das tägliche Beantworten spezifischer Fragen in meinem Tagebuch.

Das mag auf den ersten Blick vielleicht trivial erscheinen, aber die tägliche Routine, diese Fragen zu beantworten, ermöglicht es, festgefahrene Denkmuster Schritt für Schritt im Gehirn zu verändern.

Notiere deine drei täglichen Highlights. Ich schreibe mir jeden Morgen drei wichtige Aufgaben für den Tag auf. Das kann alles Mögliche sein, zum Beispiel Arbeit, Beziehung oder Gesundheit. Diese Übung dient nicht nur der Selbstreflexion, sondern stärkt auch das Gefühl, dass man mit seinem Handeln etwas bewirken kann.

Schreibe drei Dinge auf, für die du heute dankbar bist. Unsere menschliche Tendenz, uns auf Negatives zu konzentrieren, kann durch das tägliche Aufschreiben von drei Dingen, für die wir dankbar sind, ausgeglichen werden. Studien belegen, dass ein Dankbarkeitstagebuch dabei hilft, neue Denkgewohnheiten zu etablieren. Statt sich auf Dinge zu konzentrieren, wo man zu kurz kommt, kann deine Aufmerksamkeit auf Dinge gelenkt werden, die dir wichtig sind und Freude bereiten. Es geht darum, die Dinge, die man im Leben hat, zu schätzen.

Schreibe eine Handlung auf, mit der du heute jemand anderem geholfen hast. Wir neigen dazu, beim Streben nach Glück zu sehr auf uns selbst fokussiert zu sein, besonders wenn wir uns als Opfer unserer Umstände sehen. Aber paradoxerweise liegt der Schlüssel zum wahren Glück oft im Geben, nicht im Nehmen. Das bestätigt auch eine Studie: Teilnehmern wurden fünf Dollar gegeben, die sie entweder für sich selbst oder für jemand anderen ausgeben sollten.[18] Die Gruppe, die für andere eingekauft hat, war deutlich zufriedener. Wenn du dich also manchmal nutzlos fühlst, denk einfach mal darüber nach, was du für andere tun kannst.

Diese drei Fragen haben mir persönlich sehr geholfen. Vielleicht sind für dich andere Fragen relevanter. Zum Beispiel das Notieren positiver Eigenschaften von dir oder Dinge, die dich heute zum Lachen gebracht haben. Jeder muss für sich und seine Situation selbst herausfinden, was am besten funktioniert.

Es ist nicht immer die Gesellschaft

Resiliente Menschen lassen sich nicht von der Angst beherrschen, dass die nächste Enttäuschung ein vernichtender Schlag sein könnte, von dem sie sich möglicherweise nie erholen.

Sie wissen, dass Ablehnung und Misserfolge sie nicht aus der Bahn werfen müssen. Sie werden nicht dahinschwinden wie eine welkende Blume. Stattdessen akzeptieren sie Rückschläge und machen weiter. Sie sehen Widrigkeiten als Chance, sich weiterzuentwickeln, und vertrauen darauf, dass sie damit umgehen und voranschreiten können.

Im Leben begegnen wir unausweichlich schwierigen Situationen. Diese Ereignisse können potenziell belastend und traumatisierend sein, wie Trennungen, Krankheiten oder auch Umzüge. In solchen Momenten ist es entscheidend, die eigene Handlungsfähigkeit zu erkennen, klare Ziele zu setzen und das zu tun, was notwendig ist.

Die Opferrolle hat mich in meiner Vergangenheit immer hilflos und zerbrechlich gemacht. Als ich das erkannte, begann ich, gesellschaftliche Normen nicht mehr als Last zu sehen, sondern als

Erwartungen anderer, denen ich gerecht werden wollte. Ich änderte meine Arbeitsweise, meine Beziehungen und mein Verhalten und begann zu tun, was notwendig war. Ich löste mich von meinem „politisch korrekten“ Weltbild, das mich in die Irre geführt hatte. Ich begann, die Realität so zu sehen, wie sie ist.

Mit der Zeit verschwand mein Unbehagen. Ich fühlte mich nicht mehr als Versager, wenn in meinem Leben nicht alles perfekt war. Wenn mich jemand nach meiner Herkunft fragte, fühlte ich mich nicht mehr verunsichert, sondern freute mich über das Interesse. Jetzt fühle ich mich in dieser Welt zu Hause.

Es gibt tatsächlich eine Alternative zur durch Wokeness geförderten Opferrolle. Im Leben begegnen wir ständig mehrdeutigen Situationen. Man muss sich nicht immer gekränkt fühlen, ständig mit Wut umherlaufen oder die Schuld ausschließlich bei anderen suchen. Anstatt sich darauf zu konzentrieren, alles Unbequeme aus dem Weg zu räumen, besteht die Möglichkeit, die eigene Resilienz zu stärken. Das erfordert, dass du dich der Realität stellst, persönliche Verletzungen überwindest und Verantwortung für deine eigenen Bedürfnisse übernimmst.

Dabei geht es nicht nur um dich. Wenn du ein guter Partner, ein guter Freund oder ein guter Elternteil sein möchtest, wirst du das nicht erreichen, solange du in der Opferrolle bist. Ständig gekränkt und wütend zu sein, kann die Beziehung belasten. Freunde fühlen sich vielleicht irgendwann alleingelassen, wenn du nur darüber redest, wie schwer du es hast. Aus Angst, deine Kinder zu sehr zu behüten, machst du sie lebensunfähig. Es ist wichtig, dass du auch an dir selbst arbeitest, wenn du wirklich für andere da sein möchtest.

Ich hoffe, du denkst jetzt nicht, dass du vor einem unüberwindbaren Berg von Konflikten stehst. Es hilft auch nicht, sich überfordert und hilflos zu fühlen. Wenn du tatsächlich zu einer Opfermentalität neigst, ist das nichts, was man einfach abstellen kann. Ich verstehe, dass es schwer sein kann, Vertrauen zu fassen, besonders wenn du in der Vergangenheit schlechte Erfahrungen gemacht hast. Wenn deine Eltern dir wenig Freiraum gelassen haben, ist es möglich, dass du nie richtig gelernt hast, mit emotional schwierigen Situationen umzugehen. Solch eine Opfermentalität verlernt man nicht über Nacht und du musst dich nicht unter Druck setzen, perfekt zu sein.

Es ist schon ein großer Fortschritt, wenn du jeden Tag versuchst, ein Prozent besser zu sein als am Tag zuvor. Wenn du Schritt für Schritt an dir arbeitest, wirst du eines Tages zurückblicken und erstaunt sein, wie viel sich zum Positiven verändert hat.

Heißt das, jeder ist seines Glückes Schmied und für sich selbst verantwortlich? Nein, das ist nicht, was ich hier sagen will. Ich denke schon, dass jeder die Möglichkeit hat, zu versuchen, das Beste aus den Umständen zu machen, in denen man sich wiederfindet.

Das heißt aber nicht, dass wir nicht gleichzeitig versuchen sollten, als Gesellschaft etwas an den Umständen zu verbessern. Es gibt Leute, die es schwerer haben und mit schlechteren Karten geboren sind. Wir sehen, dass viele junge Leute in dieser Gesellschaft aufwachsen und sich nicht zurechtfinden.

Im nächsten Abschnitt schauen wir uns wissenschaftlich fundierte Methoden an, was wir als Gesellschaft tun können, um anderen zu helfen.

Teil VI

Was wir brauchen

KAPITEL 14

Hilfe zur Selbsthilfe

1998 rief Martin Seligman, damals Präsident der American Psychological Association, etwas völlig Neues ins Leben: die *Positive Psychologie*.

Ziel dieser neuen Disziplin ist es, nicht nur auf das zu schauen, was bei uns Menschen schiefläuft, sondern auf das Gute im Leben.

Was macht uns stark? Was macht das Leben schön? Dinge wie Freude, Dankbarkeit, Aufgehen in einer Aufgabe, Glück und Hoffnung stehen im Mittelpunkt. Es geht um Tugenden, die unser Leben besser machen: Mut; Gerechtigkeit; Menschlichkeit; Zurückhaltung; das Gefühl, Teil von etwas Großem zu sein; Weisheit.

Seither hat sich die Positive Psychologie stark weiterentwickelt. Heute findet man sie in der Therapie, am Arbeitsplatz, in Schulen und sogar beim Militär. Sie inspiriert Kurse und Programme, die uns helfen sollen, uns besser zu fühlen.

In Deutschland hat der Begriff der Resilienz, ein Schlüsselbegriff der Positiven Psychologie, in den letzten Jahren einen Aufschwung erlebt.

Doch nicht alle teilen diese Begeisterung. Manche stehen der Entwicklung skeptisch gegenüber. Was ist falsch an einem Trend, der auf wissenschaftlichen Erkenntnissen beruht und ein glückliches Leben verspricht?

Die Soziologin Eva Illouz kritisiert die Positive Psychologie als „ideologisches Werkzeug“, das von tiefer liegenden strukturellen Problemen ablenken soll. Sie argumentiert in ihrem Buch *Das Glücksdiktat*:[1]

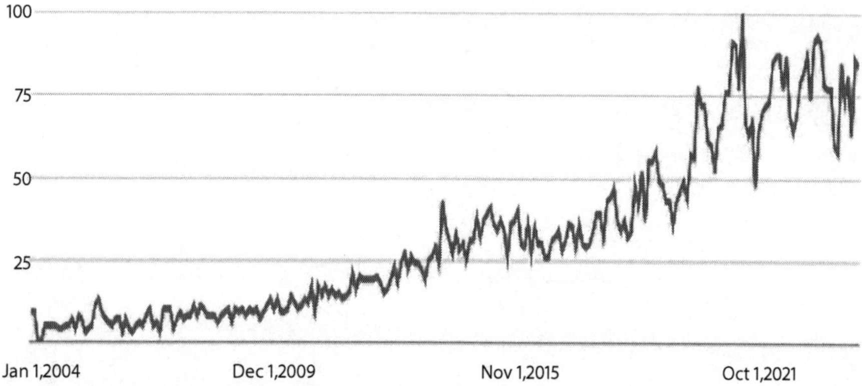

Abbildung 14.1 *Verlauf der Suchanfragen zu „Resilienz" zwischen 2004 und 2024, Quelle: Google Trends.*

> Auffällig ist in diesem Zusammenhang, dass die wissenschaftliche Behandlung des Glücks und die Glücksindustrie, die um sie herum entstanden ist und gedeiht, ganz erheblich dazu beitragen, die Annahme durchzusetzen, Reichtum und Armut, Erfolg und Scheitern, Gesundheit und Krankheit lägen allein in unserer eigenen Verantwortung. Damit wird zugleich der Vorstellung Vorschub geleistet, es gebe keine strukturellen Probleme, sondern ausschließlich psychologische Defizite.

Auch die Kolumnistin Hengameh Yaghoobifarah sieht das kritisch. Ihrer Meinung nach macht die Art, wie wir über mentale Gesundheit reden, politische Probleme zu privaten.

> Ohne Psychiatrie- und Systemkritik ist die Debatte um „Mentale Gesundheit" nichts wert. Individuelle Lösungen helfen vielleicht gegen Symptome, doch für die Ursachenbekämpfung braucht es gesellschaftliche Befreiung und nicht Tipps zum besseren Aushalten und Hinnehmen, dass die Welt, wie sie gerade ist, unseren Kopf so fickt.

Doch ist es wirklich fair, die Positive Psychologie einfach als ideologisch abzutun? Die große Frage, die wir uns stellen sollten, ist: Wie können wir Menschen am besten unterstützen? Können wir Techniken anbieten, die ihnen helfen, sich besser anzupassen, ohne dabei die Notwendigkeit struktureller Veränderungen zu ignorieren?

Wir müssen einen Mittelweg finden und die falsche Dichotomie von „victim blaming“ oder „system blaming“ überwinden. In diesem Kapitel werde ich anhand von Studien aufzeigen, was wir strukturell verändern können und wo wir stattdessen Menschen befähigen sollten, widerstandsfähiger zu werden.

Wo das Problem in der Gesellschaft liegt

Es gibt Möglichkeiten, unser Zusammenleben auf einer strukturellen Ebene zu verbessern.

Nehmen wir zum Beispiel die oft belastende Aufgabe, Beruf und Familie zu vereinbaren. Das muss nicht immer ein Kampf sein. Der Staat kann uns dabei helfen, zum Beispiel durch mehr Kindertagesstätten und eine bessere Bezahlung für soziale Berufe. Schon jetzt sehen wir Fortschritte: Seit 2010 hat der Staat seine Ausgaben für Kinderbetreuung um beeindruckende 140 Prozent erhöht.[2] Das liegt nicht nur daran, dass es mehr Kita-Plätze und längere Öffnungszeiten gibt, sondern auch daran, dass die Mitarbeiter dort jetzt besser bezahlt werden.

Trotzdem fehlen noch immer 400.000 Kita-Plätze in Deutschland, wie eine Studie der Bertelsmann Stiftung zeigt. Wir müssen also weiter nach Lösungen suchen.[3]

Auch kulturell können wir viel bewegen. Unsere Biologie und Evolution geben uns zwar gewisse Rahmenbedingungen vor, aber unsere kulturellen Normen und Werte können sich ändern. Zwar spielen Status und Durchsetzungsvermögen besonders für Männer eine große Rolle, doch muss das nicht bedeuten, dass Männer immer imponieren oder riskante Dinge tun müssen, um als „männlich“ zu gelten.

Die Zeiten ändern sich und damit auch die Anforderungen. Deshalb müssen Gesellschaften nicht unbedingt Dominanz à la Napoleon als Vorbild nehmen, sondern können auch Prestige wie das von Albert Einstein anstreben.

Es ist ein weit verbreiteter Fehlschluss, vom *Sein* auf das *Sollen* zu schließen. Auch wenn Männer viel Wert auf ihr Äußeres legen, heißt das nicht, dass dies das Einzige ist, worauf es ankommt. Ängstliche Frauen bevorzugen dominante Männer. Auch hier ist es wichtig, sich zu fragen, welche Eigenschaften langfristig wirklich zählen. Genauso wie wir nicht nur Süßes essen sollten, auch wenn es uns schmeckt, sollten wir auch bei der Partnerwahl auf andere Qualitäten achten.

Nur weil Frauen im Durchschnitt ein stärkeres soziales Interesse zeigen, heißt das nicht, dass sich alle Frauen sozial engagieren oder Kinder haben *müssen.*

In einer problematischen Form spiegelt diese Einstellung eine tiefere psychologische Tendenz wider, die als *soziale Dominanzorientierung* bekannt ist – eine Vorliebe für soziale Hierarchien und die Dominanz bestimmter Gruppen.

In unserer Gesellschaft gibt es Menschen, die eine starke Neigung zum Autoritarismus haben. Das kann sich in offenem Rassismus oder Sexismus äußern. Alle, die nicht der Norm entsprechen, werden von diesen Menschen mit Stigmatiseriung und Aggression konfrontiert.

Wir müssen als Gemeinschaft dafür sorgen, dass solche Einstellungen nicht toleriert werden.

Wokeness hilft niemandem

Es gibt reale Probleme, aber Wokeness scheint keine gute Lösung zu sein.

Die Aktivisten wenden sich nicht nur gegen die offensichtliche Feindseligkeit, sondern gegen das ganze System. Das Ziel? Eine radikale Umgestaltung unserer gesellschaftlichen Strukturen mit dem Endziel absoluter Gleichheit.

Ein Beispiel hierfür bietet Emilia Roig, die sich nichts mehr wünscht, als die bestehen Strukturen zu reformieren:[4]

> Die Mehrheit der politischen Maßnahmen, die meist unter der Überschrift »Vereinbarkeit von Familie und Beruf« stehen,

> vergrößert das Problem. Anstatt Männer in die Pflicht zu nehmen, sorgen sie dafür, dass andere Frauen diese Aufgaben erledigen. Wenn die Reproduktionsarbeit innerhalb von Familien fairer aufgeteilt wäre, wäre es nicht nötig, den »übrigen« Teil der Reproduktionsarbeit an andere Frauen zu übertragen.

Die hier vertretene Vision will nicht, dass jeder einfach machen kann, was er oder sie will. Stattdessen soll alles 50/50 aufgeteilt werden, also die gleichen Ergebnisse unabhängig von individuellen Entscheidungen oder Vorlieben. Das könnte aber schwierig werden, weil es vorschreiben müsste, was Menschen tun.

Ich finde, wir sollten die freie Entscheidung von Frauen akzeptieren, wenn sie sich vermehrt für Berufe im Erziehungsbereich entscheiden. Es kommt mir falsch vor, sie als „Komplizen des Patriarchats" zu stigmatisieren. Auch die Aufteilung von Haus- und Erwerbsarbeit innerhalb von Partnerschaften sollte den Beteiligten überlassen bleiben.

Das letztendliche Ziel von Roig und anderen Aktivisten scheint die Überwindung der von ihnen verachteten Hierarchien und Konventionen zu sein. Nicht das Wohlergehen der Frauen.

Wir haben echte Probleme in der Gesellschaft, keine Frage. Gewalt ist nach wie vor ein großes Thema. Aber politische Korrektheit ändert daran nichts. Es gibt Diskriminierung, zum Beispiel bei der Arbeitssuche oder bei der Wohnungssuche, aber die Lösung besteht nicht darin, immer die „Opferkarte" zu spielen und sich von allen Stereotypen beleidigt zu fühlen.

Wie bereits in Kapitel 5 erläutert, können viele der vorgeschlagenen Maßnahmen Nebenwirkungen haben. Forschungsergebnisse zeigen, dass die ständige Betonung der Schädlichkeit von Worten dazu führen kann, dass Menschen mehrdeutige Situationen als feindselig interpretieren. Diversitätstrainings, Schutzräume und die ständige Opferrhetorik können dazu führen, dass Personen misstrauisch werden und sich in eine Opferrolle verstricken. Sie reagieren schnell gereizt, stellen überhöhte Ansprüche und lehnen Andersdenkende ab.

Derzeit fließen Gelder und Ressourcen in Diversitytrainings und ähnliche Maßnahmen, die wenig bewirken. Gibt es nicht Ansätze, in die wir unsere Mittel sinnvoller investieren könnten, um Menschen wirklich zu helfen?

Resilienztrainings helfen

Wenn wir über Mobbing sprechen, denken wir meistens daran, wie man es verhindern kann.

Die Schuld liegt bei den Tätern. Das ist richtig, aber es gibt gleichzeitig bessere und schlechtere Wege, damit umzugehen.

Eine Forschergruppe ist einen anderen Weg gegangen.[5] Sie helfen denjenigen, die gemobbt werden, sich besser dagegen zu wappnen.

Sie haben eine Studie durchgeführt, bei der Jugendliche entweder an einem Training teilnahmen, das sie resistenter machen sollte, oder an einem Programm, das sie über Mobbing aufklären sollte. Sie wollten herausfinden, wie sich dies auf ihr Verhalten und ihre Gefühle auswirkt, insbesondere in Bezug auf Aggression, Depression, Angst vor sozialen Situationen, Essstörungen und selbstverletzendes Verhalten.

Das Resilienztraining bestand aus drei Teilen. Zunächst sollten die Jugendlichen in einer Übung aus einer Liste von Werten die für sie wichtigsten auswählen und erklären, warum.

Dann lernten sie, dass Menschen und ihr Verhalten veränderbar sind. Sie lernten wissenschaftliche Erkenntnisse darüber, wie sich Persönlichkeiten verändern können, und hörten Geschichten von Jugendlichen, die Mobbing hinter sich gelassen haben. Sie lernten, dass man sein Verhalten ändern kann und dass man nicht für immer ein Opfer sein muss. Die Jugendlichen schrieben dann Berichte, die auf diesem Wissen basierten und sich an andere Betroffene richteten.

Im letzten Teil ging es darum, dass auch unsere Reaktionen auf Stress unterschiedlich sind. Sie lernten, wie unterschiedlich Menschen auf Stress reagieren können und welche Strategien es gibt, um sich in stressigen Zeiten besser zu fühlen. Sechs Strategien wurden besprochen: sich ablenken, entspannen, Sport treiben, Freunde um Hilfe bitten, die Denkweise ändern und dankbar sein. Sie sahen Berichte und Videos zu diesen Themen und bearbeiteten am Ende Schreibaufgaben, die ihnen helfen sollten, in Zukunft besser mit Stress umzugehen.

Das Ergebnis? Die Jugendlichen waren besser gegen die negativen Folgen von Cybermobbing gewappnet. Das Training hat nicht nur ihre Einstellung zum Schutz von Mobbingopfern verbessert, sondern auch ihr Verständnis dafür, wie sie ihre Persönlichkeit weiterentwickeln können.

Meta-Analysen haben sich angesehen, wie wirksam solche Trainings sind.[6,7,8] Sie haben herausgefunden, dass Programme, die auf kognitiver Verhaltenstherapie, Achtsamkeit und einem Mix aus verschiedenen Ansätzen basieren, wirklich helfen können. Eine Untersuchung zeigte, dass solche Trainings besonders bei Jugendlichen die Widerstandsfähigkeit stärken. Und eine andere fand heraus, dass Menschen mit chronischen Krankheiten durch Resilienztraining besser vor psychischen Krankheiten geschützt werden können.

Frauen und Schwarze profitieren von Resilienz

Resilienztrainings können für Menschen, die mit schweren Lebensumständen konfrontiert sind, eine große Hilfe sein.

Stell dir vor, du verlierst deinen Lebenspartner und stehst plötzlich allein da. Neben der großen Trauer kommen oft finanzielle Sorgen, Einsamkeit und viele andere Herausforderungen auf dich zu. Studien zeigen, dass Frauen, die ihren Ehepartner verloren haben, einen erhöhten Stresspegel aufweisen. Das kann ihre Gesundheit beeinträchtigen. Das reicht von Schlafproblemen bis hin zu ernsthaften Krankheiten.

Aber hier kommt die gute Nachricht: Resilienztraining kann helfen. Eine Studie aus dem Iran von Asadollahi hat sich genau damit beschäftigt.[9] In Fasa City wurden 120 Frauen, die ihre Ehemänner verloren hatten, in zwei Gruppen eingeteilt: Eine Gruppe erhielt ein spezielles Training zur Stärkung ihrer inneren Kraft, die andere nicht.

Das Training bestand aus acht Sitzungen, in denen die Teilnehmerinnen durch Videos, Audios und Podcasts lernten, ihre psychische Widerstandsfähigkeit und ihr psychologisches Kapital zu stärken.

Die Ergebnisse? Die Frauen, die am Resilienztraining teilgenommen hatten, zeigten deutliche Verbesserungen in Sachen Hoffnung, innere Stärke, Optimismus und dem Glauben an die eigene Wirksamkeit.

Auch Geflüchtete, die nach Deutschland kommen, haben es nicht leicht: Sie müssen sich mit finanziellen Unsicherheiten, Sprachhindernissen, psychischen Belastungen und Heimweh herumschlagen. Und das kann sogar Auswirkungen auf ihre Kinder haben. Hier könnte man ansetzen und ihnen Werkzeuge an die Hand geben, mit denen sie diese Herausforderungen besser meistern können.

Wir sollten unsere Energie darauf verwenden, die Resilienz von Menschen aus benachteiligten Gruppen zu stärken, anstatt sie in eine Opferrolle zu drängen. Es ist klar, dass wir als Gesellschaft gegen Diskriminierung und Gewalt vorgehen müssen. Aber nicht jedes Stereotyp sollte als schädliche Mikroaggression abgetan werden, und nicht jede Form von Ungleichheit kann auf Unterdrückung zurückgeführt werden.

Mit Resilienz können wir Menschen dabei helfen, sich von den Widrigkeiten des Lebens nicht aus der Bahn werfen zu lassen. Dadurch können sie neue Ziele verfolgen, eine optimistischere Sicht auf sich selbst, ihre Erfahrungen und die Zukunft entwickeln.

Über Resilienz hinaus

Resilienz ist nur eine von vielen Facetten der Positiven Psychologie.

Sie hat zum Ziel, Wohlbefinden, Glück und Stärke zu fördern. Dafür gibt es eine ganze Reihe von Methoden und Maßnahmen, die eingesetzt werden können.

Ein Meilenstein in diesem Bereich war die Studie von Seligman und Kollegen aus dem Jahr 2005, in der gezeigt wurde, wie bestimmte Übungen unser Glücksempfinden steigern und depressive Symptome lindern können.[10] In einem Online-Experiment wurden

Menschen zufällig ausgewählt, um entweder bestimmte Übungen auszuprobieren oder in einer Kontrollgruppe zu bleiben.

Und was kam dabei heraus? Ganz einfache Dinge, die jeder von uns tun kann – wie zum Beispiel drei Dinge aufzuschreiben, für die man dankbar ist, oder die eigenen Stärken und Talente zu erkennen – konnten das Wohlbefinden steigern. Diese Effekte waren nicht nur kurzfristig, sondern hielten auch bei späteren Untersuchungen an.

Seit dieser Arbeit wurden zahlreiche Techniken entwickelt, um unser psychisches Wohlbefinden zu fördern.[11] Hier einige Schlüsselstrategien:

- **Achtsamkeit:** Hier geht es darum, den Moment zu leben, Gedanken und Gefühle ohne Wertung zu akzeptieren und bewusst im Jetzt zu sein.
- **Sinn des Lebens:** Dies beinhaltet, in Herausforderungen einen tieferen Sinn zu sehen und die eigenen Werte zu reflektieren.
- **Geduld und Durchhaltevermögen:** Es geht darum, auch in schwierigen Zeiten am Ball zu bleiben, getrieben von Leidenschaft und Zielstrebigkeit.
- **Dankbarkeit:** Sich bewusst zu machen, wofür man dankbar ist, und diesen Dank auch zum Ausdruck zu bringen.
- **Humor:** Die Fähigkeit, über die Hürden des Lebens zu lachen und Freude in kleinen Momenten zu finden.

Die Positive Psychologie zeigt uns nicht nur, wie wir besser mit schwierigen Zeiten klarkommen, sondern auch, wie wir insgesamt zufriedener und erfüllter leben können.

Positive Psychologie funktioniert

Manche Leute zweifeln an der Wirksamkeit der Positiven Psychologie.

Zum Beispiel kritisiert Eva Illouz in ihrem Buch *Glücksdiktat,* dass es nur um Geldmacherei geht.

Was sind ihre Argumente? Wenn sie ein ganzes Buch darüber schreibt, wie Positive Psychologie nicht mehr ist als ein „ideologisches

Werkzeug", dann muss sie doch Belege haben, dass es tatsächlich niemandem hilft.

Was sie in ihrem Buch zitiert, ist ein Artikel aus dem Jahr 2003, in dem argumentiert wird, dass die Steigerung des Selbstwertgefühls nicht wirklich hilft.[12] Es wird erwähnt, dass ein Programm namens SEAL keine Wirkung nachweisen konnte. Ein anderer Artikel behauptet, dass es kaum kausale Beweise für das Selbstkonzept gibt.

Heißt das aber, dass die ganze Positive Psychologie nichts taugt? Das wäre so, als würde man aus ein paar Flops in der Medizin schließen, dass alle Ärzte nur auf das große Geld aus sind.

So einfach ist das nicht. In der Wissenschaft schauen wir immer genau hin. Wir machen viele verschiedene Studien, in verschiedenen Situationen, mit verschiedenen Methoden. Manchmal machen wir Experimente, manchmal beobachten wir einfach, was in der realen Welt passiert. Und weil nicht jede Studie perfekt ist, haben verschiedene Versuchsdesigns unterschiedliche Vor- und Nachteile.

Deshalb gibt es Meta-Analysen. Sie fassen die Ergebnisse vieler Studien zusammen und geben uns ein klareres Bild. Allerdings sind auch Meta-Analysen nicht frei von Einschränkungen, da sie durch die Auswahl der Studien verzerrt sein können.

Inzwischen liegt eine Meta-Analyse der Meta-Analysen vor, die 198 Meta-Analysen mit über 4.000 Einzelstudien und über 500.000 Teilnehmern umfasst.[13] Diese sorgfältig nach Qualität ausgewählten Meta-Analysen zeigen ein klares Ergebnis: Positive-Psychologie-Interventionen haben positive Effekte auf Wohlbefinden, Lebensqualität, persönliche Stärken sowie Depression, Angst und Stress, die auch nach 7,5 Monaten noch anhalten.

Angesichts solcher Ergebnisse erscheint es mir intellektuell unredlich und zynisch, diese Interventionen als ideologisch abzutun.

Natürlich wirken diese Maßnahmen nicht bei jedem gleich gut. Die Wirkung kann von schwach bis mäßig stark variieren. Das liegt daran, dass jeder Mensch anders ist, und was bei dem einen wirkt, wirkt bei dem anderen nicht. Einige Forscher haben sich deshalb Gedanken darüber gemacht, wie man die verschiedenen Ansätze der Positiven Psychologie besser auf den einzelnen Menschen abstimmen könnte.[14]

Sie schlagen einen evolutionären Ansatz vor: Man soll verschiedene Verhaltensweisen ausprobieren (Variation) und die für sich besten herausfinden und beibehalten (Selektion und Retention). Ziel ist es, Verhaltensweisen zu finden, die zu einem passen und die man in den Alltag integrieren kann, um sich langfristig besser zu fühlen.

Positive Psychologie ist also mehr als ein Hype. Sie ist ein Werkzeugkasten voller Möglichkeiten, unser Wohlbefinden zu verbessern - wenn wir bereit sind, zu experimentieren und herauszufinden, was für uns funktioniert.

Wokeness will gar nicht helfen

Das enorm gestiegene Interesse an Positiver Psychologie und Resilienz zeigt, dass Menschen nach Wegen suchen, mit den Herausforderungen des Lebens besser umzugehen.

Natürlich stößt man im Internet auf den einen oder anderen Selbsthilfe-Guru, der fragwürdige Ratschläge verbreitet. Aber das heißt nicht, dass wir das Streben nach Zufriedenheit als reine Ideologie abtun sollten.

Eva Illouz scheint es weniger darum zu gehen, uns im Leben zufriedener zu machen als darum, alles Bestehende, das sie verachtet, zu beseitigen:

> [Positive Psychologie] trübt und verwirrt nicht nur unser Vermögen, die Bedingungen zu erkennen, die unsere Existenz prägen; sie macht sie irrelevant. Nicht Glück, sondern Erkenntnis und Gerechtigkeit sind unverändert der revolutionäre moralische Sinn unseres Lebens.[15]

Für Illouz hat Unzufriedenheit eine Funktion:

> Wir müssen hier ein letztes Mal den zentralen Charakter der negativen Gefühle betonen. Öffentliche Proteste und sozialen Wandel gäbe es nicht ohne die geballten Gefühle vieler wütender oder verärgerter Bürgerinnen.[16]

Ähnlich argumentiert Emilia Roig.[17] Sie sieht in negativen Gefühlen einen Antrieb für den Kampf gegen Polizei, Gefängnisse, Lohnarbeit, Nationalstaaten, Grenzen, Geld und Ehe.

Aber was genau wollen wir erreichen? Klar, wir alle wollen eine gerechtere Welt. Aber wie? Es gibt so viele Vorschläge, aber nicht alle bringen uns weiter. Nehmen wir die Diversitätstrainings und die ständigen Diskussionen über politische Korrektheit. Statt Betroffenen zu helfen, scheinen sie eher Unmut und Spaltung zu fördern.

Unsere Gesellschaft steht vor einer riesigen Herausforderung. Immer mehr junge Menschen fühlen sich ängstlich und der Bedarf an therapeutischer Unterstützung wächst stetig. Leider sind die Therapieplätze so rar, dass viele auf monatelangen Wartelisten landen. Anstatt immer erst zu reagieren, wenn das Kind bereits in den Brunnen gefallen ist, sollten wir viel stärker auf Vorbeugung setzen, um psychische Erkrankungen gar nicht erst entstehen zu lassen.

Die Positive Psychologie ist kein Allheilmittel, aber sie bietet gute Ansätze, um mit Schwierigkeiten umzugehen. Dabei geht es nicht um blinden Optimismus, sondern darum, auch in schwierigen Zeiten stark zu bleiben.

Vor allem könnten wir diejenigen gezielt unterstützen, die besonders gefährdet sind. Frauen und Menschen mit Migrationshintergrund sind häufiger von psychischen Problemen betroffen. Statt unser Budget in wenig wirksame Maßnahmen zu stecken, sollten wir in wissenschaftlich belegte psychologische Unterstützung investieren.

Was wir derzeit allerdings beobachten, ist, dass Debatten oft nicht mit dem Ziel geführt werden, die besten Wege zu finden, um anderen zu helfen. Vielmehr verlieren sie sich in einem Teufelskreis aus gegenseitiger Aufschaukelung und Empörung.

KAPITEL 15

Brücken schlagen und Grenzen setzen

Bekämpfe den Hass durch Nichthassen,
durch Güte den Bösen,
gewinne durch deine Opfer den Geizigen
und durch deine Wahrheitsliebe den Lügner.

Buddha

Immer mehr Leute haben Angst, ihre Meinung zu äußern, und machen sich Sorgen über den Zusammenhalt in unserer Gesellschaft – und du vielleicht auch.

Unsere Gesellschaft scheint sich an den Rändern weiter zu polarisieren, geprägt von Empörung und Hass. Besonders in den sozialen Medien tritt die Verachtung für Andersdenkende offen zutage.

Die mit Abstand meisten der Kommentare unter meinen Videos sind sachlich. Viele bekunden Freude über meine nüchterne Aufarbeitung, und das sind keine Rechtsradikalen, sondern Frauen, Personen mit Migrationshintergrund, Schwule und Transpersonen.

Es gibt aber auch einige, die die Fakten und Studien, die ich in meinen Videos vorstelle, als Anlass nehmen, um ihre Menschenfeindlichkeit kundzutun.

Ein besonders erschütternder Kommentar lautete: „Schickt die Ns direkt nach Afrika."

Ein anderer schreibt: „Mit so Leuten kann man nicht diskutieren. Wenn die zu nah kommen, kann man nur Backpfeife geben."

Solche Aussagen sind sehr bedauerlich und zeigen, dass nicht alle an einem konstruktiven Diskurs interessiert sind. Es gibt noch einen anderen Kommentar, der mich besonders traurig macht:

> Wenn ich gezwungen würde, grundlos ein Sensibilitätstraining durchzuführen, erschafft das Wut in mir. Auf das System, in dem ich mich nie rassistisch verhalten habe, auf das Land, welches mich grundlos bestraft, und am Ende vielleicht sogar auf Ausländer, welche daran keine Schuld tragen!

In Deutschland befinden wir uns an einem kritischen Wendepunkt. Obwohl unsere Gesellschaft noch nicht so hoffnungslos gespalten ist wie in den USA, dürfen wir das Risiko einer weiteren Spaltung nicht unterschätzen. Es ist entscheidend, dass wir uns aktiv gegen Autoritarismus von beiden Seiten stellen, da dieser droht, unsere Gemeinschaft zu zerteilen.

Anstatt die „Gegenseite" zu bekämpfen und zu verachten und sie dadurch nur stärker zu machen, sollten wir aufhören, denselben Fehler immer wieder zu machen. Es gibt Hoffnung. Indem wir die Wurzeln unseres Dilemmas verstehen, können wir beginnen, Gegenmaßnahmen zu ergreifen.

In diesem Kapitel werde ich Möglichkeiten aufzeigen, wie wir Konflikte konstruktiv lösen können.

Warum wie beide Seiten brauchen

Die Beziehung zwischen progressiven und konservativen Kräften ähnelt einem Uhrmacher, der mit einer Hand drückt und mit der anderen hält, um Gleichgewicht zu schaffen.

Progressive träumen davon, die Welt ständig zu verbessern. Sie glauben fest daran, dass wir fast jedes Problem lösen können, wenn wir nur wollen und die richtigen Methoden anwenden. Konservative hingegen sind vorsichtiger. Sie sehen die menschliche Natur eher skeptisch und meinen, dass unsere Fähigkeit, die Gesellschaft zu verbessern, Grenzen hat.

Diese unterschiedlichen Blickwinkel sind wichtig. Sie helfen uns zu erkennen, wann wir Probleme lösen können und wann wir durch die menschliche Natur begrenzt sind.

Es ist wichtig, dass einige von uns die Missstände in der Gesellschaft aufdecken und nach neuen Wegen suchen. Egal ob es um Gewalt, Diskriminierung oder negative Vorurteile geht – es braucht Menschen, die nach den tieferen Ursachen forschen und Vorschläge machen, wie es besser gehen könnte. Diese Ideen müssen nicht auf Anhieb perfekt sein, dafür ist die Gesellschaft zu komplex.

Vor der Umsetzung solcher Maßnahmen ist eine sorgfältige Prüfung essenziell, besonders bei Konflikten mit anderen Werten. Zum Beispiel kann die Regulierung der Wortwahl als Einschränkung empfunden werden, und nicht jeder wünscht sich mehr Diversität in Filmen. Fragen nach der Herkunft können als verletzend oder als Interesse wahrgenommen werden, und während einige die traditionelle Familienstruktur als überholt ansehen, halten andere sie für bewahrenswert.

Die Kernfragen, die wir uns stellen sollten, sind: Verfolgt eine Maßnahme ein legitimes Ziel? Ist sie geeignet und durch Studien gestützt? Ist sie notwendig oder gibt es mildere Mittel? Oft entzündet die Frage der Angemessenheit den Streit.

Anstatt sachlich über solche Probleme zu diskutieren, gibt es eine Seite, die Andersdenkende verachtet und überzogene Forderungen stellt, während sich die andere Seite schnell eingeschränkt fühlt und Personen, die als „anders" empfunden werden, verachtet und aggressiv den Status quo verteidigt. Es entsteht ein Teufelskreis ohne Raum für Kompromisse.

Wie können wir diesem entkommen?

Wenn man als Paar ständig in Streitereien verwickelt ist, kann man lernen, aus einem Zyklus von Vorwürfen und Rückzug auszubrechen. Zum Beispiel kann einer sich bemühen, stehen zu bleiben und zuzuhören, während der andere vorschlägt, das Gespräch zu verschieben, bis die Gemüter sich beruhigt haben.

Genauso können wir in der Gesellschaft besser miteinander umgehen, indem wir verstehen, wie unsere Handlungen andere beeinflussen.

So könnten wir einen Weg finden, um aus dem giftigen Klima unserer Diskussionen herauszukommen.

Entgegenkommend, wie es nur geht

Wir alle streben nach Anerkennung und Ressourcen. Es ist jedoch nicht einfach, einen gemeinsamen Nenner zu finden, insbesondere wenn jeder das Gefühl hat, zu kurz zu kommen.

Es ist nicht hilfreich, andere als überempfindlich abzustempeln, da dies nur zu Gegenwehr führt. Anstatt jemandem vorschnell eine Opferrolle oder „White Fragility“ zu unterstellen, sollten wir uns fragen, ob wir nicht selbst zu diesem Teufelskreis beitragen.

Bevor wir also etwas in den sozialen Medien posten oder jemanden für seine Meinung verurteilen, sollten wir uns selbst fragen: Warum ärgere ich mich? Ist es gerechtfertigt, diese Person aufgrund ihrer Meinung zu verachten? Ist diese andere Meinung so gefährlich, wie es für einen erscheint? Geht es mir vielleicht nur darum, Frust loszuwerden?

Man könnte meinen, dass der Mensch nun einmal so ist und ein kooperativer Umgang miteinander nicht möglich ist. Doch das ist eine trügerische Annahme.

Im 10. Kapitel habe ich über das Robbers-Cave-Experiment berichtet, bei dem zwei Gruppen gegeneinander antraten und die Rivalität eskalierte. Eine Sache habe ich mir bis hierher aufgehoben.

Es gab noch eine letzte Phase. Hier schuf Sherif Situationen, in denen die verfeindeten Gruppen Hand in Hand arbeiten mussten. Ein kaputter Wasserhahn drohte das Lager zu überschwemmen, ein verunglückter Lieferwagen bedrohte die Lebensmittelversorgung. Nur mit vereinten Kräften konnten diese Herausforderungen gemeistert werden.

Zuerst widerwillig, aber mit wachsender Begeisterung rückten die Jungen zusammen. Sie merkten, dass ihre Unterschiede gar nicht so groß waren und sie gemeinsam mehr erreichen konnten. Am Ende des Lagers war aus Feindschaft Freundschaft geworden. Dieses Experiment zeigt eindrucksvoll, wie Konflikte durch gemeinsame Ziele und Zusammenarbeit gelöst werden können.

Sowohl in Beziehungen als auch in der Gesellschaft ist die Verfolgung gemeinsamer Ziele entscheidend für einen dauerhaften

Zusammenhalt. Ein gutes Beispiel dafür ist Martin Luther King Jr., der, wie Jonathan Haidt es ausdrückt, eine Politik der „gemeinsamen Menschlichkeit" verfolgte.

King appellierte an universelle moralische Werte und Identitäten, indem er die einigende Sprache der Religion und des Patriotismus benutzte. Er benutzte die Metapher der Familie, sprach Menschen aller Ethnien und Religionen als „Brüder" und „Schwestern" an und betonte die Bedeutung von Liebe und Vergebung, inspiriert von den Lehren Jesu und der Weisheit verschiedener Kulturen: „Liebe ist die einzige Kraft, die einen Feind in einen Freund verwandeln kann".

In seiner berühmtesten Rede, in der er den amerikanischen Traum von der Gleichheit aller Menschen beschwor, bediente er sich einer quasi-religiösen Sprache und bezog sich auf die Gründungsdokumente Amerikas:

> Auch wenn wir heute und morgen Schwierigkeiten gegenüberstehen, habe ich dennoch einen Traum. Es ist ein Traum, tief verwurzelt im amerikanischen Traum. Ich träume davon, dass diese Nation eines Tages aufsteht und die wahre Bedeutung ihres Glaubensbekenntnisses lebt: „Wir halten diese Wahrheiten für selbstverständlich, dass alle Menschen gleich geschaffen sind."

Kings Ziel war es, Amerika zu heilen und zu einen, nicht zu zerstören. Die Wirksamkeit seines Ansatzes bestätigt nicht nur die Geschichte, sondern auch die Forschung.

Eine Studie mit Teilnehmern aus dem Kosovo und Bosnien-Herzegowina zeigt: Wer andere Gruppen als Teil einer größeren Gemeinschaft sieht und glaubt, dass beide Seiten im Konflikt gelitten haben, ist eher bereit, den Kontakt zu ehemaligen Gegnern zu suchen.[1, 2]

Dieses inklusive Bewusstsein fördert Empathie und Vertrauen und führt zu einer positiveren Einstellung gegenüber den Mitgliedern der anderen Gruppe.

Eine weitere Studie, die inzwischen zu meinen Favoriten zählt, zeigt eindrucksvoll, dass ein gutes Vorbild zu sein, negative Vorurteile abbauen kann.[3]

Im Februar 2018 feierten die Anhänger eines der renommiertesten Fußballvereine Englands, des FC Liverpool, einen entscheidenden Sieg in der Eliteklasse des Fußballs. Ein 5:0-Erfolg über den FC Porto in der Champions League der UEFA ließ auf eine herausragende Saison hoffen, in deren Verlauf der FC Liverpool bis ins Finale vorstieß.

Mohamed Salah, ein junger ägyptischer Stürmer, spielte eine Schlüsselrolle für den Erfolg des Clubs. Nach dem Sieg sangen die Fans:

> If he scores another few
> Then I'll be Muslim, too.
> If he's good enough for you,
> He's good enough for me.
> Sitting in a mosque,
> That's where I wanna be.

Mit jedem Sieg, den Liverpool auf dem Weg durch die erfolgreiche Saison errang, erfanden die Anhänger neue Oden an Salah:

> Mohamed Salah
> A gift from Allah.
> He's always scoring,
> It's almost boring.
> So please don't take
> Mohamed away.

In den ersten drei Spielzeiten, in denen Salah für den FC Liverpool spielte, war der Verein außerordentlich erfolgreich, erreichte zwei Mal in Folge das Finale der UEFA Champions League und gewann den Titel 2019. Auch in der heimischen Liga war der Club erfolgreich und gewann 2020 zum ersten Mal in der Vereinsgeschichte die englische Premier League, wobei Salah zwei Jahre in Folge zum besten Torschützen der Liga gekürt wurde.

Was Salah so besonders macht, ist nicht nur sein Talent auf dem Feld, sondern auch seine offene islamische Identität. In Europa war es ungewöhnlich, Spieler nach einem Tor beim muslimischen Gebet zu sehen. Salahs Beliebtheit führte zu Diskussionen, ob seine Sichtbarkeit als Muslim die Einstellungen zum Islam verbessern könnte.

Forscher haben sich diese Frage vorgenommen und kamen zu bemerkenswerten Ergebnissen. Sie analysierten Hassverbrechen in England und 15 Millionen Tweets von Fußballfans. Die Zahlen sprechen für sich: Nach Salahs Wechsel zu Liverpool fielen die Hassverbrechen in der Stadt um 16 Prozent und die anti-muslimischen Tweets der Liverpool-Fans halbierten sich im Vergleich zu anderen Clubs. Eine Umfrage bestätigte: Salahs Präsenz verbesserte generell die Einstellung zum Islam.

Es ist möglich, negative Stereotype abzubauen. Was wir brauchen, sind positive Vorbilder. Ich denke, Martin Luther King war genau das. Er hat sich als jemand betrachtet, der im gleichen Team ist wie die ganze Menschheit, und konnte dadurch wirklich etwas bewegen.

Klare Grenzen setzen

Das Ziel sollte jedoch nicht sein, die eigenen Bedürfnisse zu unterdrücken oder zu schweigen, wenn einem etwas nicht passt.

Manche Menschen, ob links oder rechts, stellen sich oft als Opfer dar, nicht um zu helfen, sondern um sich besser zu fühlen. Sie versuchen, ihre Position durch laute und extreme Forderungen zu stärken, was schwerwiegende Folgen haben kann. Wir sollten uns von solchen Personen nicht verunsichern lassen, sondern klare Grenzen ziehen.

Aber wo sind die Grenzen zu ziehen? Einerseits sollten wir uns nicht allen Forderungen widersetzen, denn sie können ja auch legitim sein. Andererseits sollten wir unsere eigenen Bedürfnisse nicht vernachlässigen.

Es gibt einen Weg, um herauszufinden, welche Anforderungen legitim sind und welche nicht. Wenn ihr das Buch bis hierhin gelesen habt, werdet ihr schon vermuten, was meine Antwort ist.

Wenn wir uns die menschliche Natur durch die Wissenschaft ansehen, können wir besser beurteilen, was wir im Leben brauchen, um zufrieden zu sein, und was wir von anderen erwarten können und was nicht.

Menschen haben grundlegende Bedürfnisse, beispielsweise das Verlangen nach tiefen Beziehungen. Wir brauchen das Gefühl, geliebt und akzeptiert zu werden. Außerdem streben wir nach Unabhängigkeit, wollen unsere Talente entfalten und uns selbst treu bleiben. Wir möchten uns frei fühlen, unser wahres Ich zeigen und dabei auch mal spontan und verspielt sein.

Um diese Wünsche zu realisieren, gibt es drei essenzielle Grundpfeiler, die mit klaren Grenzen verteidigt werden sollten.

- **Demokratie:** Sie bringt uns nicht nur Meinungsfreiheit und faire Wahlen, sondern macht uns auch glücklicher. Eine Studie mit 28 Ländern zeigt: Selbst wenn man Kultur und Einkommen außen vor lässt, fühlen sich Menschen in Demokratien einfach besser.[4] Warum? Demokratien führen zu politischen Ergebnissen, die den Präferenzen der Bürgerinnen und Bürger entsprechen.
- **Wissenschaft und Rationalität:** Die wissenschaftliche Methode hat enorm dazu beigetragen, menschliches Leid zu mindern – durch Entdeckungen wie Antibiotika oder Impfungen. Um die Wissenschaft zu schützen, sind Meinungsfreiheit und offene Debatten unerlässlich. Dabei sollte es um Fakten gehen und nicht darum, wer am meisten betroffen ist.
- **Psychische Gesundheit:** Unsere Kultur sollte darauf ausgerichtet sein, unser Wohlbefinden zu fördern. Genauso wie wir negativen Stereotypen und Verschwörungstheorien kritisch gegenüberstehen sollten, ist es wichtig, schädliche Glaubenssätze, die die Welt als gefährlich darstellen, zu hinterfragen. Wir sollten nicht eine Kultur der Überbehütung fördern, sondern die Resilienz der Menschen stärken.

Diese Prinzipien sind nicht selbstverständlich. Wir müssen uns gegen alle Formen des Autoritarismus stellen, sowohl gegen rechten als auch gegen linken Extremismus. Wenn aktivistische Gruppierungen fordern, dass ein Vortrag abgesagt wird oder etwas umgestürzt werden soll, ohne eine Alternative zu bieten, sollten wir klare Grenzen ziehen.

Zusammenhalt muss verteidigt werden

Um den Zusammenhalt in unserer Gesellschaft zu bewahren, ist es entscheidend, aus dem Teufelskreis von Forderungen und Rückzug auszubrechen.

Es ist wichtig, Entgegenkommen zu zeigen und zuzuhören, selbst wenn Forderungen als unangemessen erscheinen mögen. Hinter jeder Beschwerde steckt oft der echte Schmerz einer Person. Wir alle kennen das Gefühl, uns allein, verletzt oder unsicher zu fühlen. Menschen, die sich als Opfer sehen, handeln oft aus Verzweiflung und sehen keine andere Möglichkeit.

Wir sollten uns davor hüten, uns als Reaktion selbst als Opfer darzustellen und damit den negativen Teufelskreis nur fortzusetzen. Bevor wir unseren Ärger in sozialen Netzwerken teilen, sollten wir uns fragen, ob wir wirklich die Welt verbessern wollen oder ob wir nur nach einer Möglichkeit suchen, andere schlecht zu machen.

Das bedeutet jedoch nicht, dass wir niemals aufgebracht sein sollten. Als Gesellschaft müssen wir klarstellen, welche Werte uns wichtig sind. Wenn uns das Wohl der Menschen am Herzen liegt, sollten wir Demokratie, Wissenschaft und psychische Gesundheit verteidigen.

Ich glaube, viele Menschen, egal ob sie politisch links oder rechts stehen, wollen die Welt verbessern, ohne sich in ideologischen Kämpfen zu verlieren. Die meisten Menschen in der Mitte sind sich bei vielen Themen einig. Leider bekommen oft diejenigen, die sich am lautesten als Opfer darstellen, die meiste Aufmerksamkeit.

Dennoch hoffe ich, dass jeder, der sich mit Offenheit und klaren Standpunkten in Debatten einbringt, zum Fortschritt beiträgt und uns näher zusammenbringt.

FAZIT

Die Antwort auf Unsicherheit

> *Achte auf deine Gedanken, denn sie werden Worte. Achte auf deine Worte, denn sie werden Handlungen. Achte auf deine Handlungen, denn sie werden Gewohnheiten. Achte auf deine Gewohnheiten, denn sie werden dein Charakter. Achte auf deinen Charakter, denn er wird dein Schicksal.*
>
> Talmud

Wokeness soll die Welt verbessern, führt jedoch dazu, dass junge Menschen zum Scheitern erzogen werden und die Gesellschaft gespalten wird.

Um das zu belegen, haben wir uns zu Beginn Beispiele von Menschen angeschaut, die sich überall als Opfer eines ungerechten Systems fühlen, überzogene Ansprüche haben und alle verachten, die anderer Meinung sind.

Wir haben uns die Ursachen angeschaut und festgestellt, dass Überbehütung eine Rolle spielt. Statt sich der Realität zu stellen, wird versucht, eine Gesellschaft zu schaffen, in der sich alle wohlfühlen. Doch diese Bemühungen, wie Politische Korrektheit und Diversity-Trainings, scheitern an der harten Realität. Vielmehr wird Misstrauen gesät und das Gefühl vermittelt, Probleme nicht selbst lösen zu können.

Das Vertrauen auf Gefühle trägt zur Verachtung der Gesellschaft bei. Ungleichheit wird immer als Ungerechtigkeit gesehen und Stereotype immer als gefährlich, obwohl dies wissenschaftlich nicht haltbar ist. Dahinter stecken kognitive Verzerrungen, die die Gesellschaft auf Macht reduzieren und überall Schaden vermuten.

Schließlich haben wir uns Belege angesehen, die darauf hindeuten, dass hinter der Verachtung der Gesellschaft nicht der Wunsch steckt, Leuten zu helfen, sondern alles zu beseitigen, was das überhöhte Selbstbild bedrohen könnte.

Mit dem Ausspielen der Opferkarte erhoffen sie sich Vorteile. Die politische Korrektheit dient dazu, moralische Überlegenheit zu demonstrieren. Ziel ist es nicht, echte Missstände zu bekämpfen, sondern den eigenen Status durch immer radikalere Positionen zu steigern.

Ich habe dieses Buch nicht geschrieben, um mich über woke Personen aufzuregen, sondern weil ich mir Sorgen mache, dass junge Menschen in die Irre geleitet werden.

Als Psychologe sehe ich die Gefahr, dass wir eine Generation großziehen, die zunehmend psychologische Hilfe benötigen wird – und schon jetzt gibt es zu wenige Therapieplätze.

Ich glaube, wir haben eine bessere Alternative.

Wenn uns das Wohlergehen unserer Gesellschaft am Herzen liegt, müssen wir offen und rational darüber sprechen, welche Werte gut und welche schlecht sind. Eine Gesellschaft, die sich nicht bewusst mit ihren Werten auseinandersetzt, bietet einen fruchtbaren Boden für Zynismus.

Ich betrachte Wokeness und ihre Glaubenssätze als eine schlechte Antwort auf die Herausforderungen des Lebens – ähnlich wie religiöser Fundamentalismus oder Verschwörungstheorien.

In diesem letzten Kapitel möchte ich mit drei besseren Glaubenssätzen schließen, die sich nicht nur in der Forschung als wesentlich herausgestellt haben, sondern auch in verschiedenen Lebensphilosophien verankert sind.

„Ich muss mich der Realität stellen"

Es ist verlockend, den Anforderungen im Leben aus dem Weg zu gehen und von einer Welt zu träumen, in der man keinem Druck ausgesetzt ist.

Aber die Wahrheit ist: Probleme verschwinden nicht einfach, indem wir sie ignorieren. Sie stapeln sich und werden immer schlimmer.

Der Theologe Reinhold Niebuhr brachte es auf den Punkt, was vom Menschen gefordert wird:

> Gott, gib mir die Gelassenheit, Dinge hinzunehmen, die ich nicht ändern kann, den Mut, Dinge zu ändern, die ich ändern kann, und die Weisheit, das eine vom anderen zu unterscheiden.

Es ist entscheidend, die Unabänderlichkeit mancher Dinge zu akzeptieren und gleichzeitig aktiv jene Aspekte des Lebens zu gestalten, die wir beeinflussen können. Ohne Gott müssen wir selbst lernen, das eine vom anderen zu unterscheiden.

Wer nicht akzeptieren kann, was nicht zu ändern ist, lebt oft mit unrealistischen Erwartungen, die an der Realität scheitern.

Die Vorstellung, politische Korrektheit könne alle Herausforderungen beseitigen, führt nur zu Frustration. Das Leben garantiert uns nichts – keine Freunde, Partner oder einen bestimmten Lebensstandard. Für die meisten Männer sollte es daher Priorität sein, sich Status zu erarbeiten, für die meisten Frauen hingegen, sich ein stabiles soziales Netzwerk aufzubauen.

Natürlich gibt es Personen, bei denen das nicht zutrifft, aber da du wahrscheinlich ein durchschnittlicher Mensch bist, trifft das voraussichtlich auch auf dich zu.

Es ist wichtig, diese Realität ernst zu nehmen und das eigene Potenzial auszuschöpfen, sonst wird man zynisch und verbittert. Man trägt nicht nur nichts zur Welt bei, sondern fängt an, diejenigen zu beneiden, die kompetent sind, Erfolg haben und Aufmerksamkeit bekommen, und entwickelt den Wunsch, sie zu zerstören.

Versuche also, die Dinge zu akzeptieren, die du nicht ändern kannst, und habe den Mut, die Dinge zu ändern, die du ändern kannst. Auch wenn es unangenehm ist, deine Traumwelt zu verlassen, eröffnet es dir die Chance, dich den Anforderungen des Lebens zu stellen.

Um das eine vom anderen unterscheiden zu können, ist es entscheidend, ehrlich zu dir selbst zu sein.

„Ich sollte meine Gefühle hinterfragen"

Menschen suchen ständig nach festen Antworten auf die Unsicherheit in der Welt und vertrauen dabei oft auf ihr Bauchgefühl.

Allerdings kann unsere Intuition uns ordentlich in die Irre führen und die Welt grauer aussehen lassen, als sie ist.

Diese Erkenntnis wurde schon seit Jahrhunderten in unterschiedlichen Kulturen formuliert. Ein gutes Beispiel hierfür ist der Stoizismus, eine Philosophie der Antike.

Der bekannte Stoiker Epiktet sagte einst:

> Es sind nicht die Dinge selbst, die uns beunruhigen, sondern die Vorstellungen und Meinungen von den Dingen.

Diese Perspektive ermutigt dazu, unsere eigenen Gedanken und Überzeugungen zu hinterfragen, anstatt zu versuchen, die äußere Welt zu kontrollieren – was ohnehin oft außerhalb unserer Macht liegt. Indem wir lernen, unsere Gedanken kritisch zu betrachten, können wir ein klareres Bild der Welt um uns herum erhalten. Diese Einsicht bildet auch das Fundament der modernen kognitiven Verhaltenstherapie.

Wokeness möchte uns glauben machen, dass wir unseren Gefühlen blind vertrauen sollten und überall Unterdrückung wittern müssen. Diese Perspektive ist jedoch durch kognitive Verzerrungen geprägt. Sie erkennt keine Graustufen zwischen Schwarz und Weiß und neigt dazu, das Schlimmste zu befürchten. Andere Sichtweisen werden ignoriert, weil nur die eigene Betroffenheit als relevant erachtet wird.

Es gibt jedoch einen besseren Weg, die Welt zu verstehen. Wir haben gute Gründe, anzunehmen, dass es eine reale Welt gibt. Genauso haben wir auch gute Gründe, zu vertrauen, dass Theorien, die auf genauen Beobachtungen beruhen, alle anderen möglichen Erklärungen berücksichtigen, statistisch gestützt sind und von anderen Wissenschaftlern geprüft wurden, besser sind als unser Bauchgefühl.

Diese Wertvorstellung kann als „intellektuelle Redlichkeit" beschrieben werden. Sie bezeichnet nach dem Philosophen Thomas

Metzinger die unbedingte Aufrichtigkeit, Wahrhaftigkeit und Gewissenhaftigkeit im Umgang mit sich selbst, um Irrtümer und Selbsttäuschungen zu vermeiden.[1]

Der Aufwand zahlt sich meiner Meinung nach aus. Wenn wir ein fundiertes Weltbild haben, dann haben wir die ganze Kraft der Realität hinter uns, die uns bei der Verwirklichung unserer Ziele hilft.

Ich denke, das ist ein guter Deal.

„Mein Leben liegt in meiner Hand"

Wir sind soziale Wesen und brauchen andere, um Verbundenheit und Anerkennung zu erfahren.

Oft wird uns dies nicht bedingungslos gegeben, was frustrierend sein kann. Aber wir müssen akzeptieren, dass andere Menschen Erwartungen an uns haben und dass Enttäuschungen und Rückschläge zum Leben gehören. Deshalb ist es wichtig, sich zu jemandem zu entwickeln, der den unerbittlichen und manchmal harten Anforderungen gewachsen ist und proaktiv an seiner Widerstandsfähigkeit arbeitet.

Der berühmte Schwertkämpfer Miyamoto Musashi hat einmal gesagt:

> Es ist besser, ein Krieger in einem Garten zu sein als ein Gärtner im Krieg.

Ich denke nicht, dass wir uns auf echte Schlachten vorbereiten sollten. In der modernen Welt sind körperliche Kämpfe selten geworden. Aber irgendwann treffen uns alle größere oder auch kleinere Schicksalsschläge – sei es ein Autounfall, der Verlust eines geliebten Menschen, eine Trennung oder auch nur der Stress eines Umzugs.

Wokeness kann uns unvorbereitet auf solche Lebensprüfungen zurücklassen, indem es uns suggeriert, dass andere für unser Wohlbefinden zuständig sind. Statt uns auf die Realität vorzubereiten, verführt es uns dazu, Anerkennung und Status zu suchen, indem wir uns als moralisch überlegen darstellen.

Aber es gibt einen besseren Weg, mit Herausforderungen umzugehen, und der heißt Resilienz. Sie ermöglicht es, in schwierigen Zeiten positiv zu bleiben und den Kopf oben zu behalten.

Dafür müssen wir unsere eigenen Gedanken kritisch hinterfragen und aktiv für unsere Bedürfnisse eintreten.

Resilienz als Antwort auf Unsicherheit

Ich möchte mit diesem Buch keineswegs den Eindruck erwecken, dass wir allein für unser Schicksal verantwortlich sind.

Im Gegenteil, ich finde soziale Verantwortung wichtig. Es verdient Anerkennung, wenn sich Menschen für die Belange schlechter gestellter Gruppen einsetzen, Probleme aufzeigen und gemeinsam in einem offenen Dialog nach Lösungen suchen, die allen zugutekommen.

Wenn uns das Wohl der Menschen am Herzen liegt, sollten wir aber eines nicht vergessen:

Wir sollten versuchen, die Gesellschaft zu verbessern und *gleichzeitig* versuchen, uns selbst und andere resilienter gegenüber den Anforderungen der Gesellschaft zu machen.

Ich bin davon überzeugt, dass wir unsere Ängste überwinden können, wenn wir uns auf drei resiliente Glaubenssätze stützen: die Entschlossenheit, sich den Herausforderungen des Lebens zu stellen, die Bereitschaft, unsere eigenen Gefühle kritisch zu betrachten, und das Vertrauen, dass wir tatsächlich die Kraft haben, Dinge zu verändern.

Das bedeutet nicht, dass wir nie wieder enttäuscht werden oder dass immer alles glatt läuft. Aber wir lernen, mit Rückschlägen umzugehen und weiterzumachen. Wir verstehen, dass Schmerz ein Teil des Wachstums ist, und wir vertrauen darauf, dass wir stark genug sind, damit umzugehen.

Wenn wir den zahlreichen Studien Glauben schenken, haben diese resilienten Glaubenssätze das Potenzial, uns von unseren Ängsten und Sorgen zu befreien.

Anders, als es der Zeitgeist suggeriert, gibt es also eine Alternative zur Opferrolle, und es liegt in deiner Hand, sie zu verwirklichen.

Referenzen

Einleitung: Zeitalter der Unsicherheit

1 Michael Westerhoff, „Zeitweise sollen nur People of Color rein – Aufregung um Ausstellung in Dortmund", 2. September 2023, https://www1.wdr.de/nachrichten/ruhrgebiet/dortmund-zechezollern-kolonial-ausstellung-zutritt-weisse-100.html.

2 „Das ist kolonial", zugegriffen 15. Januar 2024, https://zeche-zollern.lwl.org/de/ausstellungen/das-ist-kolonial/.

3 Daisuke Wakabayashi, „Google Fires Engineer Who Wrote Memo Questioning Women in Tech", *The New York Times*, 8. August 2017, Abschn. Business, https://www.nytimes.com/2017/08/07/business/google-women-engineer-fired-memo.html.

4 Paul Lewis, „‚I See Things Differently': James Damore on His Autism and the Google Memo", *The Guardian*, 17. November 2017, Abschn. Technology, https://www.theguardian.com/technology/2017/nov/16/james-damore-google-memo-interview-autism-regrets.

5 Wakabayashi, „Google Fires Engineer Who Wrote Memo Questioning Women in Tech".

6 David S. Smith u. a., „Land of Woke and Glory? The Conceptualisation and Framing of "Wokeness" in UK Media and Public Discourses", *Javnost – The Public* 30, Nr. 4 (2. Oktober 2023): 513–33, https://doi.org/10.1080/13183222.2023.2273656.

7 Fëdor Michajlovič Dostoevskij, *Schuld und Sühne: Roman*, übers. von Hermann Röhl (Köln: Anaconda, 2012).

8 YouGov, „Finden Sie geschlechtergerechte Sprache, sogenanntes Gendern, wichtig oder unwichtig? [", Statista, 7. März 2023, https://de.statista.com/statistik/daten/studie/1120925/umfrage/umfrage-in-deutschland-zur-relevanz-von-geschlechtergerechter-sprache/.

9 Wendy M. Williams und Stephen J. Ceci, „National hiring experiments reveal 2:1 faculty preference for women on STEM tenure track", *Proceedings of the National Academy of Sciences of the United States of America* 112, Nr. 17 (28. April 2015): 5360–65, https://doi.org/10.1073/pnas.1418878112.

10 Deutsche Gesellschaft für Psychiatrie und Psychotherapie, Psychosomatik und Nervenheilkunde e.V., *Zahlen und Fakten der Psychiatrie und Psychotherapie* (Berlin, 2019).

11 DAK, „Arbeitsunfähigkeitstage aufgrund psychischer Erkrankungen in Deutschland nach Geschlecht in den Jahren 1997 bis 2023 (AU-Tage pro 100 VJ[1]) [Graph]" (Statista, 2024), https://de.statista.com/statistik/daten/studie/254192/umfrage/entwicklung-der-au-tage-aufgrund-psychischer-erkrankungen-nach-geschlecht/.

12 „Subjektives Wohlbefinden von Kindern | UNICEF klärt auf", zugegriffen 21. März 2024, https://www.unicef.de/informieren/einsatz-fuer-kinderrechte/datenbank-kindliches-wohlbefinden/subjektives-wohlbefinden.

13 „Lebenszufriedenheit in Deutschland steigt 2023 leicht an — Hochschul- und Wissenschaftskommunikation", zugegriffen 9. März 2024, https://kommunikation.uni-freiburg.de/pm/2023/lebenszufriedenheit-in-deutschland-steigt-2023-leicht-an.

14 Deloitte, „Wie oft würden sie sagen, dass sie sich ängstlich oder gestresst fühlen? (antwort: Immer/meistens) [Graph]", 2022, https://de.statista.com/statistik/daten/studie/1136684/umfrage/millennials-und-gen-z-zu-stress-und-sorgen-vor-und-waehrend-der-corona-pandemie/.

15 Von Ralf Repöhler, „Alarmierend: Deutschlands Jugendliche sind besonders unzufrieden", zugegriffen 9. März 2024, https://www.wn.de/welt/vermischtes/weltkindertag-deutschland-unicef-studie-jugendliche-unzufrieden-2830582.

16 John Burn-Murdoch, „A New Global Gender Divide Is Emerging", 26. Januar 2024, https://www.ft.com/content/29fd9b5c-2f35-41bf-9d4c-994db4e12998.

17 Ansgar Hudde, „Seven Decades of Gender Differences in German Voting Behavior", *KZfSS Kölner Zeitschrift Für Soziologie Und Sozialpsychologie* 75, Nr. 2 (1. Juni 2023): 143–70, https://doi.org/10.1007/s11577-023-00904-4.

Kapitel 1: Von allem getriggert

1 Hengameh Yaghoobifarah, „Fusion Revisited: Karneval der Kulturlosen", *Missy Magazine* (blog), 5. Juli 2016, https://missy-magazine.de/blog/2016/07/05/fusion-revisited-karneval-der-kulturlosen/.

2 *IV Daniel Gyamerah- – Bin ich schuldig? Alltagsrassismus in Deutschland*, 2015, https://www.youtube.com/watch?v=zD5DSAMA0SA.

3 Peggy McIntosh, „White Privilege: Unpacking the Invisible Knapsack (1989) 1", in *On Privilege, Fraudulence, and Teaching As Learning*, von Peggy McIntosh, 1. Aufl. (Routledge, 2019), 29–34, https://doi.org/10.4324/9781351133791-4.

4 Margarete Stokowski, *Untenrum frei*, 2016, 270.

5 Barry Deutsch, „The male privilege checklist", 2018, http://diffrakt.space/wp-content/uploads/2018/10/Male-Privilege-Checklist.pdf.

6 *10 Hours of Walking in NYC as a Woman*, 2014, https://www.youtube.com/watch?v=b1XGPvbWn0A.

7 Emilia Roig, *Why we matter: das Ende der Unterdrückung*, 1. Auflage (Berlin: Aufbau, 2021), 326.

8 „Rassismus im Schwulen Museum? Infowand sorgt für Kritik", www.siegessaeule.de, zugegriffen 2. April 2024, https://www.siegessaeule.de/magazin/4225-

rassismus-im-schwulen-museum-infowand-sorgt-f%C3%BCr-kritik/https%3A%2F%2Fwww.siegessaeule.de%2Fmagazin%2F4225-rassismus-im-schwulen-museum-infowand-sorgt-f%25C3%25BCr-kritik%2F.

9 Derald Wing Sue u. a., „Racial Microaggressions in Everyday Life: Implications for Clinical Practice.“, *American Psychologist* 62, Nr. 4 (2007): 271–86, https://doi.org/10.1037/0003-066X.62.4.271.

10 Roig, *Why we matter*, 122.

11 Nick Haslam, „Concept Creep: Psychology's Expanding Concepts of Harm and Pathology“, *Psychological Inquiry* 27, Nr. 1 (2. Januar 2016): 1–17, https://doi.org/10.1080/1047840X.2016.1082418.

12 Scott O. Lilienfeld, „Microaggressions: Strong Claims, Inadequate Evidence“, *Perspectives on Psychological Science* 12, Nr. 1 (Januar 2017): 138–69, https://doi.org/10.1177/1745691616659391.

13 Rahav Gabay u. a., „The Tendency for Interpersonal Victimhood: The Personality Construct and Its Consequences“, *Personality and Individual Differences* 165 (Oktober 2020): 110134, https://doi.org/10.1016/j.paid.2020.110134.

Kapitel 2: Grenzenlose Ansprüche

1 Stephen R. Covey, *The 7 habits of highly effective people: restoring the character ethic*, Rev. ed. (New York: Free Press, 2004).

2 *Best of Hengameh & Tarik Tesfu feat. Suzi Grime – Fat Activism*, 2019, https://www.youtube.com/watch?v=05lKzVhRA_E.

3 *Tariks Genderkrise: Papperlapapp und Schabernack mit Hengameh (dbate)*, 2015, https://www.youtube.com/watch?v=_7iig48OMZ4.

4 „Gleichberechtigung in Führungspositionen“, Bundesministerium der Justiz, 10. März 2023, https://www.bmj.de/DE/themen/wirtschaft_finanzen/handels_gesellschaftsrecht/frauenquote/frauenquote_node.html.

5 Sarah Pines, „Die Oscar-Academy verpflichtet Hollywood zu Diversity-Quoten“, *Neue Zürcher Zeitung*, 11. September 2020, Abschn. Feuilleton, https://www.nzz.ch/feuilleton/die-oscar-academy-verpflichtet-hollywood-zu-diversity-quoten-ld.1575984.

6 Steve Stewart-Williams und Lewis G Halsey, „Men, Women and STEM: Why the Differences and What Should Be Done?“, *European Journal of Personality* 35, Nr. 1 (Januar 2021): 3–39, https://doi.org/10.1177/0890207020962326.

7 Stefan Locke, „AfD-Klage: Verfassungsgericht kippt Paritätsgesetz in Thüringen“, *FAZ.NET*, 15. Juli 2020, https://www.faz.net/aktuell/politik/inland/afd-klage-verfassungsgericht-kippt-paritaetsgesetz-in-thueringen-16861684.html.

8 Stokowski, *Untenrum frei*, 253.

9 „Berlin: Alice Salomon Hochschule lässt Gomringer-Gedicht entfernen“, *Der Spiegel*, 23. Januar 2018, Abschn. Panorama, https://www.spiegel.de/lebenundlernen/

uni/berlin-alice-salomon-hochschule-laesst-gomringer-gedicht-entfernen-a-1189437.html.

10 „Wegen Dreadlocks unerwünscht: Fridays for Future lädt Musikerin Ronja Maltzahn von Demo aus", *Der Tagesspiegel Online*, zugegriffen 4. April 2024, https://www.tagesspiegel.de/politik/fridays-for-future-ladt-musikerin-ronja-maltzahn-von-demo-aus-4786225.html.

11 Simone Schamann, „Kita verbietet Kindern Indianer-Kostüm", 5. März 2019, https://www.nordkurier.de/kultur/kita-verbietet-kindern-indianer-kostum-1196110.

12 Thomas Thiel, „Gender-Pflicht an deutschen Hochschulen: Wacklige Rechtsgrundlage", *FAZ.NET*, 17. Februar 2022, https://www.faz.net/aktuell/karriere-hochschule/gender-pflicht-an-deutschen-hochschulen-wacklige-rechtsgrundlage-17805594.html.

13 „Hinweise zum verfassen einer wissenschaftlichen hausarbeit" (Technische Universität Dortmund, Institut für Entwicklung und Forschung im Hochschulwesen, 2024), https://iaeb.ep.tu-dortmund.de/storages/iaeb-ep/r/Lehrbereiche/Historische_Bildungsforschung/Dokumente/Hinweise_zum_Verfassen_einer_wissenschaftlichen_Hausarbeit.pdf.

14 Sophie-Marie Schulz, „Studentenparlament der FU Berlin: Wer nicht gendert, darf nichts beantragen", Berliner Zeitung, 11. Februar 2023, https://www.berliner-zeitung.de/politik-gesellschaft/fu-freie-universitaet-berlin-studentenparlament-setzt-gender-pflicht-durch-li.315374.

15 Sabine Sczesny, Magdalena Maria Formanowicz, und Franziska Moser, „Can Gender-Fair Language Reduce Gender Stereotyping and Discrimination?", *Frontiers in Psychology* 7 (2. Februar 2016): 25–25, https://doi.org/10.3389/fpsyg.2016.00025.

16 „Deutschland ist besessen von Genitalien: Gendern macht die Diskriminierung nur noch schlimmer", *Der Tagesspiegel Online*, zugegriffen 4. April 2024, https://www.tagesspiegel.de/kultur/gendern-macht-die-diskriminierung-nur-noch-schlimmer-4192660.html.

17 YouGov, „Finden Sie geschlechtergerechte Sprache, sogenanntes Gendern, wichtig oder unwichtig?" (Statista, 7. März 2023), https://de.statista.com/statistik/daten/studie/1120925/umfrage/umfrage-in-deutschland-zur-relevanz-von-geschlechtergerechter-sprache/.

18 „Gendergerechte Sprache", www.infratest-dimap.de, zugegriffen 9. März 2024, https://www.infratest-dimap.de/umfragen-analysen/bundesweit/umfragen/aktuell/gendergerechte-sprache/.

19 Johanna Jürgens, „Marie-Luise Vollbrecht darf ihren Gender-Vortrag an der Humboldt-Universität nachholen", *Der Spiegel*, 15. Juli 2022, Abschn. Panorama, https://www.spiegel.de/panorama/marie-luise-vollbrecht-gender-vortrag-an-der-humboldt-universitaet-nachgeholt-a-63f34714-f86b-4cfe-8115-a7d4f71582b6.

20 Frau Marie □ [@Frollein_VogelV], „Ich wurde geschubst und hab einen Ellenbogen in die Rippen bekommen (beim Reingehen) inklusive ‚schäm dich' Rufe. Abeim Verlassen haben mich 20 Menschen in die Mitte genommen. Mir geht es

gut, die Situation war aber max bedrohlich", Tweet, *Twitter*, 11. Dezember 2022, https://twitter.com/Frollein_VogelV/status/1602049621001478145.

21 *Wer in Deutschland gegen trans Menschen hetzt | ZDF Magazin Royale*, 2022, https://www.youtube.com/watch?v=rh7hH-ua8oI.

22 Claire Ainsworth, „Sex Redefined", *Nature* 518, Nr. 7539 (1. Februar 2015): 288–91, https://doi.org/10.1038/518288a.

23 *#BodyPositivity: Toxischer Hype oder echtes Empowerment? | 13 Fragen | unbubble*, 2022, https://www.youtube.com/watch?v=h3I1wR9Wd-M.

24 „Constantin Schreiber: ‚Tagesschau'-Sprecher mit Torte beworfen – WELT", DIE WELT, 1. September 2023, https://www.welt.de/vermischtes/article247218896/Constantin-Schreiber-Tagesschau-Sprecher-mit-Torte-beworfen.html.

25 Roig, *Why we matter*, 365.

26 K. M. Scott u. a., „Gender and the Relationship between Marital Status and First Onset of Mood, Anxiety and Substance Use Disorders", *Psychological Medicine* 40, Nr. 9 (September 2010): 1495–1505, https://doi.org/10.1017/S0033291709991942.

27 Paula L. Costa u. a., „Microaggressions: Mega problems or micro issues? A meta-analysis", *Journal of Community Psychology*, 31. Mai 2022, https://doi.org/10.1002/jcop.22885.

28 Gabay u. a., „The Tendency for Interpersonal Victimhood".

29 Jordan Moss und Peter J. O'Connor, „The Dark Triad Traits Predict Authoritarian Political Correctness and Alt-Right Attitudes", *Heliyon* 6, Nr. 7 (Juli 2020): e04453, https://doi.org/10.1016/j.heliyon.2020.e04453.

Kapitel 3: Verachtung Andersdenkender

1 Hengameh Yaghoobifarah, „Abschaffung der Polizei: All cops are berufsunfähig", *Die Tageszeitung: taz*, 15. Juni 2020, Abschn. Gesellschaft, https://taz.de/!5689584/.

2 „Feminismus bringt die größten Massenproteste überhaupt auf die Straße | Gunda-Werner-Institut | Heinrich-Böll-Stiftung", zugegriffen 1. März 2024, https://www.gwi-boell.de/de/2020/03/02/feminismus-bringt-die-groessten-massenproteste-ueberhaupt-auf-die-strasse.

3 ZEIT ONLINE, „Spanien: Ultrarechte ziehen ins Regionalparlament von Andalusien ein", *Die Zeit*, 3. Dezember 2018, https://www.zeit.de/politik/ausland/2018-12/spanien-regionalwahl-andalusien-vox-rechtspopulismus.

4 Gabay u. a., „The Tendency for Interpersonal Victimhood".

5 „Scholars Under Fire: 2021 Year in Review | The Foundation for Individual Rights and Expression", zugegriffen 9. April 2024, https://www.thefire.org/research-learn/scholars-under-fire-2021-year-review.

6 Thomas H. Costello u. a., „Clarifying the Structure and Nature of Left-Wing Authoritarianism.", *Journal of Personality and Social Psychology* 122, Nr. 1 (Januar 2022): 135–70, https://doi.org/10.1037/pspp0000341.

7 Bradley Campbell und Jason Manning, „Microaggression and Moral Cultures", *Comparative Sociology* 13, Nr. 6 (30. Januar 2014): 692–726, https://doi.org/10.1163/15691330-12341332.

8 Campbell und Manning.

9 Christopher L. Quarles und Lia Bozarth, „How the Term "White Privilege" Affects Participation, Polarization, and Content in Online Communication", hg. von Ali B. Mahmoud, *PLOS ONE* 17, Nr. 5 (4. Mai 2022): e0267048, https://doi.org/10.1371/journal.pone.0267048.

10 Daniel Sullivan u. a., „Competitive victimhood as a response to accusations of ingroup harm doing.", *Journal of Personality and Social Psychology* 102, Nr. 4 (9. Januar 2012): 778–95, https://doi.org/10.1037/a0026573.

11 Simon Munzert und Paul C. Bauer, „Political Depolarization in German Public Opinion, 1980–2010", *Political Science Research and Methods* 1, Nr. 1 (Juni 2013): 67–89, https://doi.org/10.1017/psrm.2013.7.

12 Shanto Iyengar u. a., „The Origins and Consequences of Affective Polarization in the United States", *Annual Review of Political Science* 22, Nr. 1 (11. Mai 2019): 129–46, https://doi.org/10.1146/annurev-polisci-051117-073034.

13 Levi Boxell, Matthew Gentzkow, und Jesse M Shapiro, „Cross-Country Trends in Affective Polarization", o. J.

14 Maik Herold u. a., „Polarisierung in Deutschland und Europa" (Dresden, Germany: Technische Universität Dresden, 2023).

15 David Rech, „Meinungsfreiheit: Nur 40 Prozent der Deutschen glauben, Meinung frei äußern zu können", *Die Zeit*, 19. Dezember 2023, https://www.zeit.de/politik/deutschland/2023-12/meinungsfreiheit-zensur-studie-freiheitsindex-deutschland-2023.

16 Paul Schrodt, Paul L. Witt, und Jenna R. Shimkowski, „A Meta-Analytical Review of the Demand/Withdraw Pattern of Interaction and Its Associations with Individual, Relational, and Communicative Outcomes", *Communication Monographs* 81, Nr. 1 (2. Januar 2014): 28–58, https://doi.org/10.1080/03637751.2013.813632.

17 Yunus Emre Orhan und Yunus Emre Orhan, „The relationship between affective polarization and democratic backsliding: comparative evidence", *Democratization*, 19. April 2022, 1–22, https://doi.org/10.1080/13510347.2021.2008912.

Kapitel 4: Paranoide Erziehung

1 Du Toit George u. a., „Randomized Trial of Peanut Consumption in Infants at Risk for Peanut Allergy", *New England Journal of Medicine* 372, Nr. 9 (2015): 803–13, https://doi.org/10.1056/NEJMoa1414850.

2 Alkis Togias u. a., „Addendum Guidelines for the Prevention of Peanut Allergy in the United States: Report of the National Institute of Allergy and Infectious Diseases–Sponsored Expert Panel", *Annals of Allergy, Asthma & Immunology* 118, Nr. 2 (1. Februar 2017): 166-173.e7, https://doi.org/10.1016/j.anai.2016.10.004.

3 Niki Yuen Fen Bruysters und Pamela D. Pilkington, „Overprotective Parenting Experiences and Early Maladaptive Schemas in Adolescence and Adulthood: A Systematic Review and Meta-analysis“, *Clinical Psychology & Psychotherapy* 30, Nr. 1 (Januar 2023): 10–23, https://doi.org/10.1002/cpp.2776.

4 Rachel Minkin and Juliana Menasce Horowitz, „Parenting in America Today“, *Pew Research Center's Social & Demographic Trends Project* (blog), 24. Januar 2023, https://www.pewresearch.org/social-trends/2023/01/24/parenting-in-america-today/.

5 Marthe De Roo, René Veenstra, und Tina Kretschmer, „Internalizing and Externalizing Correlates of Parental Overprotection as Measured by the EMBU: A Systematic Review and Meta-analysis“, *Social Development* 31, Nr. 4 (November 2022): 962–83, https://doi.org/10.1111/sode.12590.

6 Martina K. Gere u. a., „Overprotective Parenting and Child Anxiety: The Role of Co-Occurring Child Behavior Problems“, *Journal of Anxiety Disorders* 26, Nr. 6 (August 2012): 642–49, https://doi.org/10.1016/j.janxdis.2012.04.003.

7 Louise Mathijs u. a., „Overprotective Parenting and Social Anxiety in Adolescents: The Role of Emotion Regulation“, *Journal of Social and Personal Relationships*, 5. Mai 2023, 026540752311737, https://doi.org/10.1177/02654075231173722.

8 Victoria M Perez, „Origins of Fear of Intimacy: The Effects of Parental Involvement and Attachment Style“, 2023.

9 Georgios D. Sideridis und Konstantinos Kafetsios, „Perceived Parental Bonding, Fear of Failure and Stress during Class Presentations“, *International Journal of Behavioral Development* 32, Nr. 2 (März 2008): 119–30, https://doi.org/10.1177/0165025407087210.

10 Mark D. Seery u. a., „An Upside to Adversity? Moderate Cumulative Lifetime Adversity Is Associated With Resilient Responses in the Face of Controlled Stressors“, *Psychological Science* 24, Nr. 7 (14. Mai 2013): 1181–89, https://doi.org/10.1177/0956797612469210.

11 Mathijs u. a., „Overprotective Parenting and Social Anxiety in Adolescents“.

12 Megan Spokas und Richard G. Heimberg, „Overprotective Parenting, Social Anxiety, and External Locus of Control: Cross-Sectional and Longitudinal Relationships“, *Cognitive Therapy and Research* 33, Nr. 6 (Dezember 2009): 543–51, https://doi.org/10.1007/s10608-008-9227-5.

13 Chris Segrin u. a., „The Association Between Overparenting, Parent-Child Communication, and Entitlement and Adaptive Traits in Adult Children“, *Family Relations* 61, Nr. 2 (April 2012): 237–52, https://doi.org/10.1111/j.1741-3729.2011.00689.x.

14 Jeffrey E. Young, Janet S. Klosko, und Marjorie E. Weishaar, *Schema Therapy: A Practitioner's Guide* (New York: The Guilford Press, 2003).

15 Eshkol Rafaeli u. a., *Schematherapie*, Reihe therapeutische Skills kompakt, Bd. 4 (Paderborn: Junfermann, 2013).

16 Bruysters und Pilkington, „Overprotective Parenting Experiences and Early Maladaptive Schemas in Adolescence and Adulthood“.

Kapitel 5: Gesellschaft als Wohlfühlblase

1 Sue u. a., „Racial Microaggressions in Everyday Life".

2 *Wer in Deutschland gegen trans Menschen hetzt | ZDF Magazin Royale.*

3 Wakabayashi, „Google Fires Engineer Who Wrote Memo Questioning Women in Tech".

4 *#BodyPositivity.*

5 Victoria M. E. Bridgland, Payton J. Jones, und Benjamin W. Bellet, „A Meta-Analysis of the Efficacy of Trigger Warnings, Content Warnings, and Content Notes", *Clinical Psychological Science*, 18. August 2023, 21677026231186625, https://doi.org/10.1177/21677026231186625.

6 „If You Need a Trigger Warning, You Need P.T.S.D. Treatment", zugegriffen 10. April 2024, https://www.nytimes.com/roomfordebate/2016/09/13/do-trigger-warnings-work/if-you-need-a-trigger-warning-you-need-ptsd-treatment.

7 Izzy Gainsburg und Allison Earl, „Safe Here, but Unsafe There? Institutional Signals of Identity Safety Also Signal Prejudice in the Broader Environment", *Journal of Experimental Social Psychology* 98 (Januar 2022): 104232, https://doi.org/10.1016/j.jesp.2021.104232.

8 Sandra Portocarrero und James T. Carter, „Diversity Initiatives in the US Workplace: A Brief History, Their Intended and Unintended Consequences", *Sociology Compass* 16, Nr. 7 (Juli 2022): e13001, https://doi.org/10.1111/soc4.13001.

9 Alexandra Kalev, Frank Dobbin, und Erin Kelly, „Best Practices or Best Guesses? Assessing the Efficacy of Corporate Affirmative Action and Diversity Policies", *American Sociological Review* 71, Nr. 4 (August 2006): 589–617, https://doi.org/10.1177/000312240607100404.

10 Katerina Bezrukova u. a., „A Meta-Analytical Integration of over 40 Years of Research on Diversity Training Evaluation.", *Psychological Bulletin* 142, Nr. 11 (November 2016): 1227–74, https://doi.org/10.1037/bul0000067.

11 Patrick S. Forscher u. a., „A Meta-Analysis of Procedures to Change Implicit Measures.", *Journal of Personality and Social Psychology* 117, Nr. 3 (September 2019): 522–59, https://doi.org/10.1037/pspa0000160.

12 Edward H. Chang u. a., „The Mixed Effects of Online Diversity Training", *Proceedings of the National Academy of Sciences* 116, Nr. 16 (16. April 2019): 7778–83, https://doi.org/10.1073/pnas.1816076116.

13 Patricia G. Devine und Tory L. Ash, „Diversity Training Goals, Limitations, and Promise: A Review of the Multidisciplinary Literature", *Annual Review of Psychology* 73, Nr. 1 (4. Januar 2022): 403–29, https://doi.org/10.1146/annurev-psych-060221-122215.

14 „UK Government Follows US with Ban on Unconscious Bias Training", zugegriffen 2. März 2024, https://www.globalgovernmentforum.com/uk-government-follows-us-with-ban-on-unconscious-bias-training/.

15 Nicole L. Smith und Elise J. Percy, „Diversity Training Methods, Opinions of Political Correctness, and Perceptions of Microaggressions", *Psi Chi Journal*

of Psychological Research 24, Nr. 2 (2019): 106–12, https://doi.org/10.24839/2325-7342.JN24.2.106.

16 April Bleske-Rechek u. a., „In the eye of the beholder: Situational and dispositional predictors of perceiving harm in others' words", *Personality and Individual Differences* 200 (1. Januar 2023): 111902–111902, https://doi.org/10.1016/j.paid.2022.111902.

17 Tupoka Ogette, *exit RACISM: rassismuskritisch denken lernen*, 11. Auflage (Münster: UNRAST, 2023).

18 Ogette, Kap. 4.

19 Roig, *Why we matter*, 307.

20 Miles T. Armaly und Adam M. Enders, „'Why Me?' The Role of Perceived Victimhood in American Politics", *Political Behavior* 44, Nr. 4 (Dezember 2022): 1583–1609, https://doi.org/10.1007/s11109-020-09662-x.

21 RedaktionsNetzwerk Deutschland, „Sängerin Soffie: Song ‚Für immer Frühling' ohne Kalkül entstanden", 22. Februar 2024, https://www.rnd.de/panorama/saengerin-soffie-song-fuer-immer-fruehling-ohne-kalkuel-entstanden-MOEA5JTCMBNJTMRW3PX2F2QIGU.html.

22 Karen M Douglas, Robbie M Sutton, und Aleksandra Cichocka, „The Psychology of Conspiracy Theories", o. J.

23 April Bleske-Rechek u. a., „In the eye of the beholder: Situational and dispositional predictors of perceiving harm in others' words".

24 Monnica T. Williams, Jonathan W. Kanter, und Terence H. W. Ching, „Anxiety, Stress, and Trauma Symptoms in African Americans: Negative Affectivity Does Not Explain the Relationship between Microaggressions and Psychopathology", *Journal of Racial and Ethnic Health Disparities* 5, Nr. 5 (Oktober 2018): 919–27, https://doi.org/10.1007/s40615-017-0440-3.

25 Stokowski, *Untenrum frei*, 6.

26 Roig, *Why we matter*, 359.

Kapitel 6: Der Mythos vom Patriarchat

1 Ute Gerhard, „Patriarchat – Patriarchalismus: Kampfparole und analytisches Konzept", in *Handbuch Interdisziplinäre Geschlechterforschung*, hg. von Beate Kortendiek, Birgit Riegraf, und Katja Sabisch, Bd. 65, Geschlecht und Gesellschaft (Wiesbaden: Springer Fachmedien Wiesbaden, 2019), 221–30, https://doi.org/10.1007/978-3-658-12496-0_17.

2 Maria Mies und Maria Mies, *Patriarchat und Kapital: Frauen in der internationalen Arbeitsteilung*, 5. Aufl (Zürich: Rotpunktverl, 1996).

3 „Gender Pay Gap 2020: Frauen verdienten 18 % weniger als Männer", Statistisches Bundesamt, zugegriffen 3. März 2024, https://www.destatis.de/DE/Presse/Pressemitteilungen/2021/03/PD21_106_621.html.

4 „Verdienstunterschiede zwischen Männern und Frauen", Statistisches Bundesamt, zugegriffen 3. März 2024, https://www.destatis.de/DE/Methoden/WISTA-Wirtschaft-und-Statistik/2021/04/verdienstunterschiede-042021.html.

5 „Infografik: Frauenberufe, Männerberufe?", Statista Daily Data, 27. April 2023, https://de.statista.com/infografik/29862/berufe-in-deutschland-nach-geschlechteranteil.

6 HR JOURNAL, „Frauen sind zurückhaltender bei Gehaltsverhandlungen | HR JOURNAL", 7. März 2022, https://www.hrjournal.de/frauen-zurueckhaltender-bei-gehaltsverhandlungen/.

7 „Wie wird der Gender Pay Gap erhoben und berechnet?", Statistisches Bundesamt, zugegriffen 3. März 2024, https://www.destatis.de/DE/Themen/Arbeit/Verdienste/Verdienste-GenderPayGap/FAQ/gender-pay-gap-faq.html.

8 Corinne A. Moss-Racusin u. a., „Science Faculty's Subtle Gender Biases Favor Male Students", *Proceedings of the National Academy of Sciences* 109, Nr. 41 (9. Oktober 2012): 16474–79, https://doi.org/10.1073/pnas.1211286109.

9 Jordan D. Dworkin u. a., „The Extent and Drivers of Gender Imbalance in Neuroscience Reference Lists", *Nature Neuroscience* 23, Nr. 8 (August 2020): 918–26, https://doi.org/10.1038/s41593-020-0658-y.

10 Williams und Ceci, „National hiring experiments reveal 2:1 faculty preference for women on STEM tenure track".

11 Mark Lutter und Martin Schröder, „Who Becomes a Tenured Professor, and Why? Panel Data Evidence from German Sociology, 1980–2013", *Research Policy* 45, Nr. 5 (1. Juni 2016): 999–1013, https://doi.org/10.1016/j.respol.2016.01.019.

12 Nishtha Langer, Ram D. Gopal, und Ravi Bapna, „Onward and Upward? An Empirical Investigation of Gender and Promotions in Information Technology Services", *Information Systems Research* 31, Nr. 2 (Juni 2020): 383–98, https://doi.org/10.1287/isre.2019.0892.

13 Thomas Breda und Mélina Hillion, „Teaching Accreditation Exams Reveal Grading Biases Favor Women in Male-Dominated Disciplines in France", *Science* 353, Nr. 6298 (29. Juli 2016): 474–78, https://doi.org/10.1126/science.aaf4372.

14 Camille Terrier, „Boys Lag Behind: How Teachers' Gender Biases Affect Student Achievement", o. J.

15 Victor Lavy und Edith Sand, „On the Origins of Gender Gaps in Human Capital: Short- and Long-Term Consequences of Teachers' Biases", *Journal of Public Economics* 167 (1. November 2018): 263–79, https://doi.org/10.1016/j.jpubeco.2018.09.007.

16 Patrick S. Forscher u. a., „Little Race or Gender Bias in an Experiment of Initial Review of NIH R01 Grant Proposals", *Nature Human Behaviour* 3, Nr. 3 (28. Januar 2019): 257–64, https://doi.org/10.1038/s41562-018-0517-y.

17 Ulf Sandström und Martin Hällsten, „Persistent Nepotism in Peer-Review", *Scientometrics* 74, Nr. 2 (1. Februar 2008): 175–89, https://doi.org/10.1007/s11192-008-0211-3.

18 Flaminio Squazzoni u. a., „No Evidence of Any Systematic Bias against Manuscripts by Women in the Peer Review Process of 145 Scholarly Journals", 2. März 2020, https://doi.org/10.31235/osf.io/gh4rv.

19 Robyn M. Borsuk u. a., „To Name or Not to Name: The Effect of Changing Author Gender on Peer Review", *BioScience* 59, Nr. 11 (1. Dezember 2009): 985–89, https://doi.org/10.1525/bio.2009.59.11.10.

20 Andrew Tomkins, Min Zhang, und William D. Heavlin, „Reviewer bias in single- versus double-blind peer review", *Proceedings of the National Academy of Sciences* 114, Nr. 48 (28. November 2017): 12708–13, https://doi.org/10.1073/pnas.1707323114.

21 Freda B Lynn u. a., „A Rare Case of Gender Parity in Academia", *Social Forces* 98, Nr. 2 (1. Dezember 2019): 518–47, https://doi.org/10.1093/sf/soy126.

22 Schaerer, Michael, Christilene Du Plessis, My Hoang Bao Nguyen, Robbie C. M. Van Aert, Leo Tiokhin, Daniël Lakens, Elena Giulia Clemente, Thomas Pfeiffer, Anna Dreber, Magnus Johannesson, et al. "On the Trajectory of Discrimination: A Meta-Analysis and Forecasting Survey Capturing 44 Years of Field Experiments on Gender and Hiring Decisions." Organizational Behavior and Human Decision Processes 179 (2023): 104280. Elsevier.

23 Rong Su u. a., „Men and things, women and people: A meta-analysis of sex differences in interests.", *Psychological Bulletin* 135, Nr. 6 (1. November 2009): 859–84, https://doi.org/10.1037/a0017364.

24 Gijsbert Stoet und David C. Geary, „Sex Differences in Adolescents' Occupational Aspirations: Variations across Time and Place", hg. von Kjell Torén, *PLOS ONE* 17, Nr. 1 (26. Januar 2022): e0261438, https://doi.org/10.1371/journal.pone.0261438.

25 „Infografik: MINT mangelt es an Frauen", Statista Daily Data, 18. Januar 2024, https://de.statista.com/infografik/27761/anzahl-eingeschriebener-mint-studentinnen-an-deutschen-universitaeten-nach-jahr.

26 „Die beliebtesten Ausbildungsberufe von Frauen und Männern", iwd, 14. August 2023, https://www.iwd.de/artikel/die-beliebtesten-ausbildungsberufe-von-frauen-und-maennern-593621/.

27 Su u. a., „Men and things, women and people: A meta-analysis of sex differences in interests."

28 Richard A. Lippa, „Gender Differences in Personality and Interests: When, Where, and Why?", *Social and Personality Psychology Compass* 4, Nr. 11 (2010): 1098–1110, https://doi.org/10.1111/j.1751-9004.2010.00320.x.

29 Andreas Kuhn und Stefan C. Wolter, „Things versus People: Gender Differences in Vocational Interests and in Occupational Preferences", *Journal of Economic Behavior & Organization* 203 (November 2022): 210–34, https://doi.org/10.1016/j.jebo.2022.09.003.

30 IfD Allensbach, „Bevölkerung in deutschland nach informationsinteresse an politik im geschlechtervergleich im jahr 2023" (Statista, 2023), https://de.statista.com/statistik/daten/studie/827088/umfrage/umfrage-in-deutschland-zum-informationsinteresse-an-politik-nach-geschlecht/.

31 Corinna Kausmann u. a., „Freiwilliges Engagement von Frauen und Männern", o. J.

32 Francesca Gino, Caroline A. Wilmuth, und Alison Wood Brooks, „Compared to men, women view professional advancement as equally attainable, but less desirable", *Proceedings of the National Academy of Sciences of the United States of America* 112, Nr. 40 (6. Oktober 2015): 12354–59, https://doi.org/10.1073/pnas.1502567112.

33 Camilla Persson Benbow u. a., „Sex Differences in Mathematical Reasoning Ability at Age 13: Their Status 20 Years Later", *Psychological Science* 11, Nr. 6 (November 2000): 474–80, https://doi.org/10.1111/1467-9280.00291.

34 David Lubinski, Camilla P. Benbow, und Harrison J. Kell, „Life Paths and Accomplishments of Mathematically Precocious Males and Females Four Decades Later", *Psychological Science* 25, Nr. 12 (Dezember 2014): 2217–32, https://doi.org/10.1177/0956797614551371.

35 Erin A. Cech und Mary Blair-Loy, „The changing career trajectories of new parents in STEM", *Proceedings of the National Academy of Sciences* 116, Nr. 10 (5. März 2019): 4182–87, https://doi.org/10.1073/pnas.1810862116.

36 Fabian Ochsenfeld, „Gläserne Decke oder goldener Käfig: Scheitert der Aufstieg von Frauen in erste Managementpositionen an betrieblicher Diskriminierung oder an familiären Pflichten?", *KZfSS Kölner Zeitschrift für Soziologie und Sozialpsychologie* 64, Nr. 3 (September 2012): 507–34, https://doi.org/10.1007/s11577-012-0178-1.

37 Kathryn V. Walter u. a., „Sex Differences in Mate Preferences Across 45 Countries: A Large-Scale Replication", *Psychological Science* 31, Nr. 4 (April 2020): 408–23, https://doi.org/10.1177/0956797620904154.

38 Roig, *Why we matter*, 255.

39 Betty Friedan und Betty Friedan, *Der Weiblichkeitswahn oder die Selbstbefreiung der Frau: ein Emanzipationskonzept ; mit einem neuen Vorwort und Epilog anlässlich des zehnten Jahrestages der Erstveröffentlichung*, Erw. Neuausg., 174.-175. Tsd, rororo rororo-Sachbuch 6721 (Reinbek bei Hamburg: Rowohlt, 1996).

40 Judith Butler, *Das Unbehagen der Geschlechter*, übers. von Kathrina Menke, 22. Auflage, Edition Suhrkamp, 1722 = Neue Folge, Band 722 (Frankfurt am Main: Suhrkamp, 2021).

41 Roig, *Why we matter*, 296.

42 Felicia Ewert, „Grundkurs Geschlechterideologie", *Missy Magazine* (blog), 19. September 2022, https://missy-magazine.de/blog/2022/09/19/grundkurs-geschlechterideologie-2/.

43 Rodrigo Rosa und Sara Clavero, „Gender Equality in Higher Education and Research", *Journal of Gender Studies* 31, Nr. 1 (2. Januar 2022): 1–7, https://doi.org/10.1080/09589236.2022.2007446.

44 Diane Poulin-Dubois u. a., „Men Don't Put on Make-up: Toddlers' Knowledge of the Gender Stereotyping of Household Activities", *Social Development* 11, Nr. 2 (2002): 166–81, https://doi.org/10.1111/1467-9507.00193.

45 Lisa A. Serbin u. a., „Gender Stereotyping in Infancy: Visual Preferences for and Knowledge of Gender-Stereotyped Toys in the Second Year", *International Journal of Behavioral Development* 25, Nr. 1 (1. Januar 2001): 7–15, https://doi.org/10.1080/01650250042000078.

46 Naomi Ellemers, „Gender Stereotypes", *Annual Review of Psychology* 69, Nr. 1 (4. Januar 2018): 275–98, https://doi.org/10.1146/annurev-psych-122216-011719.

47 Melanie C. Steffens, Petra Jelenec, und Peter Noack, „On the Leaky Math Pipeline: Comparing Implicit Math-Gender Stereotypes and Math Withdrawal in Female and Male Children and Adolescents.", *Journal of Educational Psychology* 102, Nr. 4 (November 2010): 947–63, https://doi.org/10.1037/a0019920.

48 Kevin Crowley u. a., „Parents Explain More Often to Boys Than to Girls During Shared Scientific Thinking", *Psychological Science* 12, Nr. 3 (Mai 2001): 258–61, https://doi.org/10.1111/1467-9280.00347.

49 Sapna Cheryan, Allison Master, und Andrew N. Meltzoff, „Cultural Stereotypes as Gatekeepers: Increasing Girls' Interest in Computer Science and Engineering by Diversifying Stereotypes", *Frontiers in Psychology* 6 (11. Februar 2015): 49–49, https://doi.org/10.3389/fpsyg.2015.00049.

50 Armin Falk und Johannes Hermle, „Relationship of gender differences in preferences to economic development and gender equality", *Science* 362, Nr. 6412 (19. Oktober 2018): eaas9899, https://doi.org/10.1126/science.aas9899.

51 Erik Mac Giolla und Petri J. Kajonius, „Sex Differences in Personality Are Larger in Gender Equal Countries: Replicating and Extending a Surprising Finding", *International Journal of Psychology* 54, Nr. 6 (2019): 705–11, https://doi.org/10.1002/ijop.12529.

52 Paul T. Costa, Antonio Terracciano, und Robert R. McCrae, „Gender Differences in Personality Traits across Cultures: Robust and Surprising Findings.", *Journal of Personality and Social Psychology* 81, Nr. 2 (August 2001): 322–31, https://doi.org/10.1037/0022-3514.81.2.322.

53 Gijsbert Stoet und David C. Geary, „The Gender-Equality Paradox in Science, Technology, Engineering, and Mathematics Education", *Psychological Science* 29, Nr. 4 (April 2018): 581–93, https://doi.org/10.1177/0956797617741719.

54 Stoet und Geary, „Sex Differences in Adolescents' Occupational Aspirations".

55 Agneta Herlitz u. a., „A Systematic Review and New Analyses of the Gender-Equality Paradox", *Perspectives on Psychological Science*, 3. Januar 2024, 17456916231202685, https://doi.org/10.1177/17456916231202685.

56 Janice M. Hassett, Erin R. Siebert, und Kim Wallen, „Sex differences in rhesus monkey toy preferences parallel those of children", *Hormones and behavior* 54, Nr. 3 (August 2008): 359–64, https://doi.org/10.1016/j.yhbeh.2008.03.008.

57 Gareth Richards und Wendy V. Browne, „Prenatal Testosterone and Sexually Differentiated Childhood Play Preferences: A Meta-Analysis of Amniotic Fluid Studies", *Current Psychology*, 17. Januar 2022, https://doi.org/10.1007/s12144-021-02386-z.

58 Adriene M. Beltz, Jane L. Swanson, und Sheri A. Berenbaum, „Gendered Occupational Interests: Prenatal Androgen Effects on Psychological Orientation to Things versus People", *Hormones and Behavior* 60, Nr. 4 (1. September 2011): 313–17, https://doi.org/10.1016/j.yhbeh.2011.06.002.

59 Melissa Hines u. a., „Prenatal androgen exposure alters girls' responses to information indicating gender-appropriate behaviour", *Philosophical Transactions of the Royal Society B: Biological Sciences* 371, Nr. 1688 (19. Februar 2016): 20150125, https://doi.org/10.1098/rstb.2015.0125.

60 Karson T F Kung, „Prenatal Androgen Exposure and Sex-Typical Play Behaviour_ A Meta-Analysis of Classic Congenital Adrenal Hyperplasia Studies", o. J.

61 Jennifer Connellan u. a., „Sex Differences in Human Neonatal Social Perception", *Infant Behavior and Development* 23, Nr. 1 (Januar 2000): 113–18, https://doi.org/10.1016/S0163-6383(00)00032-1.

62 Jac T. M. Davis und Melissa Hines, „How Large Are Gender Differences in Toy Preferences? A Systematic Review and Meta-Analysis of Toy Preference Research", *Archives of Sexual Behavior* 49, Nr. 2 (Februar 2020): 373–94, https://doi.org/10.1007/s10508-019-01624-7.

63 Ryali, Srikanth, Yuan Zhang, Carlo de Los Angeles, Kaustubh Supekar, and Vinod Menon. „Deep Learning Models Reveal Replicable, Generalizable, and Behaviorally Relevant Sex Differences in Human Functional Brain Organization." Proceedings of the National Academy of Sciences 121, no. 9 (2024): e2310012121.

64 Michael Peters u. a., „Mental Rotation Test Performance in Four Cross-Cultural Samples (n = 3367): Overall Sex Differences and the Role of Academic Program in Performance", *Cortex; a Journal Devoted to the Study of the Nervous System and Behavior* 42, Nr. 7 (Oktober 2006): 1005–14, https://doi.org/10.1016/s0010-9452(08)70206-5.

65 Rosangela Bando und Florencia López Bóo, „Sex-Differences in Language and Socio-Emotional Skills: Evidence from Large Scale Studies of Very Young Children", *SSRN Electronic Journal*, 2016, https://doi.org/10.2139/ssrn.2861100.

66 Claudia C. Wolf u. a., „Sex Differences in Parking Are Affected by Biological and Social Factors", *Psychological Research* 74, Nr. 4 (Juli 2010): 429–35, https://doi.org/10.1007/s00426-009-0267-6.

67 Ariane Baye und Christian Monseur, „Gender differences in variability and extreme scores in an international context", *Large-scale Assessments in Education* 4, Nr. 1 (19. Januar 2016): 1, https://doi.org/10.1186/s40536-015-0015-x.

68 „Der Junge, der ein Mädchen sein sollte – WELT", DIE WELT, 15. November 2011, https://www.welt.de/print-wams/article110438/Der-Junge-der-ein-Maedchen-sein-sollte.html.

69 Edsel Beja Jr, „Who Is Happier: Housewife or Working Wife?", 5. August 2012, https://mpra.ub.uni-muenchen.de/40533/.

70 Judith Treas, T. Lippe, und Tsui-o ChloeTai, „The Happy Homemaker?: Married Women's Well-Being in Cross-National Perspective", *Social Forces – SOC FORCES* 90 (1. September 2011): 111–32, https://doi.org/10.2307/41682634.

71 Adam Okulicz-Kozaryn und Rubia da Rocha Valente, „Life Satisfaction of Career Women and Housewives“, *Applied Research in Quality of Life* 13, Nr. 3 (September 2018): 603–32, https://doi.org/10.1007/s11482-017-9547-2.

72 Rudi Novotny, „Vereinbarkeit von Familie und Beruf: Teilzeit macht Papa unglücklich“, *Die Zeit*, 28. Juni 2018, https://www.zeit.de/2018/26/vereinbarkeit-familie-beruf-maenner-vaeter-zufriedenheit.

73 Katja Fischer De Santi, „Kopie von Was macht zufrieden? Ein Forscherteam hat Befragungen aus 30 Jahren ausgewertet und 11 Ratschläge abgeleitet“, St. Galler Tagblatt, 3. Juli 2020, https://www.tagblatt.ch/leben/tester-ld.1235117.

74 Novotny, „Vereinbarkeit von Familie und Beruf“.

75 Santi, „Kopie von Was macht zufrieden?“

76 Cara Richardson, Kathryn A. Robb, und Rory C. O'Connor, „A Systematic Review of Suicidal Behaviour in Men: A Narrative Synthesis of Risk Factors“, *Social Science & Medicine* 276 (Mai 2021): 113831, https://doi.org/10.1016/j.socscimed.2021.113831.

77 Steven J. Spencer, Claude M. Steele, und Diane M. Quinn, „Stereotype Threat and Women's Math Performance“, *Journal of Experimental Social Psychology* 35, Nr. 1 (1. Januar 1999): 4–28, https://doi.org/10.1006/jesp.1998.1373.

78 Paulette C. Flore und Jelte M. Wicherts, „Does Stereotype Threat Influence Performance of Girls in Stereotyped Domains? A Meta-Analysis“, *Journal of School Psychology* 53, Nr. 1 (Februar 2015): 25–44, https://doi.org/10.1016/j.jsp.2014.10.002.

79 Colleen M. Ganley u. a., „An Examination of Stereotype Threat Effects on Girls' Mathematics Performance.“, *Developmental Psychology* 49, Nr. 10 (Oktober 2013): 1886–97, https://doi.org/10.1037/a0031412.

80 Katherine M. Finnigan und Katherine S. Corker, „Do Performance Avoidance Goals Moderate the Effect of Different Types of Stereotype Threat on Women's Math Performance?“, *Journal of Research in Personality* 63 (August 2016): 36–43, https://doi.org/10.1016/j.jrp.2016.05.009.

81 Oren R. Shewach, Paul R. Sackett, und Sander Quint, „Stereotype threat effects in settings with features likely versus unlikely in operational test settings: A meta-analysis“, *Journal of Applied Psychology* 104, Nr. 12 (2019): 1514–34, https://doi.org/10.1037/apl0000420.

82 Gerhard Meisenberg und Michael A. Woodley, „Gender differences in subjective well-being and their relationships with gender equality“, *Journal of Happiness Studies: An Interdisciplinary Forum on Subjective Well-Being* 16, Nr. 6 (2015): 1539–55, https://doi.org/10.1007/s10902-014-9577-5.

83 „The Life of Women and Men in Europe – Life Satisfaction“, The life of women and men in Europe, zugegriffen 12. April 2024, https://service.destatis.de/DE/FrauenMaennerEuropa/bloc-1d.html.

84 Cassondra Batz-Barbarich u. a., „A Meta-Analysis of Gender Differences in Subjective Well-Being: Estimating Effect Sizes and Associations With Gender Inequality“, *Psychological Science* 29, Nr. 9 (September 2018): 1491–1503, https://doi.org/10.1177/0956797618774796.

85 Jiesi Guo u. a., „The Equality Paradox: Gender Equality Intensifies Male Advantages in Adolescent Subjective Well-Being", *Personality and Social Psychology Bulletin*, 7. Oktober 2022, 014616722211256, https://doi.org/10.1177/01461672221125619.

86 Sophie Namy u. a., „Towards a Feminist Understanding of Intersecting Violence against Women and Children in the Family", *Social Science & Medicine (1982)* 184 (Juli 2017): 40–48, https://doi.org/10.1016/j.socscimed.2017.04.042.

87 Carrie L. Yodanis, „Gender Inequality, Violence Against Women, and Fear: A Cross-National Test of the Feminist Theory of Violence Against Women", *Journal of Interpersonal Violence* 19, Nr. 6 (2004): 655–75, https://doi.org/10.1177/0886260504263868.

88 Enrique Gracia und Juan Merlo, „Intimate partner violence against women and the Nordic paradox", *Social Science & Medicine* 157 (1. Mai 2016): 27–30, https://doi.org/10.1016/j.socscimed.2016.03.040.

89 H. Luz McNaughton Reyes u. a., „Gender Role Attitudes and Male Adolescent Dating Violence Perpetration: Normative Beliefs as Moderators", *Journal of Youth and Adolescence* 45, Nr. 2 (Februar 2016): 350–60, https://doi.org/10.1007/s10964-015-0278-0.

90 Naomi N. Duke u. a., „Adolescent Violence Perpetration: Associations With Multiple Types of Adverse Childhood Experiences", *Pediatrics* 125, Nr. 4 (1. April 2010): e778–86, https://doi.org/10.1542/peds.2009-0597.

91 Vanessa C. Burbano u. a., „The Gender Gap in Meaningful Work", *Management Science*, 4. Dezember 2023, mnsc.2022.01807, https://doi.org/10.1287/mnsc.2022.01807.

Kapitel 7: Was Antirassisten nicht hören wollen

1 „Umfrage in EU-Staaten: Problem des Rassismus in Deutschland am größten", tagesschau.de, zugegriffen 13. April 2024, https://www.tagesschau.de/ausland/europa/diskriminierung-schwarze-eu-100.html.

2 Lincoln Quillian u. a., „Do Some Countries Discriminate More than Others? Evidence from 97 Field Experiments of Racial Discrimination in Hiring", *Sociological Science* 6 (2019): 467–96, https://doi.org/10.15195/v6.a18.

3 Lincoln Quillian und Arnfinn H. Midtbøen, „Comparative Perspectives on Racial Discrimination in Hiring: The Rise of Field Experiments", *Annual Review of Sociology* 47, Nr. 1 (2021): 391–415, https://doi.org/10.1146/annurev-soc-090420-035144.

4 Katrin Auspurg u. a., „Closed doors everywhere? A meta-analysis of field experiments on ethnic discrimination in rental housing markets", *Journal of Ethnic and Migration Studies* 45, Nr. 1 (2. Januar 2019): 95–114, https://doi.org/10.1080/1369183x.2018.1489223.

5 Katrin Auspurg u. a.

6 Edward W. Said, *Orientalismus*, übers. von Hans Günter Holl, 6. Auflage (Frankfurt am Main: S. Fischer, 2019).

7 Barbara Applebaum, *Being White, Being Good: White Complicity, White Moral Responsibility, and Social Justice Pedagogy* (Lanham, Md.: Lexington Books, 2010).
8 Noah Sow, *Deutschland Schwarz Weiß Der alltägliche Rassismus* (Norderstedt: Books on Demand, 2015).
9 Katrin Auspurg, „Contexts and Conditions of Ethnic Discrimination: Evidence from a Field Experiment in a German Housing Market", *Journal of Housing Economics*, 2017.
10 Katrin Auspurg u. a., „Closed doors everywhere? A meta-analysis of field experiments on ethnic discrimination in rental housing markets".
11 Rajeev Darolia u. a., „Race and gender effects on employer interest in job applicants: new evidence from a resume field experiment", *Applied Economics Letters* 23, Nr. 12 (12. August 2016): 853–56, https://doi.org/10.1080/13504851.2015.1114571.
12 Auspurg, „Contexts and Conditions of Ethnic Discrimination: Evidence from a Field Experiment in a German Housing Market".
13 Katrin Auspurg u. a., „Closed doors everywhere? A meta-analysis of field experiments on ethnic discrimination in rental housing markets".
14 Amanda Y. Agan und Sonja B. Starr, „Ban the Box, Criminal Records, and Statistical Discrimination: A Field Experiment", *SSRN Electronic Journal*, 2016, https://doi.org/10.2139/ssrn.2795795.
15 Bundeszentrale für politische Bildung, „Ethnische Bildungsungleichheiten", bpb.de, 1. März 2021, https://www.bpb.de/themen/bildung/dossier-bildung/211879/ethnische-bildungsungleichheiten/.
16 Bildung.
17 Ursula Beicht und Mona Granato, „Ausbildungsplatzsuche: Geringere Chancen für junge Frauen und Männer mit Migrationshintergrund", 2010.
18 Ogette, *exit RACISM*.
19 P. Priscilla Lui und Lucia Quezada, „Associations between microaggression and adjustment outcomes: A meta-analytic and narrative review", *Psychological Bulletin* 145, Nr. 1 (2019): 45–78, https://doi.org/10.1037/bul0000172.
20 April Bleske-Rechek u. a., „In the eye of the beholder: Situational and dispositional predictors of perceiving harm in others' words".

Kapitel 8: Die Erklärung für alles

1 „Academic Grievance Studies and the Corruption of Scholarship – Areo", zugegriffen 4. März 2024, https://areomagazine.com/2018/10/02/academic-grievance-studies-and-the-corruption-of-scholarship/.
2 Stefan Münker und Alexander Roesler, *Poststrukturalismus* (Stuttgart: J.B. Metzler, 2012), https://doi.org/10.1007/978-3-476-01414-6.
3 Helen Pluckrose und James A. Lindsay, *Cynical Theories: How Activist Scholarship Made Everything about Race, Gender, and Identity-and Why This Harms Everybody*, First Edition (Durham, North Carolina: Pitchstone Publishing, 2020).

4 Münker und Roesler, *Poststrukturalismus.*
5 Pluckrose und Lindsay, *Cynical Theories.*
6 *#BodyPositivity.*
7 Roig, *Why we matter*, 146.
8 Jared B. Celniker u. a., „Correlates of "Coddling": Cognitive distortions predict safetyism-inspired beliefs, belief that words can harm, and trigger warning endorsement in college students", *Personality and Individual Differences* 185 (1. Februar 2022): 111243, https://doi.org/10.1016/j.paid.2021.111243.
9 Robin DiAngelo und Michael Eric Dyson, *White Fragility: Why It's so Hard for White People to Talk about Racism* (Boston: Beacon Press, 2018).
10 „Is Obama Black Enough?", Columbia Journalism Review, zugegriffen 13. April 2024, https://www.cjr.org/politics/is_obama_black_enough.php.

Kapitel 9: Narzissmus und die Opferkarte

1 Florian Mayer, „Depp gegen Heard: Und am Ende verlieren sie beide", tagesschau.de, zugegriffen 5. März 2024, https://www.tagesschau.de/ausland/amerika/urteil-depp-heard-105.html.
2 „‚I was hitting you!' Amber Heard admits striking Johnny Depp | Marca", zugegriffen 11. Januar 2024, https://www.marca.com/en/lifestyle/celebrities/2022/04/21/626096e822601d65768b4585.html.
3 Ekin Ok u. a., „Signaling Virtuous Victimhood as Indicators of Dark Triad Personalities.", *Journal of Personality and Social Psychology* 120, Nr. 6 (Juni 2021): 1634–61, https://doi.org/10.1037/pspp0000329.
4 Kurt Gray und Daniel M. Wegner, „To escape blame, don't be a hero—Be a victim", *Journal of Experimental Social Psychology* 47, Nr. 2 (1. März 2011): 516–19, https://doi.org/10.1016/j.jesp.2010.12.012.
5 Ok u. a., „Signaling Virtuous Victimhood as Indicators of Dark Triad Personalities."
6 Astrid Schütz und Jessica Röhner, „Narcissistic Personality Inventory (NPI) im Dorsch Lexikon der Psychologie", 2022, https://dorsch.hogrefe.com/stichwort/narcissistic-personality-inventory-npi.
7 Emanuel Jauk u. a., „The Relationship between Grandiose and Vulnerable (Hypersensitive) Narcissism", *Frontiers in Psychology* 8 (13. September 2017): 1600, https://doi.org/10.3389/fpsyg.2017.01600.
8 Zlatan Krizan und Anne D. Herlache, „The Narcissism Spectrum Model: A Synthetic View of Narcissistic Personality", *Personality and Social Psychology Review* 22, Nr. 1 (Februar 2018): 3–31, https://doi.org/10.1177/1088868316685018.
9 Virgil Zeigler-Hill u. a., „Trouble Ahead, Trouble behind: Narcissism and Early Maladaptive Schemas", *Journal of Behavior Therapy and Experimental Psychiatry* 42, Nr. 1 (März 2011): 96–103, https://doi.org/10.1016/j.jbtep.2010.07.004.
10 Krizan und Herlache, „The Narcissism Spectrum Model".

11 Michael E. McCullough u. a., „Narcissists as "Victims": The Role of Narcissism in the Perception of Transgressions", *Personality and Social Psychology Bulletin* 29, Nr. 7 (Juli 2003): 885–93, https://doi.org/10.1177/0146167203029007007.

12 Nicholas J. S. Day, Michelle L. Townsend, und Brin F. S. Grenyer, „Living with Pathological Narcissism: A Qualitative Study", *Borderline Personality Disorder and Emotion Dysregulation* 7, Nr. 1 (Dezember 2020): 19, https://doi.org/10.1186/s40479-020-00132-8.

13 Ekin Ok u. a., „Signaling virtuous victimhood as indicators of Dark Triad personalities", *Journal of Personality and Social Psychology* 120, Nr. 6 (2021): 1634–61, https://doi.org/10.1037/pspp0000329.

14 Charlotte C. Van Schie u. a., „Narcissistic Traits in Young People: Understanding the Role of Parenting and Maltreatment", *Borderline Personality Disorder and Emotion Dysregulation* 7, Nr. 1 (Dezember 2020): 10, https://doi.org/10.1186/s40479-020-00125-7.

15 Anna Z. Czarna u. a., „The Relationship of Narcissism with Tendency to React with Anger and Hostility: The Roles of Neuroticism and Emotion Regulation Ability", *Current Psychology* 40, Nr. 11 (November 2021): 5499–5514, https://doi.org/10.1007/s12144-019-00504-6.

16 Ann Krispenz und Alex Bertrams, „Understanding Left-Wing Authoritarianism: Relations to the Dark Personality Traits, Altruism, and Social Justice Commitment", *Current Psychology*, 20. März 2023, https://doi.org/10.1007/s12144-023-04463-x.

17 Moss und O'Connor, „The Dark Triad Traits Predict Authoritarian Political Correctness and Alt-Right Attitudes".

Kapitel 10: Moralische Selbstdarstellung

1 *Wer in Deutschland gegen trans Menschen hetzt | ZDF Magazin Royale.*

2 James Bartholomew, „The Awful Rise of 'Virtue Signalling'", The Spectator, 5. Juli 2018, https://www.spectator.co.uk/article/the-awful-rise-of-virtue-signalling/.

3 Greg Lukianoff und Jonathan Haidt, *The coddling of the American mind: how good intentions and bad ideas are setting up a generation for failure* (New York: Penguin Press, 2018).

4 „'Say My Name': Bundeszentrale für politische Bildung setzt Anti-Rassismus-Projekt fort – WELT", DIE WELT, 5. Oktober 2021, https://www.welt.de/politik/deutschland/article234216242/Say-My-Name-Bundeszentrale-fuer-politische-Bildung-setzt-Anti-Rassismus-Projekt-fort.html.

5 Isaac F Young und Daniel Sullivan, „Competitive Victimhood: A Review of the Theoretical and Empirical Literature", *Current Opinion in Psychology* 11 (Oktober 2016): 30–34, https://doi.org/10.1016/j.copsyc.2016.04.004.

6 Shpend Voca, Sylvie Graf, und Mirjana Rupar, „Victimhood Beliefs Are Linked to Willingness to Engage in Intergroup Contact with the Former Adversary through

Empathy and Trust“, *Group Processes & Intergroup Relations* 26, Nr. 3 (April 2023): 696–719, https://doi.org/10.1177/13684302221084859.

7 Johanna Ray Vollhardt u. a., „The Role of Comparative Victim Beliefs in Predicting Support for Hostile versus Prosocial Intergroup Outcomes“, *European Journal of Social Psychology* 51, Nr. 3 (2021): 505–24, https://doi.org/10.1002/ejsp.2756.

8 „Realistic Conflict Theory“, in *Wikipedia*, 21. September 2023, https://en.wikipedia.org/w/index.php?title=Realistic_conflict_theory&oldid=1176432736.

9 Bethany Burum, Martin A. Nowak, und Moshe Hoffman, „An Evolutionary Explanation for Ineffective Altruism“, *Nature Human Behaviour* 4, Nr. 12 (12. Oktober 2020): 1245–57, https://doi.org/10.1038/s41562-020-00950-4.

10 Elaine Wallace, Isabel Buil, und Leslie De Chernatony, „'Consuming Good' on Social Media: What Can Conspicuous Virtue Signalling on Facebook Tell Us About Prosocial and Unethical Intentions?“, *Journal of Business Ethics* 162, Nr. 3 (März 2020): 577–92, https://doi.org/10.1007/s10551-018-3999-7.

11 Wallace, Buil, und De Chernatony.

12 Justin Tosi und Brandon Warmke, „Moral Grandstanding“, *Philosophy & Public Affairs* 44, Nr. 3 (Juni 2016): 197–217, https://doi.org/10.1111/papa.12075.

13 Joshua B. Grubbs u. a., „Moral Grandstanding in Public Discourse: Status-Seeking Motives as a Potential Explanatory Mechanism in Predicting Conflict“, hg. von Geoffrey Wetherell, *PLOS ONE* 14, Nr. 10 (16. Oktober 2019): e0223749, https://doi.org/10.1371/journal.pone.0223749.

14 Ok u. a., „Signaling virtuous victimhood as indicators of Dark Triad personalities“.

15 Krispenz und Bertrams, „Understanding Left-Wing Authoritarianism“.

16 Moss und O'Connor, „The Dark Triad Traits Predict Authoritarian Political Correctness and Alt-Right Attitudes“.

17 Grubbs u. a., „Moral Grandstanding in Public Discourse“.

Kapitel 11: Stelle dich der Realität

1 Jürgen Margraf und Silvia Schneider, Hrsg., *Lehrbuch der Verhaltenstherapie, Band 1* (Berlin, Heidelberg: Springer Berlin Heidelberg, 2018), https://doi.org/10.1007/978-3-662-54911-7.

2 Kenneth S. Kendler und Charles O. Gardner, „Sex Differences in the Pathways to Major Depression: A Study of Opposite-Sex Twin Pairs“, *American Journal of Psychiatry* 171, Nr. 4 (April 2014): 426–35, https://doi.org/10.1176/appi.ajp.2013.13101375.

3 Stephan Müters, Jens Hoebel, und Cornelia Lange, „Diagnose depression: Unterschiede bei frauen und männern“, 2013, http://dx.doi.org/10.25646/3037.

4 Matthew Pantell u. a., „Social Isolation: A Predictor of Mortality Comparable to Traditional Clinical Risk Factors“, *American Journal of Public Health* 103, Nr. 11 (November 2013): 2056–62, https://doi.org/10.2105/AJPH.2013.301261.

5 „Ledig, verheiratet, geschieden", SKL Glücksatlas in Zusammenarbeit mit der Universität Freiburg, zugegriffen 16. April 2024, https://www.skl-gluecksatlas.de/artikel/ledig-verheiratet-geschieden.html.

6 SKL, „Durchschnittliche Lebenszufriedenheit in Deutschland nach Beziehungsstatus im Jahr 2022 (Skala von 0 bis 10)", 2022, https://de.statista.com/statistik/daten/studie/1345503/umfrage/lebenszufriedenheit-nach-beziehungsstatus-in-deutschland/.

7 Scott u. a., „Gender and the Relationship between Marital Status and First Onset of Mood, Anxiety and Substance Use Disorders".

8 Ping Qin u. a., „Gender Differences in Risk Factors for Suicide in Denmark", *British Journal of Psychiatry* 177, Nr. 6 (Dezember 2000): 546–50, https://doi.org/10.1192/bjp.177.6.546.

9 Richardson, Robb, und O'Connor, „A Systematic Review of Suicidal Behaviour in Men".

10 Alexandra Pitman u. a., „Suicide in Young Men", *The Lancet* 379, Nr. 9834 (Juni 2012): 2383–92, https://doi.org/10.1016/S0140-6736(12)60731-4.

11 Jessica E. Koski, Hongling Xie, und Ingrid R. Olson, „Understanding Social Hierarchies: The Neural and Psychological Foundations of Status Perception", *Social Neuroscience* 10, Nr. 5 (3. September 2015): 527–50, https://doi.org/10.1080/17470919.2015.1013223.

12 Emily M. Zitek und L. Taylor Phillips, „Ease and control: the cognitive benefits of hierarchy.", *Current opinion in psychology* 33 (1. Juni 2020): 131–35, https://doi.org/10.1016/j.copsyc.2019.07.015.

13 Ashley J. Thomas u. a., „Toddlers prefer those who win but not when they win by force", *Nature Human Behaviour* 2, Nr. 9 (7. September 2018): 662–69, https://doi.org/10.1038/s41562-018-0415-3.

14 Walter u. a., „Sex Differences in Mate Preferences Across 45 Countries".

15 Angela D. Bryan, Gregory D. Webster, und Amanda L. Mahaffey, „The Big, the Rich, and the Powerful: Physical, Financial, and Social Dimensions of Dominance in Mating and Attraction", *Personality and Social Psychology Bulletin* 37, Nr. 3 (März 2011): 365–82, https://doi.org/10.1177/0146167210395604.

16 Geoffrey C. Urbaniak und Peter R. Kilmann, „Physical Attractiveness and the "Nice Guy Paradox": Do Nice Guys Really Finish Last?", *Sex Roles* 49, Nr. 9 (1. November 2003): 413–26, https://doi.org/10.1023/A:1025894203368.

17 Eddy H. de Bruyn, Antonius H. N. Cillessen, und Glenn E. Weisfeld, „Dominance-Popularity Status, Behavior, and the Emergence of Sexual Activity in Young Adolescents", *Evolutionary Psychology* 10, Nr. 2 (1. April 2012): 147470491201000209, https://doi.org/10.1177/147470491201000209.

18 Bram P. Buunk u. a., „Age and Gender Differences in Mate Selection Criteria for Various Involvement Levels", *Personal Relationships* 9, Nr. 3 (2002): 271–78, https://doi.org/10.1111/1475-6811.00018.

19 Jeffrey K. Snyder u. a., „Trade-Offs in a Dangerous World: Women's Fear of Crime Predicts Preferences for Aggressive and Formidable Mates", *Evolution and Human Behavior* 32, Nr. 2 (1. März 2011): 127–37, https://doi.org/10.1016/j.evolhumbehav.2010.08.007.

20 Gilda Giebel u. a., „The thrill of loving a dominant partner: Relationships between preference for a dominant mate, sensation seeking, and trait anxiety", *Personal Relationships* 22, Nr. 2 (1. Juni 2015): 275–84, https://doi.org/10.1111/pere.12079.

21 Joey T. Cheng u. a., „Dominance, prestige, and the role of leveling in human social hierarchy and equality.", *Current opinion in psychology* 33 (1. Juni 2020): 238–44, https://doi.org/10.1016/j.copsyc.2019.10.004.

22 Bryan, Webster, und Mahaffey, „The Big, the Rich, and the Powerful".

23 Huiyoung Shin und Chaerim Park, „Gender Differences in Social Networks and Physical and Mental Health: Are Social Relationships More Health Protective in Women than in Men?", *Frontiers in Psychology* 14 (27. Dezember 2023): 1216032, https://doi.org/10.3389/fpsyg.2023.1216032.

24 Pantell u. a., „Social Isolation".

25 Qin u. a., „Gender Differences in Risk Factors for Suicide in Denmark".

26 Müters, Hoebel, und Lange, „Diagnose depression: Unterschiede bei frauen und männern".

27 Kendler und Gardner, „Sex Differences in the Pathways to Major Depression".

28 Pantell u. a., „Social Isolation".

29 SKL, „Durchschnittliche Lebenszufriedenheit in Deutschland nach Beziehungsstatus im Jahr 2022 (Skala von 0 bis 10)".

30 Scott u. a., „Gender and the Relationship between Marital Status and First Onset of Mood, Anxiety and Substance Use Disorders".

31 ElitePartner, „Inwieweit stimmen sie den folgenden aussagen, die für das kinderkriegen sprechen, zu?", 2022, https://de.statista.com/statistik/daten/studie/1324873/umfrage/umfrage-in-deutschland-zu-gruenden-fuer-das-kinderkriegen-nach-geschlecht/.

32 BAT Stiftung für Zukunftsfragen, „Warum gründen viele deutsche keine familie?", 2011, https://de.statista.com/statistik/daten/studie/190234/umfrage/gruende-fuer-kinderlosigkeit-in-deutschland/.

33 Judith Brosel u. a., „Alleinerziehende: ‚Einsam zu zweit'", *Die Zeit*, 2. August 2017, https://www.zeit.de/gesellschaft/familie/2017-07/alleinerziehende-familien-kinder-gesellschaft.

34 „Does Having Children Make People Happier in the Long Run?", Institute for Family Studies, zugegriffen 19. April 2024, https://ifstudies.org/blog/does-having-children-make-people-happier-in-the-long-run.

35 Jean M. Twenge, W. Keith Campbell, und Craig A. Foster, „Parenthood and Marital Satisfaction: A Meta-Analytic Review", *Journal of Marriage and Family* 65, Nr. 3 (August 2003): 574–83, https://doi.org/10.1111/j.1741-3737.2003.00574.x.

36 Mikko Myrskylä und Rachel Margolis, „Happiness: Before and After the Kids", *Demography* 51, Nr. 5 (1. Oktober 2014): 1843–66, https://doi.org/10.1007/s13524-014-0321-x.
37 Brosel u. a., „Alleinerziehende".
38 B. Fink und N. Neave, „The Biology of Facial Beauty", *International Journal of Cosmetic Science* 27, Nr. 6 (Dezember 2005): 317–25, https://doi.org/10.1111/j.1467-2494.2005.00286.x.
39 Daniel B. Yarosh, „Perception and Deception: Human Beauty and the Brain", *Behavioral Sciences* 9, Nr. 4 (29. März 2019): 34, https://doi.org/10.3390/bs9040034.
40 Walter u. a., „Sex Differences in Mate Preferences Across 45 Countries".
41 Lee Jussim, Jarret T. Crawford, und Rachel S. Rubinstein, „Stereotype (In)Accuracy in Perceptions of Groups and Individuals", *Current Directions in Psychological Science* 24, Nr. 6 (Dezember 2015): 490–97, https://doi.org/10.1177/0963721415605257.
42 Perry Hinton, „Implicit Stereotypes and the Predictive Brain: Cognition and Culture in "Biased" Person Perception", *Palgrave Communications* 3, Nr. 1 (1. September 2017): 17086, https://doi.org/10.1057/palcomms.2017.86.
43 Baoshan Zhang u. a., Hrsg., *The Psychological Process of Stereotyping: Content, Forming, Internalizing, Mechanisms, Effects, and Interventions*, Frontiers Research Topics (Frontiers Media SA, 2023), https://doi.org/10.3389/978-2-8325-1371-2.

Kapitel 12: Finde heraus, was dich kränkt

1 „Entführung von Natascha Kampusch", in *Wikipedia*, 14. Februar 2024, https://de.wikipedia.org/w/index.php?title=Entf%C3%BChrung_von_Natascha_Kampusch&oldid=242187216#cite_note-SPON-433515-2.
2 „Natascha Kampusch – Erstes Interview nach der Entführung / First interview after abduction – YouTube", zugegriffen 20. April 2024, https://www.youtube.com/watch?v=J8yZI5Ji280&feature=youtu.be.
3 „Natascha Kampusch: Das falsche Opfer – dieStandard – derStandard.de › Wissen und Gesellschaft", zugegriffen 20. April 2024, https://www.derstandard.de/story/2000131251583/natascha-kampusch-das-falsche-opfer.
4 Margraf und Schneider, *Lehrbuch der Verhaltenstherapie, Band 1.*
5 Hulda S. Bryngeirsdottir und Sigridur Halldorsdottir, „‚I'm a Winner, Not a Victim': The Facilitating Factors of Post-Traumatic Growth among Women Who Have Suffered Intimate Partner Violence", *International Journal of Environmental Research and Public Health* 19, Nr. 3 (25. Januar 2022): 1342, https://doi.org/10.3390/ijerph19031342.
6 Weidong Tao u. a., „The Influence of Growth Mindset on the Mental Health and Life Events of College Students", *Frontiers in Psychology* 13 (14. April 2022), https://doi.org/10.3389/fpsyg.2022.821206.

7 Young, Klosko, und Weishaar, *Schema Therapy.*
8 „TV-Kritik: Natascha Kampusch – ‚Ich werde geächtet' – Medien – SZ.de", zugegriffen 20. April 2024, https://www.sueddeutsche.de/medien/tv-kritik-natascha-kampusch-ich-werde-geaechtet-1.60986.
9 Jichan J. Kim, Erika S. Payne, und Eunjin Lee Tracy, „Indirect Effects of Forgiveness on Psychological Health Through Anger and Hope: A Parallel Mediation Analysis", *Journal of Religion and Health* 61, Nr. 5 (Oktober 2022): 3729–46, https://doi.org/10.1007/s10943-022-01518-4.
10 Kathleen A. Lawler u. a., „The unique effects of forgiveness on health: an exploration of pathways.", *Journal of Behavioral Medicine* 28, Nr. 2 (1. April 2005): 157–67, https://doi.org/10.1007/s10865-005-3665-2.
11 Loren Toussaint u. a., „Effects of Lifetime Stress Exposure on Mental and Physical Health in Young Adulthood: How Stress Degrades and Forgiveness Protects Health", *Journal of Health Psychology* 21, Nr. 6 (Juni 2016): 1004–14, https://doi.org/10.1177/1359105314544132.
12 Tracey D. Wade, Anne O'Shea, und Roz Shafran, „Perfectionism and Eating Disorders", 1. Januar 2016, 205–22, https://doi.org/10.1007/978-3-319-18582-8_9.
13 Yang Wang, Benjamin F. Jones, und Dashun Wang, „Early-Career Setback and Future Career Impact", *Nature Communications* 10, Nr. 1 (1. Oktober 2019): 4331, https://doi.org/10.1038/s41467-019-12189-3.

Kapitel 13: Stärke deine Resilienz

1 Emmy E. Werner und Ruth S. Smith, „A Report from the Kauai Longitudinal Study", *Journal of the American Academy of Child Psychiatry* 18, Nr. 2 (März 1979): 292–306, https://doi.org/10.1016/S0002-7138(09)61044-X.
2 Kathryn M. Connor und Jonathan R.T. Davidson, „Development of a New Resilience Scale: The Connor-Davidson Resilience Scale (CD-RISC)", *Depression and Anxiety* 18, Nr. 2 (September 2003): 76–82, https://doi.org/10.1002/da.10113.
3 Felix Bittmann, „When Problems Just Bounce Back: About the Relation between Resilience and Academic Success in German Tertiary Education", *SN Social Sciences* 1, Nr. 2 (Februar 2021): 65, https://doi.org/10.1007/s43545-021-00060-6.
4 Robin G Yaure u. a., „How Grit and Resilience Predict Successful Academic Performance" 3 (2020).
5 Celniker u. a., „Correlates of "Coddling"".
6 Werner und Smith, „A Report from the Kauai Longitudinal Study".
7 Karineh Tahmassian und Niloufar Jalali Moghadam, „Relationship Between Self-Efficacy and Symptoms of Anxiety, Depression, Worry and Social Avoidance in a Normal Sample of Students", *Iranian Journal of Psychiatry and Behavioral Sciences* 5, Nr. 2 (2011): 91–98.
8 Fernando Doménech-Betoret, Laura Abellán-Roselló, und Amparo Gómez-Artiga, „Self-Efficacy, Satisfaction, and Academic Achievement: The Mediator Role

of Students' Expectancy-Value Beliefs", *Frontiers in Psychology* 8 (18. Juli 2017): 1193, https://doi.org/10.3389/fpsyg.2017.01193.

9 Anthony R. Artino Jr., „Academic Self-Efficacy: From Educational Theory to Instructional Practice", *Perspectives on Medical Education* 1, Nr. 2 (11. April 2012): 76–85, https://doi.org/10.1007/S40037-012-0012-5.

10 Amir Tiyuri u. a., „Research Self-Efficacy and Its Relationship with Academic Performance in Postgraduate Students of Tehran University of Medical Sciences in 2016", *Journal of Education and Health Promotion* 7, Nr. 1 (2018): 11, https://doi.org/10.4103/jehp.jehp_43_17.

11 Ryan R. Bailey, „Goal Setting and Action Planning for Health Behavior Change", *American Journal of Lifestyle Medicine* 13, Nr. 6 (November 2019): 615–18, https://doi.org/10.1177/1559827617729634.

12 Zac E. Seidler u. a., „The Role of Masculinity in Men's Help-Seeking for Depression: A Systematic Review", *Clinical Psychology Review* 49 (1. November 2016): 106–18, https://doi.org/10.1016/j.cpr.2016.09.002.

13 Teresa O'Rourke u. a., „The Impact of Coping Styles and Gender on Situational Coping: An Ecological Momentary Assessment Study With the mHealth Application TrackYourStress", *Frontiers in Psychology* 13 (20. Juni 2022): 913125, https://doi.org/10.3389/fpsyg.2022.913125.

14 Moshe Farchi und Yori Gidron, „The Effects of "Psychological Inoculation" Versus Ventilation on the Mental Resilience of Israeli Citizens Under Continuous War Stress", *Journal of Nervous & Mental Disease* 198, Nr. 5 (Mai 2010): 382–84, https://doi.org/10.1097/NMD.0b013e3181da4b67.

15 Jasmine Rollings u. a., „Personality Traits Predict Social Network Size in Older Adults", *Personality and Social Psychology Bulletin* 49, Nr. 6 (Juni 2023): 925–38, https://doi.org/10.1177/01461672221078664.

16 Andrew D. Palmer, Jason T. Newsom, und Karen S. Rook, „How Does Difficulty Communicating Affect the Social Relationships of Older Adults? An Exploration Using Data from a National Survey", *Journal of communication disorders* 62 (2016): 131–46, https://doi.org/10.1016/j.jcomdis.2016.06.002.

17 Megan M. Kelly u. a., „SEX DIFFERENCES IN THE USE OF COPING STRATEGIES: PREDICTORS OF ANXIETY AND DEPRESSIVE SYMPTOMS", *Depression and anxiety* 25, Nr. 10 (2008): 839–46, https://doi.org/10.1002/da.20341.

18 Lara B. Aknin u. a., „Prosocial Spending and Well-Being: Cross-Cultural Evidence for a Psychological Universal", *Journal of Personality and Social Psychology* 104, Nr. 4 (April 2013): 635–52, https://doi.org/10.1037/a0031578.

Kapitel 14: Hilfe zur Selbsthilfe

1 Edgar Cabanas, Eva Illouz, und Michael Adrian, *Das Glücksdiktat: und wie es unser Leben beherrscht*, 2. Aufl, Suhrkamp Taschenbuch 4998 (Berlin: Suhrkamp, 2021).

2 „Mehr Geld für Erzieherinnen und Sozialarbeiter: Gehaltserhöhung kommt später", *Der Tagesspiegel Online*, zugegriffen 21. April 2024, https://www.tagesspiegel.de/wirtschaft/gehaltserhohung-kommt-spater-5430139.html.

3 „Studie der Bertelsmann-Stiftung: Mehr als 400.000 Kita-Plätze fehlen", tagesschau.de, zugegriffen 21. April 2024, https://www.tagesschau.de/inland/gesellschaft/kitaplaetze-studie-100.html.

4 Roig, *Why we matter*, 255.

5 Esther Calvete u. a., „A Growth Mindset Intervention to Promote Resilience against Online Peer Victimization: A Randomized Controlled Trial", *Computers in Human Behavior* 135 (Oktober 2022): 107373, https://doi.org/10.1016/j.chb.2022.107373.

6 Sadhbh Joyce u. a., „Road to resilience: a systematic review and meta-analysis of resilience training programmes and interventions", *BMJ Open* 8, Nr. 6 (14. Juni 2018): e017858, https://doi.org/10.1136/bmjopen-2017-017858.

7 Tatiana Matheus Pinto u. a., „Resilience Programs for Children and Adolescents: A Systematic Review and Meta-Analysis", *Frontiers in Psychology* 12 (22. November 2021): 754115, https://doi.org/10.3389/fpsyg.2021.754115.

8 Aaron L. Leppin u. a., „The Efficacy of Resiliency Training Programs: A Systematic Review and Meta-Analysis of Randomized Trials", hg. von Alexandra Kavushansky, *PLoS ONE* 9, Nr. 10 (27. Oktober 2014): e111420, https://doi.org/10.1371/journal.pone.0111420.

9 Abdolrahim Asadollahi u. a., „Effectiveness of Resilience Training Intervention on Psychological Capital of the Underprivileged Widowed Women of Fasa City, Iran", *BMC Women's Health* 22, Nr. 1 (Dezember 2022): 302, https://doi.org/10.1186/s12905-022-01886-9.

10 Martin E. P. Seligman u. a., „Positive Psychology Progress: Empirical Validation of Interventions.", *American Psychologist* 60, Nr. 5 (Juli 2005): 410–21, https://doi.org/10.1037/0003-066X.60.5.410.

11 Joseph Ciarrochi u. a., „Toward a Unified Framework for Positive Psychology Interventions: Evidence-Based Processes of Change in Coaching, Prevention, and Training", *Frontiers in psychology* 12 (1. Januar 2021): 809362, https://doi.org/10.3389/fpsyg.2021.809362.

12 Roy F. Baumeister u. a., „Does High Self-Esteem Cause Better Performance, Interpersonal Success, Happiness, or Healthier Lifestyles?", *Psychological Science in the Public Interest* 4, Nr. 1 (Mai 2003): 1–44, https://doi.org/10.1111/1529-1006.01431.

13 Alan Carr u. a., „The evidence-base for positive psychology interventions: a mega-analysis of meta-analyses", *The Journal of Positive Psychology* 0, Nr. 0 (2023): 1–15, https://doi.org/10.1080/17439760.2023.2168564.

14 Ciarrochi u. a., „Toward a Unified Framework for Positive Psychology Interventions: Evidence-Based Processes of Change in Coaching, Prevention, and Training".

15 Cabanas, Illouz, und Adrian, *Das Glücksdiktat*, 208.
16 Cabanas, Illouz, und Adrian, 207.
17 Roig, *Why we matter*.

Kapitel 15: Brücken schlagen und Grenzen setzen

1 Luca Andrighetto u. a., „Reducing Competitive Victimhood in Kosovo: The Role of Extended Contact and Common Ingroup Identity", *Political Psychology* 33, Nr. 4 (1. August 2012): 513–29, https://doi.org/10.1111/j.1467-9221.2012.00887.x.
2 Voca, Graf, und Rupar, „Victimhood Beliefs Are Linked to Willingness to Engage in Intergroup Contact with the Former Adversary through Empathy and Trust".
3 Ala' Alrababa'H u. a., „Can Exposure to Celebrities Reduce Prejudice? The Effect of Mohamed Salah on Islamophobic Behaviors and Attitudes", *American Political Science Review* 115, Nr. 4 (November 2021): 1111–28, https://doi.org/10.1017/S0003055421000423.
4 David Dorn u. a., „Is It Culture or Democracy? The Impact of Democracy and Culture on Happiness", *Social Indicators Research* 82, Nr. 3 (2007): 505–26.

Fazit: Die Antwort auf Unsicherheit

1 Thomas Metzinger und Thomas Metzinger, *Der Ego-Tunnel: eine neue Philosophie des Selbst: von der Hirnforschung zur Bewusstseinsethik*, 8. Aufl (Berlin: Berlin-Verl, 2010).

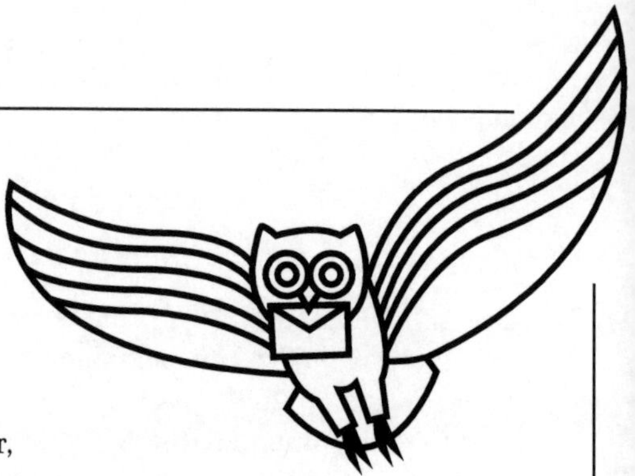

Liebe Leserin, lieber Leser,

hat Ihnen dieses Buch gefallen?
Ihr Feedback, Ihre Anregungen und Ihre Kritik bedeuten uns viel, denn sie helfen uns, unsere Bücher kontinuierlich zu verbessern.

Die Meinung und Zufriedenheit unserer geschätzten Leserinnen und Leser stehen im Mittelpunkt unseres Schaffens. Ihre Gedanken sind uns wichtig.

Zögern Sie daher nicht, uns zu kontaktieren und Ihre Gedanken mit uns zu teilen. Senden Sie uns einfach eine E-Mail an:
feedback@eulogiaverlag.de

Besuchen Sie auch gern unsere Verlagsseite und entdecken Sie weitere spannende Bücher unter:
www.eulogiaverlag.de

Wir sind gespannt auf Ihre Nachricht und freuen uns darauf, von Ihnen zu hören!

Herzlichst
Ihr **Eulogia Verlag**

Printed in Poland
by Amazon Fulfillment
Poland Sp. z o.o., Wrocław

43133711R00170